新时代

坚持和推进总体布局与战略布局的四川实践研究

徐凤琴　主编

中央党校出版集团

国家行政学院出版社

NATIONAL ACADEMY OF GOVERNANCE PRESS

图书在版编目（CIP）数据

新时代坚持和推进总体布局与战略布局的四川实践研
究／徐凤琴主编．—北京：国家行政学院出版社，2023.9
ISBN 978-7-5150-2800-2

Ⅰ.①新… Ⅱ.①徐… Ⅲ.①区域经济发展-研究-
四川 Ⅳ.①F127.71

中国国家版本馆 CIP 数据核字（2023）第 126627 号

书　　名　新时代坚持和推进总体布局与战略布局的四川实践研究
　　　　　XINSHIDAI JIANCHI HE TUIJIN ZONGTI BUJU YU ZHANLUE BUJU DE
　　　　　SICHUAN SHIJIAN YANJIU
作　　者　徐凤琴 主编
统筹策划　陈　科
责任编辑　陆　夏
责任校对　许海利
责任印制　吴　霞
出版发行　国家行政学院出版社
　　　　　（北京市海淀区长春桥路 6 号　100089）
综 合 办　（010）68928887
发 行 部　（010）68928866
经　　销　新华书店
印　　刷　北京九州迅驰传媒文化有限公司
版　　次　2023 年 9 月北京第 1 版
印　　次　2023 年 9 月北京第 1 次印刷
开　　本　170 毫米×240 毫米　16 开
印　　张　15.25
字　　数　215 千字
定　　价　55.00 元

本书如有印装问题，可联系调换，联系电话：（010）68929022

总　序

党的二十大报告指出："我们党勇于进行理论探索和创新，以全新的视野深化对共产党执政规律、社会主义建设规律、人类社会发展规律的认识，取得重大理论创新成果，集中体现为新时代中国特色社会主义思想。十九大、十九届六中全会提出的'十个明确'、'十四个坚持'、'十三个方面成就'概括了这一思想的主要内容，必须长期坚持并不断丰富发展。"由此第一次在党的重大文献中正式出现"十个明确"的概念表述，清晰阐明了"十个明确"在党的创新理论中的理论地位和权威概括，为学习贯彻和研究阐释习近平新时代中国特色社会主义思想提供了方向指引和理论遵循。

"十个明确"的理论概括经历了一个过程。2017 年 10 月，党的十九大报告在"新时代中国特色社会主义思想和基本方略"部分首次用"八个明确"和"十四个坚持"对习近平新时代中国特色社会主义思想的主要内容进行总体性概括。报告中的"八个明确"是：明确坚持和发展中国特色社会主义，总任务是实现社会主义现代化和中华民族伟大复兴，在全面建成小康社会的基础上，分两步走在本世纪中叶建成富强民主文明和谐美丽的社会主义现代化强国；明确新时代我国社会主要矛盾是人民日益增长的美好生活需要和不平衡不充分的发展之间的矛盾，必须坚持以人民为中心的发展思想，不断促进人的全面发展、全体人民共同富裕；明确中国特色社会主义事业总体布局是"五位一体"、战略布局是"四个全面"，强调坚定道路自信、理论自信、制度自信、文化自信；明确全面深化改革总目标是完善和发展中国特色社会主义制度、推进国家治理体系和治理能力现代化；明确全面推进依法治国总目标是建设中国特色社会主义法治体系、建设社会主义法治国家；明确党在新时代的强军目标是建设一支听党指挥、能打胜仗、作风优良的人民军队，把人民军队建设成为世界一流军队；明确中国特色大国外交要推动构建新型国际关系，推动构建人类命运共同体；明确中国特色社会主义最本质的特征是中国共产党领导，中国特色社会主义制度的最大优势是中国共产党领导，党是最高政治领导力量，提出新时代党的建设总要求，突出政治建设在党的建设中的重要地位。

2021 年 11 月，党的十九届六中全会通过的《中共中央关于党的百年奋斗重大成就和历史经验的决议》（以下简称《决议》）第一次将"八个明确"丰富发展为"十个明确"并进行全面阐述。《决议》指出：以习近平同志为主要代表的中国共产党人，坚持把马克思主义基本原理同中国具体实际相结合、同中华优秀传统文化相结合，坚持毛泽东思想、邓小平理论、"三个代表"重要思想、科学发展观，深刻总结并充分运用党成立以来的历史经验，从新的实际出发，创立了习近平新时代中国特色社会主义思想，明确中国特色社会主义最本质的特征是中国共产党领导，中国特色社会主义制度的最大优势是中国共产党领导，中国共产党是最高政治领导力量，全党必须增强"四个意识"、坚定"四个自信"、做到"两个维护"；明确坚持和发展中国特色社会主义，总任务是实现社会主义现代化和中华民族伟大复兴，在全面建成小康社会的基础上，分两步走在本世纪中叶建成富强民主文明和谐美丽的社会主义现代化强国，以中国式现代化推进中华民族伟大复兴；明确新时代我国社会主要矛盾是人民日益增长的美好生活需要和不平衡不充分的发展之间的矛盾，必须坚持以人民为中心的发展思想，发展全过程人民民主，推动人的全面发展、全体人民共同富裕取得更为明显的实质性进展；明确中国特色社会主义事业总体布局是经济建设、政治建设、文化建设、社会建设、生态文明建设五位一体，战略布局是全面建设社会主义现代化国家、全面深化改革、全面依法治国、全面从严治党四个全面；明确全面深化改革总目标是完善和发展中国特色社会主义制度、推进国家治理体系和治理能力现代化；明确全面推进依法治国总目标是建设中国特色社会主义法治体系、建设社会主义法治国家；明确必须坚持和完善社会主义基本经济制度，使市场在资源配置中起决定性作用，更好发挥政府作用，把握新发展阶段，贯彻创新、协调、绿色、开放、共享的新发展理念，加快构建以国内大循环为主体、国内国际双循环相互促进的新发展格局，推动高质量发展，统筹发展和安全；明确党在新时代的强军目标是建设一支听党指挥、能打胜仗、作风优良的人民军队，把人民军队建设成为世界一流军队；明确中国特色大国外交要服务民族复兴、促进人类进步，推动建设新型国际关系，推动构建人类命运共同体；明确全面从严治党的战略方针，提出新时代党的建设总要求，全面推进党的政治建设、思想建设、组织建设、作风建设、纪律建设，把制度建设贯穿其中，深入推进反腐败斗争，落实管党治党政治责任，以伟大自我革命引领伟大社会革命。这些战略思想和创新理念，是党对中国特色社会主义建设规律认识深化和理论创新的重大成果。

从"八个明确"到"十个明确"，既有表述次序的重要调整，又有表述内容的重大创新。从次序上看，党的十九大报告中的第八个明确在《决议》中被摆到第一位，《决议》第一个明确重申中国特色社会主义最本质的特征是中国共产党领导，强调中国特色社会主义制度的最大优势是中国共产党领导，强调中国共产党是最高政治领导力量，同时增写了全党必须增强"四个意识"、坚定"四个自信"、做到"两个维护"。这是因为党的十八大以来，正是确立习近平同志党中央的核心、全党的核心地位，确立习近平新时代中国特色社会主义思想的指导地位，党和国家事业才发生了历史性变革、取得了历史性成就。这与《决议》提出"两个确立"是紧密联系、互为支撑的，讲清了中国共产党在中国特色社会主义事业中的领导核心作用，凸显了坚持和加强党的全面领导特别是党中央集中统一领导的重大原则和根本地位。

从内容上看，《决议》新增了第七个明确，即"明确必须坚持和完善社会主义基本经济制度，使市场在资源配置中起决定性作用，更好发挥政府作用，把握新发展阶段，贯彻创新、协调、绿色、开放、共享的新发展理念，加快构建以国内大循环为主体、国内国际双循环相互促进的新发展格局，推动高质量发展，统筹发展和安全"。这体现了以习近平同志为核心的党中央推动我国经济发展实践的宝贵智慧和理论结晶，是中国特色社会主义政治经济学的最新成果和重大发展。《决议》新增了第十个明确，即"明确全面从严治党的战略方针，提出新时代党的建设总要求，全面推进党的政治建设、思想建设、组织建设、作风建设、纪律建设，把制度建设贯穿其中，深入推进反腐败斗争，落实管党治党政治责任，以伟大自我革命引领伟大社会革命"。从结构上看，新增的第十个明确讲全面从严治党，这与第一个明确讲中国共产党领导做到首尾呼应、逻辑统一，同时也与《决议》总结归纳的党的百年奋斗的十条历史经验中的坚持党的领导和坚持自我革命，形成一前一后的呼应关系。除了新增的第七个明确和第十个明确外，《决议》还增加了一些十分重要的新表述。如第二个明确里新增"以中国式现代化推进中华民族伟大复兴"的表述，这反映了习近平新时代中国特色社会主义思想对建设什么样的社会主义现代化强国、怎样建设社会主义现代化强国这一重大时代课题的深邃思考和准确判断，进一步指明了中国式现代化道路的前进方向和光明图景。第三个明确里新增了"发展全过程人民民主"的表述，这是对中国特色社会主义政治建设理论和实践的新发展。第九个明确里强调中国特色大国外交的总目标，新增了"服务民族复兴、促进人类进步"的新表述，构成习近平外交思想的重要组成部分。总体上看，这些新表述、新论断深刻反映了党的十九大以来，以习近平同志为核心的党中央对新时代坚持和发展什么样的中国特色社会主义、怎样坚持和发展中国特色社会主义，建设什么样的社会主义现代化强国、怎样建设社会主义现代化强国，建设什么样的长期执政的马克思主义政党、怎样建设长期执政的马克思主义政党等重大时代课题的深邃思考和科学回答进一步深入，更加系统、科学、全面、准确地阐明了习近平新时代中国特色社会主义思想，是党的创新理论的集中概括和凝练表达。

党的创新理论内涵十分丰富，涵盖新时代坚持和发展中国特色社会主义的总目标、总任务、总体布局、战略布局和发展方向、发展方式、发展动力、战略步骤、外部条件、政治保证等基本问题，并根据新的实践对党的领导和党的建设、经济、政治、法治、科技、文化、教育、民生、民族、宗教、社会、生态文明、国家安全、国防和军队、"一国两制"和祖国统一、统一战线、外交等各方面作出新的理论概括和战略指引，贯通马克思主义哲学、马克思主义政治经济学、科学社会主义，贯通历史、现在、未来，贯通改革发展稳定、内政外交国防、治党治国治军等各领域。在这一科学系统、逻辑严密、有机统一的理论体系中，"十个明确"主要从战略和理论层面阐明了新时代中国特色社会主义"是什么"的问题，"十四个坚持"主要从策略和实践层面明确了新时代中国特色社会主义"怎么办"的问题，"十三个方面成就"主要从标志性成果和历史性成就层面检验了新时代中国特色社会主义"好不好"的问题，它们共同架构和集中升华习近平新时代中国特色社会主义思想的科学性、系统性、人民性、实践性、开放性。

"十个明确"坚持实事求是的思想路线，秉承马克思主义与时俱进的理论品格，深深植根于中华优秀传统文化，从体系化和学理性层面展示了我们党对习近平新时代中国特色社会主义思想的科学建构和系统阐释，反映了我们党对共产党执政规律、社会主义建设规律、人类社会发展规律的的认识深化，集聚了我们党治国理政新理念新思想新战略和原创性贡献，具有鲜明时代性、深厚民族性、彻底理论性、整体逻辑性。其整体性内在逻辑大致如下：方向引领（党的领导）—目标指引（总任务）—根本立场（以人民为中心）—战略路径（总体布局和战略布局）—根本动力（全面深化改革总目标）—本质要求（全面依法治国总目标）—中心工作（基本经济制度）—坚强铸石（强军目标）—战略保障（特色外交）—政治保证（全面从严治党）。

具体而言，"十个明确"中的每一个明确都有着十分丰富的内涵意蕴和实践要求，其在聚焦坚持和发展中国特色社会主义这一宏大主题基础上，又在各自领域体现出强烈的价值指向、鲜明的结构主线、突出的逻辑重点。第一个明确突出了党对创立和发展中国特色社会主义的领导核心作用，强化了党的领导制度在中国特色社会主义制度体系中的核心地位和根本保证作用。第二个明确擘画了实现中华民族伟大复兴的宏伟蓝图，明确了新时代实现民族复兴的总任务和顶层设计，将任务、目标、道路统一于一体，明晰了全面建设社会主义现代化国家的时间表和路线图，成为引领中国进步发展的鲜明旗帜。第三个明确指明了我国社会主要矛盾的重大变化，提出了以人民为中心的发展思想，从政治层面提出发展全过程人民民主，从终极关怀层面提出人的全面发展和共同富裕目标，是对发展马克思主义的重大贡献。第四个明确将中国特色社会主义事业"五位一体"总体布局和"四个全面"战略布局相互促进、统筹联动，从总体上确立了新时代坚持和发展中国特色社会主义的战略规划和发展路径。第五个明确从全面深化改革总目标视角构建系统完备、科学规范、运行有效的制度体系，明确提出国家治理体系和治理能力现代化，是对马克思主义国家学说的原创性贡献。第六个明确提出全面依法治国总目标和推进路径，深化了马克思主义关于社会主义法治建设的思想。第七个明确强调必须坚持和完善社会主义基本经济制度，使市场在资源配置中起决定性作用，更好发挥政府作用，提出把握新发展阶段、贯彻新发展理念、构建新发展格局、推动高质量发展的新理念新思想新战略，是对马克思主义政治经济学的重大发展。第八个明确提出党在新时代的强军目标，坚持政治建军、改革强军、科技强军、人才强军、依法治军，丰富发展了马克思主义军事理论。第九个明确提出中国特色大国外交的根本使命，倡导全人类共同价值，推动构建人类命运共同体，是对马克思主义关于世界历史思想和国际关系思想的原创性贡献。第十个明确从党的自我革命高度加强党的自身建设，突出共产党人精神谱系和政治特质，是对马克思主义政党学说和建设规律的重大发展。

2023年是学习贯彻党的二十大精神的开局之年，在全党开展的学习贯彻习近平新时代中国特色社会主义思想主题教育正如火如荼地进行着。置于这个背景下审视，对"十个明确"的丰富内涵及其实践要求进行研究，具有重要的理论价值和实践意义。中共四川省委党校（四川行政学院）专门组建研究团队，集中学术资源，历时两年多开展"十个明确"的四川实践专题研究，一方面是落实学习贯彻习近平新时代中国特色社会主义思想政治首课的理论使命使然，另一方面是落实推动治蜀兴川再上新台阶、奋力谱写中国式现代化四川新篇章的实践要求使然。我们旨在通过这种体系化、协作式研究，力图从理论上弄清"十个明确"的科学内涵和重大意义，从实践上厘清"十个明确"对建设现代化四川的时代要求，以实际行动践行为党育才、为党献策的党校初心，在新时代新征程作出应有的党校贡献。

是为序。

裴泽庆

2023年4月

前　言

党的二十大报告指出："我们对新时代党和国家事业发展作出科学完整的战略部署，提出实现中华民族伟大复兴的中国梦，以中国式现代化推进中华民族伟大复兴，统揽伟大斗争、伟大工程、伟大事业、伟大梦想，明确'五位一体'总体布局和'四个全面'战略布局，确定稳中求进工作总基调，统筹发展和安全。"习近平总书记强调指出，坚持和发展中国特色社会主义是一篇大文章，我们这一代共产党人的任务，就是继续把这篇大文章写下去。党的十九届六中全会审议通过《中共中央关于党的百年奋斗重大成就和历史经验的决议》，再次明确"中国特色社会主义事业总体布局是经济建设、政治建设、文化建设、社会建设、生态文明建设五位一体，战略布局是全面建设社会主义现代化国家、全面深化改革、全面依法治国、全面从严治党四个全面"，深刻揭示了中国共产党对坚定不移走社会主义现代化道路与坚定不移推进国家治理现代化的双重战略考量，彰显了中国共产党坚持人民立场、承担复兴伟业的战略远见和使命担当，彰显了中国发展之于世界文明进步的积极意义，内蕴着马克思主义实践论、方法论与辩证法的有机统一，具有深刻实践内涵和重要时代价值。

党如何领导和推进中国特色社会主义事业，不仅是治国理政的重大理论问题，而且是重大实践问题。"五位一体"总体布局和"四个全面"战略布局，着眼于中国特色社会主义现代化建设，着眼于中华民族伟大复兴伟业，聚集于全面建成小康社会、建设社会主义现代化强国、实现中华民族伟大复兴中国梦，系统描绘了历史脉络，擘画了实施线路，勾画了壮丽图景，既为中国未来发展指明了方向，也为当下世界摆脱经济复苏困境、推动全球治理思想变革、助力世界和平与发展贡献了不同于西方现代化的中国方案、中国智慧和中国经验。

中国特色社会主义是全面发展的社会主义。"总体布局"提供了一个系统完整的在社会主义初级阶段的中国如何实现社会主义现代化的中国方案。邓小平同志指出："我们要实现的四个现代化，是中国式的四个现代化。"①"四个现代化"被确定为社会主义建设中国家发展的战略目标始于20世纪50年代和60年代。之后，随着"精神文明"越来越受到重视，并被提升到一个新的高度，在改革开放初期，党正式提出建设物质文明和精神文明"两个文明"的战略方案，强调物质文明和精神文明"两手抓、两手都要硬"，而"五位一体"总体布局提出了全新的不同于西方现代化的中国现代化方案，其经历了一个逐渐发展的过程。党的十二届六中全会首次提出"社会主义现代化建设总体布局"，表明中国特色社会主义事业"三位一体"的总体布局正式形成。党的十六大以来，党中央对中国特色社会主义事业总体布局的认识由之前的经济、政治和文化建设"三位一体"扩展为经济、政治、文化、社会建设"四位一体"。党的十八大以来，我们党与时俱进推进中国特色社会主义事业布局，生态文明建设第一次被纳入中国特色社会主义事业总体布局之中，至此构成了经济、政治、文化、社会和生态文明建设的社会主义建设事业"五位一体"的总体布局。站在新的历史方位，党的十九大对我国社会主义现代化建设作出新的战略部署，制定了新时代统筹推进"五位一体"总体布局的战略目标，标志着我们党对中国特色社会主义建设规律的认识和把握上升到新的高度。

新的历史方位条件下，以习近平同志为核心的党中央立足于对新

---

① 《邓小平文选》第二卷，人民出版社1994年版，第237页。

时代中国经济社会发展的突出矛盾和实际问题的深化理解与科学认知，顺应人民群众对美好生活的新期待，从世情、国情、党情出发，抓住党和国家事业发展中亟待解决的主要矛盾和突出问题，逐步形成了"四个全面"战略布局。从党的十八大提出"全面建成小康社会"，到党的十八届三中全会部署"全面深化改革"，到党的十八届四中全会要求"全面依法治国"、党的群众路线教育实践活动总结大会部署"全面从严治党"，到2020年10月，党的十九届五中全会明确，"四个全面"战略布局中的"全面建成小康社会"发展为"全面建设社会主义现代化国家"，"四个全面"战略布局相辅相成、相互促进、相得益彰，是新的时代条件下推进改革开放和社会主义现代化建设、坚持和发展中国特色社会主义的战略抉择，是新时期我们党治国理政的创新理论成果，是实现社会主义现代建设中华民族伟大复兴中国梦的总动员，闪烁着马克思主义的理论光辉。

"四个全面"战略布局既是坚持和发展中国特色社会主义"总布局"在现阶段的具体体现，也是坚持和发展中国特色社会主义"总任务"在现阶段的实践落实，勾画出中国未来发展道路的主攻方向。中国共产党充分发挥全面深化改革的根本动力作用，充分发挥全面依法治国的根本保障作用，以全面从严治党为根本要求，将全面建成小康社会这一宏伟蓝图变为现实。全面建成小康社会是党提高执政成效的阶段性战略目标，在完成"全面建成小康社会"的阶段性任务之后，接续绘制全面建设社会主义现代化国家的新蓝图，对战略布局内容进行重新调整，为我们在新时代开创党和国家事业发展新局面、谱写民族复兴新篇章提供了基本遵循和行动指南。

"五位一体"总体布局丰富了中国特色社会主义建设事业内涵，具有长期性和引导性，"四个全面"战略布局，创新了治国理政的思路和理念，是实现社会主义现代化国家的阶段性战略部署，具有强烈的现实指向性。二者在历史使命形式上既有区分，也相互依赖，相互联系，相互渗透，相互包容，你中有我、我中有你。二者都是在探索实现社会主义现代化和中华民族伟大复兴的背景下提出的，是整体规划和重点推进的有机统一；都立足于中国实际、总结中国经验、针对中国问题，回应了中国人民的关切期待，为开创中国特色社会主义事业新局面，为实现"两个一百年"奋斗目标提供了重要的理论支撑与实践依据。"五位一体"总体布局是"四个全面"战略布局的现实基础，"五位一体"总体布局在"四个全面"战略布局中逐步实现，"四个全面"战略布局是推进"五位一体"总体布局的战略重点和重大举措，"四个全面"战略布局在"五位一体"总体布局中深入推进，是对中国特色社会主义建设总布局的完善，二者都以实现好、维护好、发展好最广大人民群众的根本利益为根本出发点和落脚点，以最大可能促进改革成果为全体人民所共享为目标，本质上都统一于中国共产党带领全国各族人民建成社会主义现代化强国、实现中华民族伟大复兴中国梦的伟大事业。

党的十八大以来，以习近平同志为核心的党中央不断深化对社会主义建设规律的认识，在坚持和发展中国特色社会主义"这篇大文章"中书写浓墨重彩的篇章。习近平总书记在庆祝中国共产党成立95周年大会上强调，"五位一体"和"四个全面"相互促进、统筹联动，要协调贯彻好，在推动经济发展的基础上，建设社会主义市场经济、民主政治、先进文化、生态文明、和谐社会，协同推进人民富裕、国家强盛、中国美丽。党的十八大以来，在长期奋斗的基础上，统筹推进"五位一体"总体布局和协调推进"四个全面"战略布局，党和国家各项事业发生了历史性变革，取得了历史性成就，推动中国特色社会主义进入了新时代，为实现中华民族伟大复兴提供了更为完善的制度保证、更为坚实的物质基础、更为主动的精神力量。

习近平总书记强调"我们坚持和发展中国特色社会主义，推动物质文明、政治文明、精神文明、社会文明、生态文明协调发展，创造了中国式现代化新道路，创造了人类文明新形态"①；"我们所推进的现代化，既有各国现代化的共同特征，更有基于国情的中国特色"②。实践表明，中国式现代化既切合中国实际，体现了社会主义建设规律，也体现了人类社会发展规律。

---

① 《习近平谈治国理政》第四卷，外文出版社 2022 年版，第 10 页。
② 《习近平谈治国理政》第四卷，外文出版社 2022 年版，第 123 页。

目录

第一章 总体布局与战略布局的理论基础

党的二十大报告指出："我们对新时代党和国家事业发展作出科学完整的战略部署，提出实现中华民族伟大复兴的中国梦，以中国式现代化推进中华民族伟大复兴，统揽伟大斗争、伟大工程、伟大事业、伟大梦想，明确'五位一体'总体布局和'四个全面'战略布局，确定稳中求进工作总基调，统筹发展和安全。"① "五位一体"总体布局和"四个全面"战略布局相互促进、统筹联动。在实践中，要坚持辩证唯物主义和历史唯物主义的世界观和方法论，统筹把握"五位一体"总体布局和"四个全面"战略布局。统筹推进"五位一体"总体布局、协调推进"四个全面"战略布局，要坚持系统观念，加强前瞻性思考、全局性谋划、战略性布局、整体性推进，更加注重改革的系统性、整体性、协同性，使各项举措在政策取向上相互配合、在实施过程中相互促进、在实际成效上相得益彰，形成总体效应、取得整体效果。

一、总体布局与战略布局的科学内涵

在长期实践探索中，中国共产党凝练、凝结了中国特色社会主义事业"总体布局"和"战略布局"两个布局，从全局上确立了新时代中国特色

---

① 《高举中国特色社会主义伟大旗帜　为全面建设社会主义现代化国家而团结奋斗——在中国共产党第二十次全国代表大会上的报告》，人民出版社 2022 年版，第 7 页。

社会主义的战略规划和部署。"五位一体"总体布局实现了马克思主义认识论创新,"四个全面"战略布局实现了实践论创新,总体布局与战略布局实现了方法论创新。

(一)"五位一体"总体布局的认识论创新

马克思主义认识论认为,认识运动是一个辩证发展的过程——从实践到认识,从认识到实践,实践、认识、再实践、再认识,认识运动循环反复。

"五位一体"总体布局的提出有一个历史的过程,这个过程与中国特色社会主义事业的建设实践密不可分。在改革开放初期,邓小平同志最早提出物质文明、精神文明的"两个文明"建设,此后在党的十二届六中全会首次提出"社会主义现代化建设总体布局"这个新概念并明确界定其具体内容,即"以经济建设为中心,坚定不移地进行经济体制改革,坚定不移地进行政治体制改革,坚定不移地加强精神文明建设,并且使这几个方面互相配合,互相促进",从而表明中国特色社会主义事业"三位一体"的总体布局正式形成。随着国内外经济社会发展形势的变化,党的十六大以来,党中央提出"构建社会主义和谐社会"的历史使命,对中国特色社会主义事业总体布局的认识由经济、政治和文化建设"三位一体"扩展为包括社会建设在内的"四位一体"。党的十七大报告按照"四位一体"的总体布局对中国特色社会主义事业作了具体擘画。在此基础上,党的十八大报告首次把生态文明建设纳入中国特色社会主义事业总体布局之中,从而构成了社会主义建设事业的"五位一体"的总体布局。这一变化历程反映了中国共产党对以往工业化和现代化道路的深刻历史思考,反映了中国共产党对中国特色社会主义发展战略的深刻实践认知。

从"两个文明"到"三位一体"、"四位一体",再到"五位一体",中国共产党对中国特色社会主义事业总体布局的认识,经历了一个初步探索、逐步深化和趋于完善的过程,是中国人民在党的领导下建设中国特色社会主义的实践中认识不断深化的结果，是马克思主义认识论在当代中国社会主义建设实践中的鲜活应用与生动体现。

其一，总体布局的形成与发展是党领导和推动中国式现代化实践持续深化的历史进程。中国式现代化是人口规模巨大的现代化，是全体人民共同富裕的现代化，是物质文明和精神文明相协调的现代化，是人与自然和谐共生的现代化，是走和平发展道路的现代化。鸦片战争后，中国在西方资本的全球扩张中被迫卷入现代化浪潮；新中国成立后，以"四个现代化"为主要内容的社会主义现代化，扭转了这一被动局面。中国共产党基于我国国情与历史传统，努力克服中国人口规模巨大、国内外形势错综复杂等诸多难题，创设出全新的中国式现代化方案，把富强、民主、文明、和谐、美丽作为全面推进总体布局和实现社会主义现代化的发展目标。这一全新方案具有一定的独特性、经验性和可资借鉴性，成功塑造了中国社会发展的总体方向。为实现中华民族伟大复兴的奋斗目标，推进中国式现代化向新阶段迈进，党的十八大以来，以习近平同志为核心的党中央领导全国人民砥砺前行，统筹推进"五位一体"总体布局，协调推进"四个全面"战略布局，如期实现全面建成小康社会目标，脱贫攻坚战取得全面胜利，解决了困扰中华民族几千年的绝对贫困问题，经济总量不断迈上新台阶，人均国内生产总值接近高收入国家门槛，现代化建设的制度保障更完善、物质基础更坚实、精神力量更主动，中华民族迎来了从站起来、富起来到强起来的伟大飞跃，顺利开启全面建设社会主义现代化国家新征程。随着对社会主义现代化建设规律认识的不断深化，我们党将现代化的内涵逐步扩展到经济、政治、文化、社会、生态文明等多方面，中国式现代化的特征和优势越来越显著，在物质文明、政治文明、精神文明、社会文明、生态文明协调发展上取得了丰硕成果。以中国式现代化推进中华民族伟大复兴，要统筹推进总体布局，促进各方面建设相协调，推动生产关系与生产力、上层建筑与经济基础相适应，协同推进人民富裕、国家强盛、中国美丽。现代化的本质是人的现代化。要协调增进全体人民的经济、政治、文化、社会、环境权利，不断满足人民日益增长的美好生活需要，让广大人民群众的获得感、幸福感、安全感更加充实、更有保障、更可持续，推动人的全面发展、全体人民共同富裕取得更为明显的实质性进展。

其二，总体布局的形成与发展是党对中国特色社会主义建设战略把握持续深化的历史进程。中国特色社会主义事业，是一项前无古人的伟大事业，在推进这一伟大事业的进程中，更要做好总体布局。新中国成立以来，党的历代领导集体不断探索、形成和完善了中国特色社会主义总体布局，实现了从"四个现代化"到"五位一体"的深刻转变，以适应现实的需要。改革开放以来，中国共产党带领全国各族人民在建设社会主义的历史征程中，坚持走自己的路，在"摸着石头过河"的基础上不断总结经验教训，逐渐走出了一条中国特色社会主义道路，形成了中国特色社会主义理论体系，构建了一整套中国特色社会主义制度。中国特色社会主义是改革开放以来党的全部理论和实践的主题。党的十八大以来，以习近平同志为核心的党中央以巨大的政治勇气和一往无前的进取精神，团结带领全党全国人民继续坚持和发展中国特色社会主义。2013 年 1 月 5 日，在新进中央委员会的委员、候补委员学习贯彻党的十八大精神研讨班开班式上，习近平总书记坚定申明必须毫不动摇坚持和发展中国特色社会主义。习近平总书记强调，中国特色社会主义，是科学社会主义理论逻辑和中国社会发展历史逻辑的辩证统一，是根植于中国大地、反映中国人民意愿、适应中国和时代发展进步要求的科学社会主义，是全面建成小康社会、加快推进社会主义现代化、实现中华民族伟大复兴的必由之路。① 中国特色社会主义是社会主义而不是其他什么主义，科学社会主义基本原则不能丢，丢了就不是社会主义。随着改革的不断深入和各项事业的发展，各领域改革和改进越来越具有全面性、系统性，关联性和互动性明显增强，单

---

① 《习近平谈治国理政》，外文出版社 2014 年版，第 21 页。

兵突进、零敲碎打调整、碎片化修补很难取得实质性效果。习近平总书记指出，要深入研究全面深化体制改革的顶层设计和总体规划，加强对各项改革关联性的研判，把经济、政治、文化、社会、生态文明等方面的体制改革有机结合起来，把理论创新、制度创新、科技创新、文化创新以及其他各方面创新有机衔接起来。①

其三，总体布局的形成与发展是马克思主义认识论的生动体现。总体布局体现出认识过程的递进性与上升性规律，人们对于一个复杂事物的认识往往要经过由感性认识到理性认识，再由理性认识到实践的多次反复才能完成。人类的认识是永无止境、无限发展的，它表现为"实践—认识—再实践—再认识"的无限循环，由初级阶段向高级阶段不断推移的、永无止境的前进运动。"两手抓，两手都要硬"，邓小平同志的这一理论术语在20世纪八九十年代一度被高频率使用，可谓家喻户晓。党中央一直提倡的"两点论"与"重点论"、"统筹"与"协调"，便是这一思想的延伸。纵览邓小平同志在各个时期关于"两手论"的具体表述，其主导思想是明确的，即一手抓物质文明建设，一手抓精神文明建设，而这正是"五位一体"的中国特色社会主义事业总体布局思想的起源。随着改革开放的不断深入推进以及我国经济社会各方面的高速发展，党和政府对"精神文明建设"的认识不断加深，开始从"两手抓"战略方针向以"三位一体"总体布局转变，并在新世纪以后结合新时期的要求逐渐转变为以"经济建设、政治建设、文化建设、社会建设"为核心的"四位一体"总体布局。根据党的十二届六中全会，我国社会主义现代化建设的总体布局围绕经济建设，开展政治体制改革，实施精神文明建设。其中，精神文明建设的内容包括思想道德建设和教育科学文化建设两个方面，并且体现在经济、政治、文化、社会的各个方面。由此，"两手抓"战略方针正式扩展为"经济建设、政治建设、精神文明建设"。随后，党的十三大正式提出了"三

---

① 《习近平关于全面深化改革论述摘编》，中央文献出版社2014年版，第37页。

位一体"的总体布局，明确社会主义初级阶段包括建设充满活力的社会主义经济、政治、文化体制。党的十六届五中全会提出，"要按照构建民主法治、公平正义、诚信友爱、充满活力、安定有序、人与自然和谐相处的社会主义和谐社会的要求，正确处理新形势下人民内部矛盾，认真解决人民群众最关心、最直接、最现实的利益问题"。① 党的十六届六中全会分别论述了我国在经济、政治、文化和社会等领域取得的一系列新的历史性成就，正式提出了"四位一体"。

改革开放以来，特别是进入新世纪以来，我国经济发展取得了举世瞩目的成就，但是，经济的高速增长对环境和生态破坏的弊端也开始显现，加强环境和生态保护成为党和政府更加关注的问题，也成为广大人民群众的迫切需求。党的十七大进一步明确提出，在"经济建设、政治建设、文化建设、社会建设"的战略布局中，大力推动生态文明建设，主要内容包括节约资源和能源、保护生态环境，实现方式是调整产业结构和消费模式、发展循环经济、树立生态文明理念。在党的十八大报告中，"五位一体"总体布局被纳入中国特色社会主义道路中，党的十九大更是要求从全局高度落实"五位一体"总体布局，为实现伟大中国梦而努力奋斗。"五位一体"总体布局的演进体现出认识的递进性与上升性规律。

（二）"四个全面"战略布局的实践论创新

马克思主义实践观认为，实践是认识的来源，是认识发展的根本动力，是检验认识正确与否的唯一标准。实践与认识是辩证统一的关系，实践决定认识，认识对实践有巨大的反作用。正确的科学的认识促进实践的发展，错误的认识阻碍实践的发展。"四个全面"战略布局体现出马克思主义实践观的持续性和创新性规律。"四个全面"战略布局，正是中国"发展起来以后"，更加注重发展和治理系统性、整体性、协同性的必然选

---

① 王伟光主编《社会主义通史》第八卷，人民出版社 2011 年版，第 678 页。

择。"四个全面"战略布局是我们党站在新的历史起点上，总结我国发展实践，适应新的发展要求，坚持和发展中国特色社会主义新探索新实践的重要成果。

2014 年 12 月，习近平总书记在江苏考察调研时强调："要全面贯彻党的十八大和十八届三中、四中全会精神，落实中央经济工作会议精神，主动把握和积极适应经济发展新常态，协调推进全面建成小康社会、全面深化改革、全面依法治国、全面从严治党，推动改革开放和社会主义现代化建设迈上新台阶。"① 这是中国共产党的历史上第一次对"四个全面"作出完备表述，但此时还没有提炼出"四个全面"这个概念。2015 年 1 月 23 日，习近平总书记在主持十八届中共中央政治局第二十次集体学习时指出："党的十八大以来，我们提出要协调推进全面建成小康社会、全面深化改革、全面依法治国、全面从严治党，这'四个全面'是当前党和国家事业发展中必须解决好的主要矛盾。"这是中国共产党的历史上第一次提出"四个全面"概念。把握战略布局，必须充分认识其中内含的马克思主义实践论创新。

其一，"四个全面"战略布局的发展实践创新。马克思认为，实践是人们改造客观世界的一切活动，实践是客观的物质性活动，实践是有目的的能动性活动，因而是有社会性历史性的建构性活动。"四个全面"战略布局的形成与发展生动体现了中国特色社会主义的发展实践创新。2020 年10 月29 日，党的十九届五中全会通过的《中共中央关于制定国民经济和社会发展第十四个五年规划和二〇三五年远景目标的建议》，把"四个全面"战略布局确定为"十四五"时期经济社会发展指导方针，并一致表述为"协调推进全面建设社会主义现代化国家、全面深化改革、全面依法治国、全面从严治党的战略布局"。从字面意义来看，这个新的论

---

① 《主动把握和积极适应经济发展新常态　推动改革开放和现代化建设迈上新台阶》，《人民日报》2014 年 12 月 15 日。

述较 2015 年第一次战略布局的论述呈现出一个"变"和三个"不变"，即第一个"全面"由"全面建成小康社会"变为"全面建设社会主义现代化国家"，而其他三个"全面"不变。这个新的论述所呈现出的变化绝不是简单的文字变动，对其他三个"全面"的原文保留也绝不是简单的内涵不变，而是蕴含着丰富而严密的理论逻辑、实践逻辑、历史逻辑的重大发展创新。2012 年 11 月，党的十八大提出到 2020 年实现全面建成小康社会的奋斗目标。之后，中共中央围绕"全面建成小康社会"提出经济、政治、文化、社会、生态文明等一系列新要求新举措。党的二十大提出，从现在起，中国共产党的中心任务就是团结带领全国各族人民全面建成社会主义现代化强国、实现第二个百年奋斗目标，以中国式现代化全面推进中华民族伟大复兴。全面建成社会主义现代化强国，总的战略安排是分两步走：从二○二○年到二○三五年基本实现社会主义现代化，从二○三五年到本世纪中叶把我国建成富强民主文明和谐美丽的社会主义现代化强国。在基本实现现代化的基础上，我们要继续奋斗，到本世纪中叶，把我国建设成为综合国力和国际影响力领先的社会主义现代化强国。

其二，"四个全面"战略布局是"四个伟大"的实践呈现。"四个全面"战略布局在"四个伟大"中形成和发展，"四个伟大"是"四个全面"战略布局形成发展的历史与实践基础。"四个全面"是进行"伟大斗争"的战略需要。改革开放以来，我国成功地开创并阔步走在中国特色社会主义大道上，党和国家事业取得了辉煌成就，但如同习近平总书记所说，事业越前进、越发展，新情况新问题就会越多，面临的风险和挑战就会越多，面对的不可预料的事情就会越多。这些问题与挑战包括发展中不平衡、不协调、不可持续问题依然突出，城乡区域发展差距和居民收入分配差距依然较大，有法不依、执法不严、违法不究等问题依然存在，党风廉政建设和反腐败斗争形势依然严峻。面对这些问题和矛盾，如果应对不力，或者发生系统性风险、犯颠覆性错误，就会延误甚至中断社会主义现代化的进程。"四个全面"是建设"伟大工程"的内在呼唤。"四个伟大"

紧密联系、相互贯通、相互作用，其中起决定性作用的是党的建设新的伟大工程。我们党团结带领人民进行伟大斗争、推进伟大事业、实现伟大梦想，必然要求我们党始终成为时代先锋、民族脊梁。"四个全面"是推进"伟大事业"的顶层设计。中国特色社会主义伟大事业工程巨大、错综复杂、千头万绪。如何透过扑朔迷离的表象深刻认识中国特色社会主义事业全局，把握其基本支点进而找准着力点，这关系到"伟大事业"能否顺利与成功。战略布局正是从中国特色社会主义事业全局出发，牢牢抓住改革、发展、稳定这三个重要支点对"伟大事业"进行的顶层设计。总体上看，"四个全面"战略布局就是对深化改革开放的全面部署，就是对经济社会发展的整体布局，就是对确保社会和谐稳定的通盘谋划。"四个全面"是实现"伟大梦想"的根本要求。实现中华民族伟大复兴中国梦是我们进行伟大斗争、伟大工程、伟大事业的共同归宿。经过长期艰苦奋斗，今天，我们比历史上任何时期都更接近、更有信心和能力实现中华民族伟大复兴的宏伟目标。"四个全面"战略布局是我们党着眼于实现伟大梦想这个长远发展目标的治国理政总战略。

其三，"四个全面"战略布局是推进实践基础上的理论创新。党的十八大以来，以习近平同志为核心的党中央科学把握当今世界和当代中国的发展大势，顺应实践要求和人民愿望，实现了一系列的重大理论创新。其中，专门就全面建设社会主义现代化国家、全面深化改革、全面依法治国、全面从严治党进行了专题研究和部署，不断深化扩展实践领域，在理论上不断拓展新视野、作出新概括。在全面推进建设社会主义现代化国家中提出新发展理念。理念正确，实践就能在正确的轨道上推进。中国已经成为世界第二大经济体，但我国是最大发展中国家的国际地位没有变，发展问题仍是解决我国所有问题的基础和关键。无论是到中国共产党成立一百年时全面建成小康社会，还是到中华人民共和国成立一百年时建成富强民主文明和谐美丽的社会主义现代化强国，"两个一百年"奋斗目标的实现，都离不开发展这个第一要务。党的十八届五中全会坚持以人民为中心的发展思想，鲜明提出了创新、协调、绿色、开放、共享的新发展理念。新发展理念是针对我国经济发展进入新常态、世界经济复苏低迷开出的药方，符合我国国情，顺应时代要求，在理论和实践上有新的突破，对破解发展难题、增强发展动力、厚植发展优势具有重大指导意义，指明了"十四五"乃至更长时期我国的发展思路、发展方向和发展着力点，集中反映了我们党对经济社会发展规律认识的深化，是我国发展理论的又一次重大创新。在推进全面深化改革中提出政府和市场关系的新观点。党的十八届三中全会将市场在资源配置中起基础性作用修改为起决定性作用，提出"使市场在资源配置中起决定性作用和更好发挥政府作用"这一重大理论观点，有利于在全党全社会树立关于政府和市场关系的正确观念，有利于转变经济发展方式，有利于转变政府职能，有利于抑制消极腐败现象，使市场在资源配置中起决定性作用，更好地发挥政府作用，这既是一个重大理论命题，又是一个重大实践命题。科学认识这一命题，准确把握其内涵，用好"看不见的手"和"看得见的手"，努力形成市场作用和政府作用有机统一、相互补充、相互协调、相互促进的格局，对全面深化改革、推动社会主义市场经济健康有序发展具有重大意义。在推进全面依法治国中深刻阐明法治建设的重大问题。全面推进依法治国，总目标是建设中国特色社会主义法治体系，建设社会主义法治国家。为实现这个总目标，我们提出了坚持中国共产党的领导、坚持人民主体地位、坚持法律面前人人平等、坚持依法治国和以德治国相结合、坚持从中国实际出发的基本原则，提出了完善以宪法为核心的中国特色社会主义法律体系，加强宪法实施，实现立法和改革决策相衔接，做到重大改革于法有据、立法主动适应改革和经济社会发展需要，深入推进依法行政，加快建设法治政府等一系列举措，促进国家治理体系和治理能力现代化，不断丰富和完善中国特色社会主义法治体系。在推进全面从严治党中就加强党的建设作出新的重大部署。党的十八届六中全会全面分析党的建设面临的形势和任务，系统总结近年来特别是党的十八大以来全面从严治党的理论和实践，就新形势下加强党的建设作出新的重大部署，审议通过《关于新形势下党内政治生活的若干准则》和《中国共产党党内监督条例》。纵以观之，"四个全面"战略布局的理论创新是建立在现实实践基础上而形成的。

（三）总体布局与战略布局的方法论创新

党的二十大报告提出"必须坚持系统观念"的方法论观点，为前瞻性思考、全局性谋划、整体性推进党和国家各项事业提供科学思想方法。总体布局不仅是新时代坚持和发展中国特色社会主义的一种治国理念，也是一项重大的战略部署，同时还是我们在工作实践中应学会并遵循的一种方法论。既要坚持系统思维，运用系统分析法，注重发展的系统性、整体性和协同性，又要正确认识和处理五"位"的地位及其内在关系，让其各安其位、各尽其能。而要想真正做好统筹推进"五位一体"总体布局，首先得有布局方法论的指导，也就是要运用系统分析法，去认识、理顺和把握以五大建设为核心的各要素之间的相互关联方式和作用机制。总体性思维与创新性思维的有机统一是实现"四个全面"战略布局的基本方法论。总体性思维实质上蕴含了创新性思维，因为总体性是一个处于发展过程中的系统的总体，这个系统本身就有一个不断演变和上升的历程，从而呈现出一种创新性。

其一，总体布局显现出系统方法下的战略思维、历史思维、辩证思维。一是坚持战略思维。战略思维方法是一个完整的科学理论体系，内容丰富、逻辑严谨，是不断发展和完善的。习近平总书记多次强调，战略思维永远是中国共产党人应该树立的思维方式，"全党要提高战略思维能力，不断增强工作的原则性、系统性、预见性、创造性"[①]。当前，我国进入新发展阶段，世界正经历百年未有之大变局，国内外环境正经历深刻变化

———————

① 《高举中国特色社会主义伟大旗帜　为决胜全面小康社会实现中国梦而奋斗》，《人民日报》2017 年 7 月 28 日。

和调整。我们需要秉持统筹"两个大局"重要战略思维，在准确认识国内外发展大势以及中国与世界关系的基础上，科学把握我国发展重要战略机遇期的新内涵新特征，客观认识中国面临的新机遇新挑战，系统谋划、统筹推进党和国家各项事业。统筹"两个大局"是总体性全局性的重要战略思维，是科学把握中国和世界发展大势的根本遵循。中华民族伟大复兴是中华民族近代以来最伟大的梦想，是中国共产党肩负的历史使命，是改革发展稳定、内政外交国防、治党治国治军的奋斗目标。总体布局不仅要建成高度发达的社会主义物质文明，还要着眼全面，把中国建成富强民主文明和谐美丽的社会主义现代化强国。因此，"五位一体"总体布局与社会主义初级阶段总依据、实现社会主义现代化和中华民族伟大复兴总任务有机统一，对进一步明确中国特色社会主义发展方向，夺取中国特色社会主义新胜利意义重大。二是坚持历史思维。中国特色社会主义"五位一体"的崭新布局，是中国特色社会主义事业发展的历史经验的科学总结。认真把握和深刻理解"五位一体"总体布局，必须把握其深远的历史由来：中国特色社会主义"五位一体"总体布局经历了从"一个统帅""两个文明""三大纲领""四大建设"的发展过程。这是一个从局部到整体、从简单到复杂、从低级到高级的发展过程，体现了我们党的社会主义实践和认识的不断深化；总体布局是对过去历史经验的总结，也是科学发展的指针，这一理念体现了坚持系统方法下的历史思维。三是坚持辩证思维。改造世界包括方法论和具体操作两个层面的内容，相较而言，方法论层面的内容是更根本的。中国特色社会主义总体布局所内含的五大建设并不是独自发展的，而是相互联结在一起甚至存在多重交叉关系的，如发展方式和经济结构的调整，就涉及政治体制、文化思想理念、社会保障以及生态环保等领域，是牵一发而动全身，需要各个领域协调互动的。五"位"各安其位、各尽其能，在整个社会发展结构体系中，经济建设是根本，政治建设为是保障，文化建设是灵魂，社会建设是条件，生态文明建设是基础，相互联系、相互协调、相互促进，相辅相成，构成统一的有机整体。

其二，战略布局显现出系统方法下的创新思维、法治思维、底线思维。一是坚持了创新思维。"四个全面"战略布局是依据马克思主义思考中国未来发展的理论成果，同时也运用了创新的方法论，这种方法是主体依照某种理念，将多个要素按单线条串联起来，构成首尾照应的圆环结构，通过发挥要素的整体功能来实现主体的目标。"四个全面"作为一种全新的理论形式，清楚地揭示了党和国家各项工作的根本目标、关键环节、重点领域和主攻方向，以顶层设计的形式标明了中国特色社会主义建设中总体目标和重要着力点，是一种要点突出、关系明确、相互照应、逻辑严整的理论指南。"四个全面"战略布局是一种思维方法，同时也是一种行为方法、行动方法，是用创新的思维方法引领行为方法，又用独具特征的行为方法来体现思维方法，本质上是思维方法和行为方法的统一，也体现着理论创新和行为创新的统一。二是坚持了法治思维。法治思维主要是一种规则思维、程序思维，掌握和运用思维要求我们在推进"四个全面"战略布局中遇到问题找法、解决问题靠法、按制度办事、按程序办事、按规矩办事。全面依法治国就是全面确立宪法、法律在国家生活中的至高无上权威，全面发挥法治在治国理政过程中的价值与作用，让法治文化、法律原则、法律规范全面融入国家治理和公民生活的全过程。全面依法治国贯穿全面建设社会主义现代化国家、全面深化改革、全面从严治党的全过程，是"四个全面"战略布局的关键环节。全面依法治国是实现全面建设社会主义现代化国家战略目标的关键性战略举措，是全面深化改革、全面从严治党的关键支撑和保障，对"四个全面"战略布局的协同推进和全面实现具有极为重要的价值与作用。三是坚持了底线思维。掌握和运用底线思维要求我们在推进"四个全面"战略布局中，善于考虑方方面面的利益问题，统筹兼顾国家、集体和个人的利益，特别是要充分考虑眼前和长远利益问题，牵一发而动全身，要使国家和社会包括党的各个系统相互配合，使历史的合力发挥到最大，而不是相互利用、内耗不断。掌握和运用底线思维，要求我们在推进"四个全面"战略布局中既要善于从坏处着想，做事朝着最好的目标去奋斗，又要考虑到最坏的结果，这是一条不能再下降的底线。党的十八届四中全会通过的决定中强调，"各级领导干部要对法律怀有敬畏之心，牢记法律红线不可逾越，法律底线不可触碰"，"党规党纪严于国家法律"。① 另外，还可以对底线思维作广义的理解，比如，在之前全面建成小康社会中提出的各项目标，人民群众的基本生活水平，上学、就业、看病、养老等问题，让人民群众有事干、有钱挣、有盼头应该成为一条生活保障底线，否则靠什么来体现中国特色社会主义的优越性呢？

其三，总体布局与战略布局凸显出系统方法下的系统思维。唯物辩证法认为，事物是普遍联系的，事物之间以及事物内部各要素之间也相互影响、相互制约。而由相互联系、相互影响、相互制约相互作用等的若干要素组成、具有稳定结构和特定功能的有机整体，就是系统。习近平总书记多次强调指出，全面建成小康社会，实现"两个一百年"奋斗目标，要统筹推进"五位一体"总体布局，协调推进"四个全面"战略布局，并且实现"五位一体"总体布局和"四个全面"战略布局相互促进、统筹联动。统筹推进"五位一体"总体布局、协调推进"四个全面"战略布局是一项复杂的系统工程，既相互促进，也统筹联动，是一个有机整体。

"五位一体"总体布局是中国共产党逐步形成和丰富发展起来的，推进中国特色社会主义事业发展的整体系统，致力于全面提升我国物质文明、政治文明、精神文明、社会文明、生态文明，统一于把我国建成富强民主文明和谐美丽的社会主义现代化强国宏伟目标。其中，经济建设是根本，政治建设是保障，文化建设是灵魂，社会建设是条件，生态文明建设是基础，各个子系统构成相互联系、相互促进、相辅相成的统一整体。各方面布局统筹推进，促进现代化建设各方面相协调，促进生产关系与生产

---

① 《中共中央关于全面推进依法治国若干重大问题的决定》，《人民日报》2014 年 10 月 29 日。

力、上层建筑与经济基础相协调，推动人的全面发展和社会的全面进步。党的十六大提出经济建设、政治建设、文化建设"三位一体"，党的十七大提出经济建设、政治建设、文化建设和社会建设"四位一体"，党的十八大将生态文明建设纳入中国特色社会主义事业总体布局，正式形成"五位一体"总体布局，使生态文明建设的战略地位更加明确，自然生态各要素之间的关系更加明晰，"山水林田湖草沙是生命共同体"的系统思想完整彰显。

"四个全面"战略布局，是一个着重抓住并解决我国改革发展进程中的主要矛盾、根本问题和工作重点的科学体系，不仅逻辑严密，而且相辅相成、相互促进、相得益彰，既有目标又有举措，既有全局又有重点。全面深化改革充分考虑经济、政治、文化、社会、生态等各领域改革的关联性、耦合性，强调要坚决破除妨碍发展的思想观念和体制机制弊端，破除利益樊篱，从而为全面建设社会主义现代化国家提供动力支撑；全面依法治国强调要把党和国家工作纳入法治化轨道，从法治上为解决面临的突出矛盾和问题提供制度化方案，从而为全面建设社会主义现代化国家提供法治保障，要进行法治国家、法治政府、法治社会一体建设，坚持在法治下推进改革，在改革中完善法治；全面从严治党，纠治"四风"、防范和治理腐败问题等，为全面建设社会主义现代化国家提供根本政治保证。因此，都是为解决实现社会主义现代化和中华民族复兴的根本路径和方式问题。

实现党的十八大提出的"全面建成小康社会"，经济发达、政治民主、文化先进、社会和谐、生态文明缺一不可，是经济建设、政治建设、文化建设、社会建设与生态文明建设五个方面的协调统一的结果。因此为实现这一系列宏伟目标，全面落实经济建设、政治建设、文化建设、社会建设、生态文明建设"五位一体"总体布局，促进现代化建设各方面相协调，党中央作出了全面深化改革、全面依法治国、全面从严治党的战略部署，党的十八届三中全会提出"全面深化改革"，党的十八届四中全会提出"全面推进依法治国",党的群众路线教育实践活动总结大会上提出"全面推进从严治党",从而形成了"四个全面"战略布局的实践基础。2020年10月,党的十九届五中全会将"全面建成小康社会"发展为"全面建设社会主义现代化国家",既是内涵的丰富,更是形态的跃迁。

马克思主义认为,一切事物都是普遍联系和不断发展变化的。"五位一体"和"四个全面"之间相互联系、相辅相成、相互融合。"五位一体"是全面建设的总体布局,是"四个全面"的现实基础,贯穿全面建设社会主义现代化国家的各项指标之中;"四个全面"则是党和国家治国理政要抓的战略重点,是"五位一体"总体布局的阶段性战略举措,是推进"五位一体"的战略重点。每个部分的发展将会促进其他领域的发展,而每个领域的短板又将制约其他环节的发展。"五位一体"的方向性质和目标任务涵盖着"四个全面",做到"四个全面"是实现"五位一体"的内在要求。"四个全面"紧密联系于"五位一体"总体布局,并且来自这个总体布局。二者相辅相成、承上启下。统筹推进"五位一体"总体布局、协调推进"四个全面"战略布局,书写的是坚持和发展中国特色社会主义"这篇大文章",为实现中华民族伟大复兴提供了"更为完善的制度保证"、"更为坚实的物质基础"和"更为主动的精神力量",是中国共产党为积极回应人民对美好生活的庄严宣告与使命担当。统筹推进"五位一体"总体布局、协调推进"四个全面"战略布局,必须坚持以习近平新时代中国特色社会主义思想凝心铸魂,把握好习近平新时代中国特色社会主义思想的世界观和方法论,坚持好、运用好贯穿其中的立场观点方法。坚持和加强党的全面领导,必须统领于中国特色社会主义事业总体布局和战略布局的全过程各方面各环节。而坚持以人民为中心的发展思想,坚持以中国式现代化全面推进中华民族伟大复兴,也必须始终贯穿中国特色社会主义事业总体布局和战略布局。

二、总体布局与战略布局的认识视角

从人类社会发展的视角来看，总体布局融入了人类社会发展的生态文明新内容，有效克服了人类经济社会发展面临的困难和问题；战略布局为人类社会发展提供了"中国方案"。从社会主义建设的视角来看，"四个全面"战略布局拓展和深化了对社会主义根本任务、发展动力、总体布局、发展目标以及领导力量的认识。"五位一体"总体布局是对社会主义建设规律的深刻认识。从中国共产党执政的视角来看，"两个布局"战略谋划是对中国共产党执政规律的深刻把握，为伟大社会革命的深入推进提供顶层设计和具体战略举措。

（一）人类社会发展的视角

中国特色社会主义事业总体布局从探索、形成到拓展，有力地促进了社会主义社会的全面进步。在总体布局探索阶段，针对当时中国社会现状，我们党先后提出针对经济层面的"四个现代化"建设和针对精神领域的"两个文明"理论。"四个现代化"主要是经济建设层面的现代化，或者说是物质文明的主要内容。"四个现代化"的提出可以说是拉开了社会主义经济建设的序幕。在大力推进社会主义经济建设的同时，依据新出现的诸如价值危机、道德失范等精神领域问题，党逐步认识到精神文明也是社会主义建设发展的重要一极，从而对物质文明和精神文明及其相互关系强化了认识。协调推进"四个全面"战略布局，体现人类社会发展这一普遍规律，牢牢把握我国社会发展的阶段性特征，明晰当今国内国际发展大势，明辨我国发展的方向和面临的机遇挑战，成为当代中国社会发展的导航仪和推进器。

其一，总体布局融入了人类社会发展的生态文明新内容。习近平总书记指出："党的十八大把生态文明建设纳入中国特色社会主义事业总体布局，使生态文明建设的战略地位更加明确，有利于把生态文明建设融入经济建设、政治建设、文化建设、社会建设各方面和全过程。"① 当今世界严重的生态问题归根结底是由资本主义制度造成的，资本主义的片面性和掠夺性，打破了人和自然的平衡与和谐，使生态问题不断严重和恶化。马克思主义从人与自然相互依存的关系入手，科学回答了尊重、顺应、保护自然的科学理念，为实现人与自然和谐发展提供了新理念。党的十八大以来，我们坚持绿水青山就是金山银山的理念，坚持山水林田湖草沙一体化保护和系统治理，全方位、全地域、全过程加强生态环境保护，生态文明制度体系更加健全，污染防治攻坚向纵深推进，绿色、循环、低碳发展迈出坚实步伐，生态环境保护发生历史性、转折性、全局性变化，我们的祖国天更蓝、山更绿、水更清。中国特色社会主义强调全面发展和统筹推进，提供了从根本上解决生态问题的新思路、新方案，为世界的和平发展贡献了新智慧。

其二，总体布局有效克服了人类经济社会发展面临的困难和问题。党的十八大以来，以习近平同志为核心的党中央既坚定不移地坚持以经济建设为中心，又全面推进政治、文化、社会、生态文明以及其他各方面建设，妥善处理了现代化建设各方面的关系，充分调动了现代化建设的积极因素，有效克服了经济社会发展面临的困难和问题，为全面深化改革奠定了坚实的物质基础。总体布局突出了生产力与生产关系、经济基础与上层建筑这一基本矛盾的基础地位。建设中国特色社会主义要按照"五位一体"总体布局，促进生产关系与生产力、上层建筑与经济基础相协调。社会基本矛盾及其运动是人类社会发展演进的基本规律，是正确认识和准确把握社会发展进程的一把钥匙，是破解改革发展面临的各种矛盾、困难与问题的理论指导。统筹推进"五位一体"总体布局，反映了我们党在复杂形势面前始终保持高度的理论自觉和政治定

---

① 《习近平谈治国理政》第一卷，外文出版社 2018 年版，第 11 页。

力，既深刻认识和准确把握生产力与生产关系的矛盾运动规律，又深刻认识和准确把握经济基础与上层建筑的矛盾运动规律，把经济社会发展作为一个整体加以发展和推进，从而全面正确地把握当代中国社会的基本面貌和发展方向，全面深化改革，调整生产关系，完善上层建筑。

其三，战略布局为人类社会发展提供了"中国方案"。发展是党执政兴国的第一要务。没有坚实的物质技术基础，就不可能全面建成社会主义现代化强国。在中国成为世界第二大经济体、中国发展与世界发展紧密交融、互为机遇的历史时刻，以习近平同志为核心的党中央统筹国内国际两个大局，科学认识人类社会发展规律，准确判断当今世界发展趋势，审时度势、运筹帷幄，提出协调推进"四个全面"战略布局，为我们党在新形势下更好治国理政、更好推动中国经济社会发展作出战略部署，为中国巨轮破浪前进提供了方向指引，也为世界发展提供了"中国方案"，实现了我们党认识把握人类社会发展规律的新飞跃。协调推进"四个全面"战略布局，对中国实现现代化进行战略布局，为世界上最大发展中国家实现现代化布阵筑基，拓展当今世界认识和推进现代化的新境界。协调推进"四个全面"战略布局，以实现中国梦为旨归，将使占世界人口 1/5 的中国人民生活水平大幅提高，也将惠及世界各国人民；将创造一个不是通过零和博弈，而是通过合作共赢走近世界舞台中央的大国发展模式；推动一个不是内含冲突意识，而是主张"和而不同""协和万邦"的古老文明实现伟大复兴；开辟一个不是为少数人，而是为全体劳动人民谋福利的社会主义发展新阶段。而今，在世界最广阔的大陆、海洋上，亚投行等多个意向创始成员国开始谱写共同繁荣的乐章，"一带一路"沿线 60 多个国家、44 亿人口正在演奏梦想的交响曲。"借得东风好行船。"所有这些，将为各种不同人类文明探索和选择发展道路提供中国经验，为人类社会发展和世界社会主义发展增添中国动力，为丰富人类社会发展道路作出中国贡献。

（二）社会主义建设的视角

马克思、恩格斯在批判资本主义社会非一体、非全面发展造成两极分化、人与自然失调、危机频发等弊病的基础上创立了科学社会主义。自十月革命把科学社会主义由理论转化为制度，从实际出发探索社会主义建设规律就成为马克思主义者深化社会发展规律的重大任务。列宁对此作出了重大贡献，留下了许多宝贵经验和思想成果。毛泽东同志在领导我国进行社会主义建设过程中，总结了苏联和我国建设社会主义的经验，形成了《论十大关系》《关于正确处理人民内部矛盾的问题》等重要著作和要大力发展商品生产、价值规律是一个伟大的学校等重要思想，为探索社会主义建设规律作出了新的贡献。这一切宝贵经验和思想成果，为改革开放后我国在深入探索社会主义建设规律时形成"五位一体"总体布局，提供了坚实的基础。我们党坚持科学社会主义基本原则，在实践基础上、在探索发展规律的进程中，也经历了解放和发展生产力、物质文明和精神文明建设"两手抓"到"三位一体""四位一体"，再到"五位一体""四个全面"的认识过程。在这个意义上，"五位一体"总体布局和"四个全面"战略布局都是社会主义建设规律的成功经验。

其一，"四个全面"战略布局拓展和深化了对社会主义根本任务、发展动力、总体布局、发展目标以及领导力量的认识，把我们党对社会主义建设规律的认识提高到新水平。"四个全面"清晰指明了党和国家工作的战略目标、战略重点和战略举措，科学回答了如何发展、如何改革、如何治国、如何管党等一系列重大理论和实践问题，是对党的十八大以来党中央全面推进社会主义现代化建设实践的理论升华。站在新的历史起点上，面对复杂多变的国内外环境，发展不平衡、不协调的问题，体制机制障碍、利益固化的问题，治理方式不适应、抵御防范风险的问题，"四风"蔓延、清除腐败毒瘤的问题，这些既是社会焦点、群众痛点，也是工作的重点和难点。"四个全面"就是为推动解决当前的突出矛盾和问题而提出来的有力战略抓手。"四个全面"战略布局，既提出目标指引又明确实现路径，既注重整体推进又强调重点突破，既坚持实事求是又提倡改革创新，进一步回答了"什么是社会主义、怎样建设社会主义"这个事关社会主义建设的根本性问题，是探索社会主义建设规律的最新理论成果。把促进经济社会协调发展作为全面建成小康社会的本质内涵，拓展深化了对社会主义根本任务的认识。全面建成小康社会新的目标要求——经济保持中高速增长，人民生活水平和质量普遍提高，国民素质和社会文明程度显著提高，生态环境质量总体改善，各方面制度更加成熟更加定型，这些都体现了中国特色社会主义的根本属性和必然要求。党的十八届三中全会提出的全面深化改革，把"完善和发展中国特色社会主义制度、推进国家治理体系和治理能力现代化"作为总目标，更加注重改革的系统性、整体性、协同性，根本在"改革"，关键在"深化"，重点在"全面"。全面深化改革目标的高度、内容的深度、落实的力度，拓展深化了我们党对社会主义发展动力的认识。将全面依法治国确定为战略布局的重要一环，以"鸟之两翼、车之双轮"界定全面深化改革和全面依法治国的关系，拓展深化了对社会主义总体布局的认识。将全面建成小康社会定位为"实现中华民族伟大复兴中国梦的关键一步"，拓展深化了对社会主义发展目标的认识。坚持全面从严治党，作出"党的领导是中国特色社会主义最本质特征"的科学论断，拓展深化了对社会主义领导力量的认识。在我国这样一个统一的多民族发展中大国进行社会主义现代化建设，离不开中国共产党的坚强领导。

其二，"五位一体"总体布局是对社会主义建设规律的深刻认识。改革开放以来，我们对什么是中国特色社会主义、怎样建设中国特色社会主义进行了长期的探索，先是认识到必须坚持"一个中心、两个基本点"，然后认识到"两个文明"，而后提出了"总体布局"这一概念并形成了"三位一体"总体布局，接着又从"三位一体"总体布局、"四位一体"总体布局拓展到"五位一体"总体布局。这一探索过程，体现了我们对社会主义建设规律的认识不断深化。"五位一体"总体布局是一个有机整体，各方面相互联系、相互促进、不可分割。经济建设是根本，政治建设是保障，文化建设是灵魂，社会建设是条件，生态文明建设是基础，共同致力于全面提升我国物质文明、政治文明、精神文明、社会文明、生态文明，统一于我国建成富强民主文明和谐美丽的社会主义现代化强国的目标。2012年11月，党的十八大站在历史和全局的战略高度，对推进新时代"五位一体"总体布局作了全面部署。从经济、政治、文化、社会、生态文明五个方面，进一步制定了新时代统筹推进"五位一体"总体布局的战略目标。2017年10月，党的十九大在全面总结经验、深入分析形势的基础上，从经济、政治、文化、社会、生态文明五个方面，制定了新时代统筹推进"五位一体"总体布局的战略目标，作出了战略部署。这些部署，既有理论分析，又有实践举措，是新时代推进中国特色社会主义事业的路线图，是更好推动人的全面发展、社会全面进步的任务书。习近平新时代中国特色社会主义思想是党的十九大报告的灵魂，也是指导推进中国特色社会主义"五位一体"总体布局的思想指南。着眼党的十八大以来国内外形势变化和中国各项事业发展，习近平新时代中国特色社会主义思想在理论和实践结合上系统回答了新时代坚持和发展什么样的中国特色社会主义、怎样坚持和发展中国特色社会主义，包括新时代坚持和发展中国特色社会主义的总目标、总任务、总体布局、战略布局和发展方向、发展方式、发展动力、战略步骤、外部条件、政治保证等基本问题，并且根据新的实践对经济、政治、文化、社会、生态文明等各方面作出了理论分析和政策指导。党的十八大以来，生态文明建设在中国特色社会主义事业中的地位日益凸显，并逐渐有机融入经济、政治、文化、社会建设的方方面面，有效推动了中国特色社会主义事业的可持续发展，逐步实现了中国特色社会主义事业总体布局的发展与完善。这些都标志着我们党对社会主义建设规律的认识和把握提升到了新境界。

（三）中国共产党执政的视角

中国共产党坚持辩证唯物主义和历史唯物主义，善于运用科学的世界观，从全面的、联系的、发展的角度分析问题和解决问题。党的十八大以来，以习近平同志为核心的党中央团结带领全国各族人民，紧紧围绕实现"两个一百年"奋斗目标和中华民族伟大复兴的中国梦，统筹推进"五位一体"总体布局，协调推进"四个全面"战略布局，在中国共产党百年华诞之际，实现了党的第一个百年奋斗目标，开启了全面建设社会主义现代化国家的新征程。实践证明：坚持和贯彻"五位一体"总体布局和"四个全面"战略布局，是中国共产党执政成功的基本方略，"两个布局"战略谋划是对中国共产党执政规律的深刻把握。当前，全面建设社会主义现代化国家激荡人心，全面深化改革蹄疾步稳，全面依法治国开启新征程，全面从严治党正风肃纪，协调推进"四个全面"战略布局有力有效展开，实现了我们党认识把握共产党执政规律的新飞跃，成为我们党执政兴国的行动纲领。

"五位一体"总体布局和"四个全面"战略布局直面当代中国的基本问题，旨在完善和发展中国特色社会主义制度，推进国家治理体系和治理能力现代化，为伟大社会革命的深入推进提供顶层设计和具体战略举措。"五位一体"总体布局，从战略高度回答了新时代中国特色社会主义发展的"总依据"与"总任务"的实现路径，为国家社会发展问题的解决提供了系统性、整体性和协同性规划。"四个全面"战略布局，既有战略目标又有战略举措，既统揽全局又突出重点。全面建设社会主义现代化国家是战略目标，全面深化改革、全面依法治国、全面从严治党是一个都不能缺的三大战略举措，为全面建设社会主义现代化国家提供了动力源泉、法治保障和政治保证。党的十九届五中全会对协调推进"四个全面"战略布局作出新表述，对"十四五"时期经济社会发展总体规划作出重要部署，强调迎难而上、开拓进取，凸显了实干兴邦的实践特征。全面建设社会主义现代化国家就是贯彻落实新发展理念，构建新发展格局，推动高质量发展，建设富强民主文明和谐美丽的社会主义现代化强国。全面深化改革就是在处理好解放思想和实事求是、顶层设计和摸着石头过河、整体推进和重点突破、胆子要大和步子要稳以及改革、发展、稳定等关系基础上，推进国家治理体系和治理能力现代化。全面依法治国就是坚持依法治国、依法执政、依法行政共同推进，坚持法治国家、法治政府、法治社会一体建设，深化依法治国实践。全面从严治党就是要不断加强党的政治建设、思想建设、组织建设、作风建设、纪律建设，构建一体推进不敢腐、不能腐、不想腐体制机制。"四个全面"战略布局具有显著的实践特征、实践精神，体现了马克思主义哲学的蓬勃生命力，是在新的实践基础上对共产党执政规律认识的不断深化。

"五位一体"总体布局，就是在中国特色社会主义实践中不断破解遇到的问题、不断进行理论创新的基础上逐步形成的。"五位一体"总体布局的探索过程，体现了我们对社会主义建设规律的认识不断深化。"五位一体"总体布局是一个有机整体，各方面相互联系、相互促进、不可分割。因此，我们说"五位一体"总体布局，是中国共产党执政规律在实践和认识上不断深化的重要成果，回答了一系列治国理政的时代课题。党的十八大以来，以习近平同志为核心的党中央领导人民统筹推进"五位一体"总体布局，协调推进"四个全面"战略布局，党和国家事业全面开创新局面，中国特色社会主义进入新时代。我们党顺应时代发展，从理论和实践上系统回答了新时代坚持和发展什么样的中国特色社会主义、怎样坚持和发展中国特色社会主义，建设什么样的社会主义现代化强国、怎样建设社会主义现代化强国，建设什么样的长期执政的马克思主义政党、怎样建设长期执政的马克思主义政党等重大时代课题，创立了习近平新时代中国特色社会主义思想，习近平新时代中国特色社会主义思想是当代中国马克思主义、二十一世纪马克思主义，是中华文化和中国精神的时代精华，实现了马克思主义中国化新的飞跃。

在治国理政的新实践中，我国制度更加完善，国家治理体系和治理能力现代化水平明显提高。这些成果，深化了对共产党执政规律的认识。一是回答了社会发展动力的问题，提出了以"创新、协调、绿色、开放、共享"为主要内容的新发展理念，是中国共产党面对经济社会发展新趋势和新矛盾新挑战，着眼于破解发展难题、厚植发展优势而提出的全新发展理念。2015年10月，党的十八届五中全会正式提出。新发展理念相互贯通、相互促进，其中，创新发展注重的是解决发展动力问题，协调发展注重的是解决发展不平衡问题，绿色发展注重的是解决人与自然和谐问题，开放发展注重的是解决发展内外联动问题，共享发展注重的是解决社会公平正义问题。新发展理念集中反映了党对经济社会发展规律认识的深化。二是深化了执政党自身建设规律的认识。提出全面从严治党，明确全面从严治党战略方针，提出新时代党的建设总要求，强调以党的政治建设为统领，全面推进党的政治建设、思想建设、组织建设、作风建设、纪律建设，把制度建设贯穿其中，深入推进反腐败斗争，落实管党治党政治责任，以伟大自我革命引领伟大社会革命。党的十八大以来，以习近平同志为核心的党中央以坚强的决心、空前的力度推进全面从严治党，全面从严治党不断向纵深发展。经过不懈努力，我们党在刮骨疗毒中解决了自身在政治、思想、组织、作风、纪律等方面存在的一系列突出问题，党中央权威和集中统一领导得到有力保证，党的自我净化、自我完善、自我革新、自我提高能力显著增强，管党治党宽松软状况得到根本扭转，反腐败斗争取得压倒性胜利并全面巩固，消除了党、国家、军队内部存在的严重隐患，党在革命性锻造中更加坚强。大大增强了从严管党治党的系统性、预见性、创造性、实效性，彰显了中国共产党人彻底的自我革命精神，探索出一条长期执政条件下解决自身问题、跳出历史周期率的成功道路。三是坚持和加强党的全面领导，改进党的领导方式和执政方式，把依法执政确定为党治国理政的基本方式，坚持以法治的理念、法治的体制、法治的程序开展工作。坚持和加强党的全面领导，同坚持党的民主集中制原则是一致的。我们党实行的民主集中制，是民主基础上的集中和集中指导下的民主相结合的制度，既要充分发扬民主，又要善于集中。党的十八大以来，习近平总书记反复强调："党政军民学，东西南北中，党是领导一切的。"①党的领导不是抽象的，而是具体的，不仅要务虚，而且要务实，必须把党的领导具体地务实地贯彻到治国理政全部活动之中，体现到经济建设、政治建设、文化建设、社会建设和生态文明建设各领域各方面。2021年11月，党的十九届六中全会通过的党的第三个历史决议指出，党确立习近平同志党中央的核心、全党的核心地位，确立习近平新时代中国特色社会主义思想的指导地位，反映了全党全军全国各族人民共同心愿，对新时代党和国家事业发展、对推进中华民族伟大复兴历史进程具有决定性意义。

三、总体布局与战略布局的时代要求

统筹推进"五位一体"总体布局、协调推进"四个全面"战略布局，从全局上确立了新时代坚持和发展中国特色社会主义的战略部署，丰富和发展了我国改革开放和社会主义现代化建设的顶层设计，对我国开展社会主义现代化建设具有重大现实意义和深远历史意义。党的二十大报告中，习近平总书记对十年来的"战略性举措""变革性实践""突破性进展""标志性成果"进行了概括，其中就包括明确"五位一体"总体布局和"四个全面"战略布局。新时代新征程上，要继续统筹推进"五位一体"总体布局、协调推进"四个全面"战略布局，踔厉奋发、勇毅前行、团结奋斗，奋力谱写全面建设社会主义现代化国家崭新篇章。

（一）新时代实施总体布局与战略布局面临的多重挑战

党的二十大报告指出："当前，世界之变、时代之变、历史之变正以

---

① 《中国共产党第十九届中央委员会第三次全体会议文件汇编》，人民出版社2018年版，第22页。

前所未有的方式展开，人类社会面临前所未有的挑战。"世界正经历百年未有之大变局，重要战略机遇期与重大风险期两种状态并存，光明前景与严峻挑战两种趋势同在，构成了中国特色社会主义进入新时代的显著特征。我们正处在一个时代转型的伟大历史时期，人类社会正在由工业文明时代向新文明时代转型，历史在给全人类送来了旷世机遇的同时，也让每个国家和民族，都面临重新洗牌的挑战。

其一，面临的外部压力与挑战。世界进入大变革大调整时期，面临百年未有之大变局，如何在乱局中保持定力、在变局中抓住机遇，对我们统筹国内国际两个大局提出了更高要求；与此同时，我们党执政面临的社会环境和现实条件发生深刻变化，发展理念和方式有重大转变，发展水平和要求更高。国际社会不确定因素越发增多。恐怖主义的严重威胁、民粹主义的迅速崛起、地区保护主义的日益抬头，中美贸易摩擦的出现和变化，无时无刻不对本来就脆弱的国际秩序产生负面影响。放眼全球，国际形势发生新的重大变化，和平与发展的时代主题面临严峻挑战，世界既不太平也不安宁。百年变局和世纪疫情相互交织，经济全球化遭遇逆流，大国博弈日趋激烈，乌克兰局势风云变幻，世界进入新的动荡变革期。以国际恐怖主义、网络安全等为代表的非传统安全问题的出现，使中国的发展面临更为复杂的国际安全环境。与国际社会一道反对恐怖主义，与我国打击宗教极端势力和民族分裂势力相辅相成。国际恐怖主义势力泛滥往往对我国边疆地区社会稳定产生恶劣的影响。因此，中国不仅要维护自身的国家安全，确保国内稳定的发展环境不被破坏，也要承担更多的国际安全责任，确保国家发展所依赖的稳定外部环境的稳定。在非传统安全问题成为人类社会和平发展共同威胁的背景下，对这一问题的克服与解决，需要世界各国间的协力与合作。例如，十多年来，中国在联合国框架下参与打击索马里海盗方面取得了一系列成绩。恃强凌弱、巧取豪夺、零和博弈等霸权霸道霸凌行径危害深重，党的二十大报告指出："和平赤字、发展赤字、安全赤字、治理赤字加重，人类社会面临前所未有的挑战。世界又一次站在历史的十字路口，何去何从取决于各国人民的抉择。"

其二，面临的内部挑战与压力。环顾国内，改革发展稳定任务艰巨繁重，中国经济发展面临需求收缩、供给冲击、预期转弱三重压力，保持平稳健康的经济环境、国泰民安的社会环境、风清气正的政治环境至为关键。老龄化与少子化问题、极端突发性重大灾害、能源安全问题、资源环境问题等都是中国实现社会主义现代化面临的问题。例如，水资源、能源资源严重短缺和生态瓶颈制约加剧，仍是我国长期与短期、全局与局部的突出矛盾和问题，既是实现全面建设社会主义现代化强国的明显短板，也是实现第二个百年奋斗目标的长期短板。中国是一个幅员辽阔、人口众多的国家，如水资源等生产生活必需的重要资源在区域间的分布差异巨大，庞大的人口基数又进一步放大了资源紧缺的问题。同时中国又是一个生态脆弱的国家，绵延千年的华夏文明对这片土地的开发在数千年间就未曾中止过。部分地区地面沉降、土地沙化和草原退化、生物资源流失和外来物种入侵等问题日益严重。党的二十大报告明确指出："经过十八大以来全面从严治党，我们解决了党内许多突出问题，但党面临的执政考验、改革开放考验、市场经济考验、外部环境考验将长期存在，精神懈怠危险、能力不足危险、脱离群众危险、消极腐败危险将长期存在。"当前，坚持党的纯洁性与先进性，对党内腐败行为、有令不行、有禁不止等现象依法进行严惩，坚持全面从严治党。全面从严治党永远在路上，党的自我革命永远在路上，决不能有松劲歇脚、疲劳厌战的情绪，必须持之以恒推进全面从严治党，深入推进新时代党的建设新的伟大工程，以党的自我革命引领社会革命。在人类社会发展日新月异的形势下，加强对党内队伍思想素质与业务素质的培养，使党的队伍始终保持先进性，使党的建设始终与人民群众的根本需求相一致。我国国民教育与文化建设均面临挑战，以人工智能、大数据、生物技术等为代表的新一轮科技革命即将展开，在其催生下，大量新产业、新技术将再次带给人类社会翻天覆地的变化。而推动新一轮科技革命的关键技术也成为各国占据制高点的重要争夺对象。中华民族传统文化同样面临挑战，中华民族立足于五千年深厚文化底蕴的发展之上，在百年未有之大变局的冲击下，传统文化成为我们坚定方向的重要航标。在世界文化多样性深入发展的时代背景下，加大对优秀传统文化的发掘、继承与传播，将其与中国特色社会主义文化建设相结合，以合作共赢、和平共处等精神与传统为基础，为我国探索新的国际社会相处模式提供理念支撑。

（二）新时代协同推进总体布局与战略布局的有利条件

党和国家事业发生历史性变革，中国特色社会主义进入新时代以及从站起来、富起来到强起来的历史性飞跃是新时代协同推进"两个布局"的有利条件。2022年全国两会期间，习近平总书记在作出"五个必由之路"重大论断的同时，深刻洞察时代发展大势，准确把握历史发展趋势，深入分析我国发展优势，从统筹中华民族伟大复兴战略全局和世界百年未有之大变局的高度，提出并阐明我国发展仍具有的"五个战略性有利条件"——"有中国共产党的坚强领导""有中国特色社会主义制度的显著优势""有持续快速发展积累的坚实基础""有长期稳定的社会环境""有自信自强的精神力量"的重大论断。对新时代新征程上我国面临的战略机遇和显著优势进行了精辟概括和深刻阐释。从应对新冠疫情、打赢脱贫攻坚战，到"中国之治"与"西方之乱"对比更加鲜明；从经济体量大、回旋余地广，到续写了社会长期稳定的奇迹；从中国人民积极性、主动性、创造性进一步激发，到志气、骨气、底气空前增强……"五个战略性有利条件"相互有机统一，既是清醒的战略判断，也通过新时代实践成果展现了战略自信。习近平总书记指出："当今世界正经历百年未有之大变局，但时与势在我们一边，这是我们定力和底气所在，也是我们的决心和信心所在。"①

其一，有中国共产党的坚强领导。党的二十报告把"坚持和加强党的

---

① 本书编写组：《社会主义发展简史》，人民出版社、学习出版社2021年版，第316页。

全面领导"作为前进道路上必须牢牢把握的一项重大原则。党的领导是中国特色社会主义最本质的特征，是中国特色社会主义制度的最大优势。党具有无比坚强的领导力、组织力、执行力，是团结带领中国人民攻坚克难、开拓前进最可靠的领导力量。党的领导能确保我国社会主义现代化建设正确方向，确保拥有团结奋斗的强大政治凝聚力、发展自信心，集聚起万众一心、共克时艰的磅礴力量。党的领导是全面的、系统的、整体的，贯穿党和国家事业的各领域和全过程，体现到经济建设、政治建设、文化建设、社会建设、生态文明建设和国防军队、祖国统一、外交工作、党的建设等各方面。新中国成立以来特别是改革开放以来，党领导人民不断探索完善中国特色社会主义制度，使当代中国焕发出旺盛的生机活力。特别是党的十八大以来，我们党把坚持和完善中国特色社会主义制度、推进国家治理体系和治理能力现代化，作为全面深化改革的总目标，推动健全党的领导制度体系，党的领导方式更加科学，党的政治领导力、思想引领力、群众组织力、社会号召力显著增强，党和国家事业的各方面制度更加科学、更加完善、更加成熟，国家和社会治理更加制度化、规范化、程序化。面对世纪疫情冲击，以习近平同志为核心的党中央高瞻远瞩、运筹帷幄，坚持统筹疫情防控和经济社会发展，打响抗击疫情的人民战争、总体战、阻击战。常态化疫情防控以来，快速有效处置局部地区聚集性疫情，我国经济发展和疫情防控保持全球领先地位，党中央坚强领导的"定海神针"作用充分彰显。

其二，有中国特色社会主义制度的显著优势。制度优势是一个国家的最大优势，制度竞争是国家间最根本的竞争。党的十八大以来，中国特色社会主义制度体系层次分明、系统完备，各项制度更加成熟、更加定型，民主集中制更加健全，全面依法治国深入推进，在国家治理中日益显现出巨大的制度效能。党的十九届四中全会通过的《中共中央关于坚持和完善中国特色社会主义制度、推进国家治理体系和治理能力现代化若干重大问题的决定》，总结了中国特色社会主义制度和国家治理体系的 13 个方面的显著优势，这些显著优势是决定中国特色社会主义制度优越性和先进性的主要因素，是坚定中国特色社会主义道路自信、理论自信、制度自信、文化自信的基本依据。在打赢脱贫攻坚战、全面建成小康社会、应对新冠疫情等治国理政伟大实践中，中国特色社会主义制度的显著优势，我国政治制度和治理体系的显著优越性得到进一步彰显。

其三，有持续快速发展积累的坚实基础。改革开放以来，中国人民以辛勤汗水谱写了国家和民族飞速发展的恢宏壮丽史诗，经过千难万险的艰辛探索，不忘初心的奋勇拼搏，各方面体制机制的转变发生了深刻改变，发展方式和发展理念发生了深刻变革，发展质量和效益发生了根本性转变。特别是党的十八大以来，以习近平同志为核心的党中央运筹帷幄、举旗定向，以巨大的政治勇气和强烈的责任担当，出台一系列重大方针政策，推出一系列重大举措，推进一系列重大工作，战胜一系列风险挑战，解决了许多长期想解决而没有解决的难题，办成了许多过去想办而没有办成的大事，党和国家事业发生历史性变革。这些成就之巨、变革之深是新时代协同推进"两个布局"有利的实践基础。习近平总书记指出，"我国经济实力、科技实力、国防实力、综合国力显著增强，经济体量大、回旋余地广，又有超大规模市场，长期向好的基本面不会改变，具有强大的韧性和活力"①。2021 年，国内生产总值超过 114 万亿元，同比增长 8.4%；全国一般公共预算收入突破 20 万亿元，同比增长 10.7%；城镇新增就业 1269 万人；粮食产量 1.37 万亿斤，创历史新高……国民经济持续恢复、经济增速全球领先、民生保障有力有效，为新征程继续迈向高质量发展提供坚强保障。这充分表明中国经济发展后劲很强，韧性很强，市场主体活力和抗风险能力都很强。疫情防控领先全球。我国坚持"外防输入、内防反弹"，迅速处置和化解局部地区聚集性疫情，保持了全球疫情防控优势

---

① 《把提高农业综合生产能力放在更加突出的位置　在推动社会保障事业高质量发展上持续发力》，《人民日报》2022 年 3 月 7 日。

地位，不仅最大限度保护了人民生命安全和身体健康，也为全球抗疫、国际产能平稳、国际供应链顺畅作出了积极贡献，我国经济占世界的比重得到了提升，产业链供应链价值链经受了考验锻造，在全球生产恢复普遍低迷的情况下，对全球供应链稳定作出了重要积极贡献。

其四，有长期稳定的社会环境。新中国成立 70 多年来，党领导人民不懈奋斗、不断进取，创造了经济快速发展和社会长期稳定两大奇迹。党的十八大以来，一系列专项打击整治行动和高质量服务举措的落地落实，让老百姓有了更多更直接更实在的获得感、幸福感、安全感。当前，我国是命案发案率、刑事犯罪率最低的国家之一。国家统计局调查显示，近年来，全国群众安全感逐年上升。党的十八大以来，中国特色社会主义进入新时代，我国发展面临一个更加不稳定不确定的世界，各种风险因素进一步增多，各种斗争更加尖锐复杂。习近平总书记着眼于中华民族伟大复兴战略全局和世界百年未有之大变局，高瞻远瞩提出总体国家安全观，要求全党坚持底线思维，增强忧患意识，统筹发展和安全，着力防范和化解影响我国现代化进程的各种风险，筑牢国家安全屏障。在以习近平同志为核心的党中央坚强领导下，我们有效防范和化解各类政治安全风险，维护国家安全的能力大大提高；成功开展扫黑除恶专项斗争，持续加强社会治安综合治理，黑恶犯罪得到根本遏制；健全完善公共安全体系，深化应急管理体制机制改革，安全生产事故总量持续下降，防灾减灾救灾能力大幅提升，人民群众生命财产安全得到更好保障；在抗击新冠疫情斗争中，我们统筹疫情防控和经济社会发展，最大限度保护了人民生命安全和身体健康，在全球率先控制住疫情、率先复工复产、率先恢复经济社会发展；等等。

其五，有自信自强的精神力量。"中国人民和中华民族从近代以后的深重苦难走向伟大复兴的光明前景，从来就没有教科书，更没有现成答案。"[1]

---

[1] 习近平：《高举中国特色社会主义伟大旗帜 为全面建设社会主义现代化国家而团结奋斗——在中国共产党第二十次全国代表大会上的报告》，人民出版社 2022 年版，第 19 页。

党的百年奋斗成功道路是党领导人民独立自主探索开辟出来的，马克思主义的中国篇章是中国共产党人依靠自身力量实践出来的，贯穿其中的一个基本点就是中国的问题必须从中国基本国情出发，由中国人自己来解答。人无精神则不立，国无精神则不强。党的十八大以来，我们坚持以社会主义核心价值观引领文化建设，注重用中华优秀传统文化、革命文化、社会主义先进文化培根铸魂，强调中华优秀传统文化是中华民族的突出优势，是我们在世界文化激荡中站稳脚跟的根基，必须结合新的时代条件传承和弘扬好，推动中华优秀传统文化创造性转化、创新性发展。全党全国各族人民文化自信明显增强，全社会凝聚力和向心力极大提升，为新时代开创党和国家事业新局面提供了坚强的思想保证和强大的精神力量。

（三）新时代协同推进总体布局与战略布局的总体要求

中国特色社会主义事业总体布局的构建要求我们不能仅停留在解读阶段，更重要的是促进总体布局建设。但是，在我国迈向社会主义现代化的进程中，一些非系统思维的存在，如片段思维、线性思维、静止思维和封闭思维等，严重制约了中国特色社会主义事业总体布局的实效性。这就要求我们必须坚持以系统思维推进总体布局建设，充分认识到中国特色社会主义事业总体布局是一项复杂的系统工程。

一方面，把握"五位一体"总体布局，必须深刻理解五大建设的丰富内涵和内在联系。"五位一体"总体布局是一个有机整体，其中经济建设是根本，政治建设是保障，文化建设是灵魂，社会建设是条件，生态文明建设是基础。只有坚持"五位一体"建设统筹推进、协调发展，才能形成经济富裕、政治民主、文化繁荣、社会公平、生态良好的发展格局，把我国建设成为富强民主文明和谐美丽的社会主义现代化强国。

另一方面，落实"五位一体"总体布局，必须深刻把握五大建设的具体要求。在经济建设方面，要坚定不移贯彻新发展理念，加快建设现代化经济体系，转变经济发展方式，不断增强发展后劲，促进工业化信息化城镇化和农业现代化同步发展。在政治建设方面，要坚持走中国特色社会主义政治发展道路，坚持党的领导、人民当家作主、依法治国有机统一，坚持完善人民代表大会制度、中国共产党领导的多党合作和政治协商制度、民族区域自治制度、基层群众自治制度。在文化建设方面，要加强社会主义核心价值体系建设，全面提高公民道德素质，丰富人民精神文化生活，增强文化整体实力和竞争力，建设社会主义文化强国。在社会建设方面，要以保障和改善民生为重点，加快健全基本公共服务体系，加强和创新社会管理，推动和谐社会建设。在生态文明建设方面，要加大自然生态系统和环境保护力度，加强生态文明制度建设，努力实现绿色发展，努力建设美丽中国。

必须把总体布局作为系统来认识。中国特色社会主义事业总体布局是对中国特色社会主义事业现状和关系的战略性规划，是状态和过程的统一，它的功能实现不是五个组成部分功能的简单排列和相加，而是五者间的有机统一，即总体布局具有不同于各组成部分的新的质。因此，总体布局建设必须从整体上进行思考和设计。系统思维就是运用系统概念来认识对象、整理思想的思维方式，在思维中明确总体布局是包含着若干要素的系统，把涉及总体布局的各个层面的相关内容都纳入系统内部，尤其要重视一些对系统发展具有潜在影响的但不太明显的要素，诸如经济建设中的人口因素，起初看似不明显，结果往往因为人口的增加或锐减给经济发展带来严重影响。在确定系统要素以后，要综合、全面地分析各要素之间的相互关系，无论哪一方面都不能忽视。必须把总体布局这个整体作为认识的出发点。要做到把对象作为系统来识物想事，第一位要做的是具备整体意识，自觉地从整体上认识和解决问题，这意味着思维的逻辑必须是从整体到部分再到整体的过程，使总体布局的整体目标统摄各个组成部分。因为总体布局作为一个整体，具有的质是扬弃了各组成部分的具体的质以后形成的新质，所以我们首先要从整体上把握总体布局的性质，这是研究各组成部分以及相互关系的基础所在。必须大尺度、大跨度、全维度地看待总体布局。这是由总体布局的大型化、复杂化和多维度的特征决定的。特别是在社会信息化、全球化的今天，在研究和建设中国特色社会主义事业总体布局的过程中，面对经济、政治、文化、社会和生态问题，要求我们必须打破学科和行业的界限，学会跨行业的整体考察，并学会把从不同方位和视角获得的认识整合为统一的认识，既要掌握科学技术又要具备人文知识，只有这样才能更加全面地认识总体布局构成要素间的相互关系，继而正确把握住总体布局的实质。

其一，牢牢把握经济建设的中心地位。党的二十大报告强调："发展是党执政兴国的第一要务。"切实推进"四个全面"战略布局，必须努力践行新发展理念，实现各项建设事业的协调发展。"五位一体"中的"一体"，是指经济、政治、文化、社会、生态文明五个方面的建设是统一的整体，相互关联不可分割。一方面，中国特色社会主义事业的各个方面是相互作用的关系，是具体与整体的关系，在整体中推进，在协调中发展；另一方面，经济、政治、文化、社会、生态文明等各项建设，都要统一于中国特色社会主义的伟大实践，在实践中检验和发展中国特色社会主义。此外，推进总体布局既要充分考虑到五个部分之间的关系、五个主要任务与其他各方面任务之间的关系，又要正确处理好中国特色社会主义建设各方面的关系，把各方面的积极因素充分调动起来。

其二，积极推进各项建设的协调发展。各项事业协调发展是习近平总书记强调和坚持中国特色社会主义建设总体布局的突出特点。"只有物质文明建设和精神文明建设都搞好，国家物质力量和精神力量都增强，全国各族人民物质生活和精神生活都改善，中国特色社会主义事业才能顺利向前推进。"① 党的二十大报告再次强调："中国式现代化是物质文明和精神文明相协调的现代化。"深刻阐述了"五位一体"总体布局统筹推进的根据与要求。一是统筹推进各方面建设是推进总体布局坚持正确发展方向的

① 习近平：《论党的宣传思想工作》，人民出版社 2020 年版，第 14 页。

需要。满足人民群众的物质文化需要，实现国家富强、民族振兴、人民幸福是中国人民的共同愿景，这里既包括国家的物质实力和人民的物质生活，也包括国家的文化软实力和人民的精神生活。二是统筹推进各方面建设是实现总体布局有效推进的需要。统筹推进"五位一体"，能够正确处理中心任务与其他任务、重点工作与一般工作的关系，合理安排好各项建设事业，在经济、政治、文化、社会、生态各个领域相互协调、相互补充、共同发展。三是统筹推进各方面建设是实现总体布局平稳有序推进的需要。中国特色社会主义建设发展关键在于本着统筹推进的理念与方法，协调好各方面的关系，调动好各方面的因素，形成良好的社会局面。

其三，切实推进"四个全面"战略布局。"四个全面"战略布局是党的十八大以来习近平总书记提出的新理念新思想新战略，是习近平总书记系列重要讲话的集中体现。习近平总书记强调，"四个全面"战略布局"确立了新形势下党和国家各项工作的战略目标和战略举措，为实现'两个一百年'奋斗目标、实现中华民族伟大复兴的中国梦提供了理论指导和实践指南"①。这就要求，统筹推进"五位一体"总体布局要落实"四个全面"战略布局的要求，以治国理政新方略引领总体布局的全面推进。一是"四个全面"战略布局是对贯彻实施"五位一体"总体布局的理论指导和实践指南。"四个全面"之间有其内在逻辑，"是一个总体战略部署在时间轴上的顺序展开"。这反映了我国经济社会发展的客观要求，体现了人民群众对物质文化生活不断改善的期盼，破解了困扰改革发展的突出矛盾和问题。二是"四个全面"战略布局既有战略目标也有战略举措，每个"全面"都具有重大战略意义，是实现中华民族伟大复兴中国梦的重要保障。有了"四个全面"战略布局的指导和引领，"五位一体"总体布局就能够有效推进，中国特色社会主义事业就能够顺利进行。贯彻"四个

---

① 习近平：《在庆祝"五一"国际劳动节暨表彰全国劳动模范和先进工作者大会上的讲话》，人民出版社 2015 年版，第 3 页。

全面"战略布局要把"五位一体"总体布局的战略思想贯穿经济社会发展各方面和全过程。要科学认识国际国内形势发展的复杂多变，正确对待机遇与挑战，始终保持清醒的头脑，不断增强统筹推进"五位一体"总体布局的前瞻性、进取性、创造性；要准确把握规律，坚持以人民为中心的发展思想，集中智慧，加强战略谋划，勇于开展经济社会发展的规律性探索；要崇尚实干、狠抓落实，防止徒陈空文、等待观望、急功近利等现象的发生，自觉用"四个全面"战略布局统一思想，把握大局、服从大局、服务大局。

第二章　总体布局与战略布局的历史脉络

习近平总书记指出，观察当代中国哲学社会科学，需要有一个宽广的视角，需要放到世界和我国发展大历史中去看。因此，在探讨全面推进经济建设、政治建设、文化建设、社会建设和生态文明建设"五位一体"总体布局和全面建设社会主义现代化国家、全面深化改革、全面依法治国、全面从严治党的"四个全面"战略布局上，也需要首先回到历史长河中，以大历史观为分析视角。更具体地说，我们必须从中国人民近代以来 180 多年斗争史、中国共产党领导中国人民 100 多年奋斗史、中国共产党执政 70 多年的治国理政史、改革开放 40 多年的发展史出发，透过历史的大视野，在历史演变的基本脉络和内在逻辑中确立定位和区分"两个布局"历史使命的立足点和整个发展脉络。

一、"五位一体"总体布局的历史演进

在社会主义革命、建设和改革事业中，中国共产党人团结带领全党全国各族人民，探索中国的社会主义建设，并提出了一系列战略布局思想。从"四个现代化"战略布局到"两手抓、两手都要硬"的"两个文明"建设，到经济、政治、文化建设"三位一体"，再到经济、政治、文化、社会建设"四位一体"，中国共产党不断推进理论创新、实践创新、制度创新、文化创新以及各方面创新，逐步探索出中国特色社会主义"五位一体"总体布局。

（一）中国特色社会主义事业总体布局的起源

1. 总体布局的思想萌芽

"五位一体"总体布局的根基，离不开新中国成立前后中国共产党人坚持工业化的探索，在此期间中国共产党产生了关于社会主义事业总体布局的思想萌芽。

（1）开展国家工业化建设

早在党的七大报告中，毛泽东同志就已经明确指出："在新民主主义的政治条件获得之后，中国人民及其政府必须采取切实的步骤，在若干年内逐步地建立重工业和轻工业，使中国由农业国变成工业国。"[①] 新中国成立后，中国共产党领导全国各族人民开始了有步骤地从新民主主义到社会主义的转变。1952 年过渡时期总路线提出全面展开对农业、手工业、资本主义工商业的社会主义改造。1953 年 12 月，中共中央正式公布了党在过渡时期的总路线，明确规定："党在这个过渡时期的总路线和总任务，是要在一个相当长的时期内，逐步实现国家的社会主义工业化，并逐步实现国家对农业、对手工业和对资本主义工商业的社会主义改造。"[②] 这就是"一化三改"的总路线。经过全国人民的艰苦努力，"一五"计划顺利完成，奠定了国家社会主义工业化的初步基础。1956 年初，在社会主义改造不断取得胜利的形势下，中共中央开始把党和国家工作的着重点向社会主义建设方面转移。

（2）《论十大关系》中的总体布局思想

"十大关系"是我国社会主义建设中带有全局性的十个问题，主要包括：重工业和轻工业、农业的关系，沿海工业和内地工业的关系，经济建设和国防建设的关系，国家、生产单位和生产者个人的关系，中央和地方

---

① 《毛泽东选集》第三卷，人民出版社 1991 年版，第 1081 页。
② 《建国以来重要文献选编》第四册，中央文献出版社 1993 年版，第 517 页。

的关系，汉族和少数民族的关系，党和非党的关系，革命和反革命的关系，是非关系，中国和外国的关系。"论十大关系"集中体现了毛泽东同志对社会主义建设的总体思考，他论述了发展重工业和农业、轻工业的辩证关系，认为不能不顾农业和轻工业，片面地强调重工业。1957年2月，在《关于正确处理人民内部矛盾的问题》的讲话中，毛泽东同志对"中国工业化的道路"作了全面阐述。后来，在对"大跃进"的反思中，他进一步从社会扩大再生产的规律上阐述了农、轻、重的关系问题，指出："在优先发展重工业的条件下，工农业同时并举。我们实行的几个同时并举，工农业同时并举为最重要。"① 1959年，毛泽东同志在中央政治局扩大会议上，郑重提出了"农、轻、重"为序的思想，并在之后发展成为"以农业为基础，以工业为主导"。至此，党和国家基本确立了以重工业为主，重工业和轻工业、农业同时并举为特点的中国特色的社会主义工业化道路的思想。

2. 总体布局的早期设计

（1）"四个现代化"的战略目标

1978年党的十一届三中全会召开，明确要把党和国家的工作重点和全国人民的注意力转移到社会主义现代化建设上来，强调实现农业、工业、国防和科学技术的"四个现代化"是"当前最伟大的历史任务"。对此，邓小平同志首先厘清了"四个现代化"的相互关系。他认为随着我国工业化的发展，工业在整个国民经济中发挥着越来越突出的作用；军事与国防也是不可或缺的重要内容。"四个现代化"必须讲究先后次序和轻重缓急，只有建立在国家整个工业化及农业发展的基础上，其他才有可能。首先，调整计划经济带来的国民经济比例的严重失调。邓小平同志认为："这次调整，在某些方面要后退，而且要退够。其他方面，主要是农业、轻工业和有关人民生活的日用品的生产，能源、交通的建设，以及科学、

---

① 《毛泽东文集》第八卷，人民出版社1999年版，第121页。

教育、卫生、文化事业，还要尽可能地继续发展。"① 在综合平衡的基础上实现协调发展，才能更有把握地实现四个现代化，更有利于达到四个现代化的目标。其次，注重科技的理论，发挥知识分子作用。1988 年邓小平同志明确提出"科学技术是第一生产力"的观点，把科学技术作为实现"四个现代化"的"第一位"因素。他认为，"下一个世纪是高科技发展的世纪"，"中国必须发展自己的高科技，在世界高科技领域占有一席之地"。② 最后，邓小平同志在 20 世纪 80 年代明确提出"四个现代化"的目标必须有步骤、分阶段逐步推进。1987 年 4 月他在会见西班牙客人时，比较详细地提出了"三步走"的战略步骤，明确规划了我国到 21 世纪中叶的战略目标："第一步在八十年代翻一番。以一九八〇年为基数，当时国民生产总值人均只有二百五十美元，翻一番，达到五百美元。第二步是到本世纪末，再翻一番，人均达到一千美元。实现这个目标意味着我们进入小康社会，把贫困的中国变成小康的中国。我们制定的目标更重要的还是第三步，在下世纪用三十年到五十年再翻两番，大体上达到人均四千美元。"③

（2）"两手论"

改革开放前，我国社会主义建设的总体布局是与"四个现代化"目标联系在一起的。随着党的十一届三中全会后，党的工作重点转移到社会主义现代化建设上来，促进了经济的迅速发展和繁荣。由于侧重于建设物质文明忽略了人的思想、精神层面建设，出现了不良的社会道德风气等现象和问题。再加上对外开放过程中，国内外思想文化交流愈加频繁，一些受外来腐朽消极思想影响而产生的不文明行为陆续出现，使社会风气不断恶化、违法犯罪行为不断增加。面对这一时期精神文明建设方面的严峻形势，党的十二大报告提出"社会主义精神文明是社会主义重要特征，是社

---

① 《邓小平文选》第二卷，人民出版社 1994 年版，第 2—3 页。
② 《邓小平文选》第三卷，人民出版社 1993 年版，第 279 页。
③ 《邓小平文选》第三卷，人民出版社 1993 年版，第 226 页。

会主义制度优越性的重要表现",认为建设社会主义精神文明"是建设社会主义的一个战略方针"①。1986 年,党的十二届六中全会通过了《关于社会主义精神文明建设指导方针的决议》,第一次将社会主义精神文明建设摆在社会主义现代化建设总布局中,明确指出加强精神文明建设的战略地位、根本任务和基本方针。

面对改革开放初期,社会主义事业面临的挑战,中国共产党除了提出建设社会主义精神文明,还尤为强调吸取我国现代化建设实践中出现的,物质文明受到了应有的高度重视而精神文明却没有引起足够的重视,即"一手硬,一手软"的教训。1992 年初,邓小平同志指出:"要坚持两手抓,一手抓改革开放,一手抓打击各种犯罪活动。这两只手都要硬。打击各种犯罪活动,扫除各种丑恶现象,手软不得。"②一手抓物质文明,一手抓精神文明,真正有中国特色的社会主义应该是两个文明都超越资本主义,这就是著名的"两点论",并形成了"两手抓,两手都要硬"的基本工作方针。坚持一手抓物质文明,一手抓精神文明,实质是协调两个文明建设"二位一体"的关系,实际上就是强调在中国特色社会主义建设事业中,一定要把物质文明建设和精神文明建设作为统一的整体来推进。这种"两位一体"的思想,可以视为中国特色社会主义总体布局的早期设计。

(二)中国特色社会主义事业总体布局的发展

1. 总体布局的发展

经过了新中国成立初期的形成发展,以及改革开放以来的探索,在深化经济体制改革和推进物质文明的过程中,政治体制改革和政治文明建设的重要性逐渐凸显出来,中国共产党对社会主义事业总体布局的设计由

---

① 《十二大以来重要文献选编》上,人民出版社 1986 年版,第 26 页。
② 《邓小平文选》第三卷,人民出版社 1993 年版,第 378 页。

"两位一体"升级为"三位一体"。

（1）"三位一体"布局萌发

"三位一体"思想很早就在中国共产党人探索中萌芽了。1981年《关于建国来党的若干历史问题的决议》中，明确将党在新的历史时期的奋斗目标概括为建设"现代化的、高度民主的、高度文明的社会主义强国"。这种表述，事实上表明，中国共产党对新的历史时期社会主义事业发展布局分为三个部分即经济、政治、文化。在党的十二大报告中，不仅提出了"两个文明"一起抓，同时还进一步强调了社会主义民主政治建设的重要性。"社会主义的物质文明和精神文明建设，都是靠继续发展社会主义民主来保证和支持。建设高度社会主义民主，是我们的根本目标和根本任务之一。"① 这已经初步具备了社会主义物质文明、精神文明和社会主义民主"三位一体"总体布局的雏形。

除了"三位一体"的概念，事实上"总体布局"的提法也已经出现。1986年9月，《关于社会主义精神文明建设指导方针的决议》中，中国共产党第一次提出了"总体布局"的概念：我国社会主义现代化建设的总体布局是：以经济建设为中心，坚定不移地进行经济体制改革，坚定不移地进行政治体制改革，坚定不移地加强精神文明建设，并且使这几个方面互相配合，互相促进。② 党的十二届六中全会中已经明确了经济建设、政治建设、文化建设同步推进的思路。根据这一思路，1987年党的十三大在阐述党在初级阶段基本路线中，明确强调我国社会主义建设正处于经济、政治、文化各方面建设的初级阶段，我们要不断充实和刺激这个阶段的发展，使其更具有活力和动力，形成"三位一体"三方协调发展的总体布局。"通过改革和探索，建立和发展充满活力的社会主义经济、政治、文化体制的阶段。"③ 自此，中国特色社会主义现代化建设"三位一体"总

---

① 《十二大以来重要文献选编》下，人民出版社1988年版，第1173—1174页。
② 《关于社会主义精神文明建设指导方针的决议》，人民出版社1988年版，第24页。
③ 《十三大以来重要文献选编》下，人民出版社1992年版，第13页。

体布局初步形成。

（2）"三位一体"布局正式形成

20 世纪 90 年代前后，国内外局势发生变化，妨碍了我国正常的经济、社会建设，也导致了政治体制改革的步伐放缓。随着世界经济全球化的发展，全球各国竞争的领域也不再是原来单一的经济领域，而是政治、经济、文化、军事、外交等全方位竞争。2001 年，中国加入世界贸易组织给经济发展带来了巨大的机遇，但同时由于世界贸易组织要求所有成员国必须按照统一的原则和标准进行经济活动，这也为我国自身的政治体制带来了挑战。错综复杂的政治经济文化格局变幻，给中国共产党提出了新的时代命题。

从 1989 年党的十三届四中全会到党的十六大，以江泽民同志为核心的党的第三代中央领导集体，高举邓小平理论伟大旗帜，坚持改革开放，与时俱进，依靠党和人民，捍卫中国特色社会主义，创建社会主义市场经济新体制，开创全面开放新局面，推进党的建设新的伟大工程，形成"三个代表"重要思想，创造性地回答了中国特色社会主义的发展道路、发展阶段、发展战略、发展动力和发展的根本任务、依靠力量、领导力量、国际战略等重大问题，推进了中国特色社会主义伟大事业的发展。

1991 年在庆祝中国共产党成立七十周年大会上，江泽民同志发表重要讲话，提出通过有秩序、有步骤地推行政治体制改革，建立民主决策制度、发挥群众团体作用、健全法制来实现制度的自我完善和发展。"中国特色社会主义的经济、政治、文化，是有机统一、不可分割的整体。加强这三方面的建设，根本的目的是为了充分调动广大人民群众的积极性、推动社会生产力的发展和社会的全面进步。"[1] 1992 年党的十四大明确指出："我们要在九十年代把有中国特色社会主义的伟大事业推向前进，最根本的是坚持党的基本路线，加快改革开放，集中精力把经济建设搞上去。同

---

① 《江泽民文选》第一卷，人民出版社 2006 年版，第 152 页。

时，要围绕经济建设这个中心，加强社会主义民主法制和精神文明建设，促进社会全面进步。"① 党的十四大再次强调中国特色社会主义事业"三位一体"的总体布局。1995 年 9 月，党的十四届五中全会讨论通过了《中共中央关于制定国民经济和社会发展第九个五年计划和二〇一〇年远景目标的建议》。在这次全会的闭幕会上以《正确处理社会主义现代化建设中的若干重大关系》为题的重要讲话，深刻阐述了在发展社会主义市场经济条件下必须处理好的十二个重大关系及必须坚持的基本原则。

1997 年 9 月，党的十五大围绕建设富强民主文明的社会主义现代化国家的目标，确定了什么是社会主义初级阶段有中国特色社会主义的经济、政治和文化，怎样建设这样的经济、政治和文化，制定了党在社会主义初级阶段的基本纲领。这次会议明确指出，建设有中国特色社会主义的经济，就是在社会主义条件下发展市场经济，不断解放和发展生产力；建设有中国特色社会主义的政治，就是在中国共产党领导下，在人民当家作主的基础上依法治国，发展社会主义民主政治；建设有中国特色社会主义的文化，就是以马克思主义为指导，以培育有理想、有道德、有文化、有纪律的公民为目标，发展面向现代化、面向世界、面向未来的，民族的科学的大众的社会主义文化。建设有中国特色社会主义的经济、政治、文化的基本目标和基本政策，有机统一，不可分割，构成了中国共产党在社会主义初级阶段的基本纲领。到 2002 年 11 月，党的十六大在全面建设小康社会的奋斗目标上，又将经济建设、政治建设、文化建设与物质文明、政治文明、精神文明结合和对应起来，"三位一体"总体布局更加明晰和深入。

2. 总体布局的深化

（1）"构建社会主义和谐社会"任务的提出

2002 年，党的十六大在阐述全面建设小康社会目标时，提出了实现社会更加和谐的要求。在党的十六大报告中多次提及"和谐"的概念，这

---

① 《江泽民文选》第一卷，人民出版社 2006 年版，第 224 页。

是中国共产党第一次把"和谐"引入社会建设中，把社会更加和谐作为奋斗目标提出来。2004年9月，党的十六届四中全会明确提出了构建社会主义和谐社会的重大战略任务，把提高构建社会主义和谐社会能力确定为加强党的执政能力建设的重要内容。2006年10月，党的十六届六中全会通过《中共中央关于构建社会主义和谐社会若干重大问题的决定》（以下简称《决定》），提出按照民主法治、公平正义、诚信友爱、充满活力、安定有序、人与自然和谐相处的总要求，构建社会主义和谐社会。《决定》强调，必须坚持以人为本，始终把最广大人民的根本利益作为党和国家一切工作的出发点和落脚点，做到发展为了人民、发展依靠人民、发展成果由人民共享，促进人的全面发展。《决定》还提出了构建社会主义和谐社会的政策措施。

把"社会主义和谐社会"一个全新的概念作为党的奋斗目标之一，是党立足新世纪新阶段的基本国情，对"什么是社会主义、怎样建设社会主义"问题探索的一个新的突破。这一全新概念的提出离不开当时的社会环境。这一阶段我国已进入改革发展的关键时期，国家经济体制深刻变革，社会结构深刻变动，利益格局深刻调整，国民思想观念深刻变化。在复杂多变的国际形势下，我国既处于一个宝贵的"发展机遇期"，但又处于一个"矛盾多发期"。在社会经济快速发展的同时，积累了大量社会问题，比如，居民收入差距不断拉大，区域、城乡发展失衡，教育、卫生、医疗及社会保障水平滞后，公共服务供给总量不足、供给不均衡，公共服务很难满足不同地区、不同人群的差异化需求等。我国原有的阶层开始不断分化，新的阶层不断产生。不同阶层有着各自的经济利益、价值判断和政治诉求，因此社会矛盾和社会冲突也就以新的形式表现出来，出现了社会歧视、社会排斥、社会断裂等突出社会问题。而解决这一系列突出社会问题要靠大力加强社会建设，也就是建设社会主义和谐社会。

（2）从"四位一体"向"五位一体"发展

1989年党的十三届四中全会之后，以江泽民同志为核心的党的第三代中央领导集体明确提出了党在社会主义初级阶段的基本纲领，对建设有中国特色社会主义经济、政治、文化作了新的系统性阐述。2002年党的十六大报告在讲到全面建设小康社会奋斗目标时，明确把"社会更加和谐"同"经济更加发展、民主更加健全、科教更加进步、文化更加繁荣、人民生活更加殷实"并列作为"全面建设小康社会"的奋斗目标，社会主义事业从"三位一体"向"四位一体"发展。2005年2月，胡锦涛同志在省部级主要领导干部提高构建社会主义和谐社会能力专题研讨班开班式上的讲话中，第一次系统阐述了构建社会主义和谐社会的基本思想。报告把社会建设摆在重要位置，并明确了其主要内容。讲话中首次提出经济建设、政治建设、文化建设、社会建设"四位一体"总体布局概念，指出"民主法治、公平正义、诚信友爱、充满活力、安定有序、人与自然和谐相处"是和谐社会的基本特征，并强调了构建和谐社会要做好的重点工作。

2007年10月，党的十七大报告第一次按照"四位一体"总体布局的思路阐述了中国特色社会主义道路和基本纲领，并第一次按照"四位一体"的框架对经济、政治、文化、社会建设的内容作了全面部署。党的十七大报告指出："中国特色社会主义道路，就是在中国共产党领导下，立足基本国情，以经济建设为中心，坚持四项基本原则，坚持改革开放，解放和发展社会生产力，巩固和完善社会主义制度，建设社会主义市场经济、社会主义民主政治、社会主义先进文化、社会主义和谐社会，建设富强民主文明和谐的社会主义现代化国家。"①

在党的十七大报告中，不仅重申和肯定了经济、政治、文化和社会建设的重要性和紧迫性，还提醒党和国家要深入关注生态文明建设。但是党的十七大报告并没有把生态文明建设提到与经济建设、政治建设、文化建

---

① 胡锦涛：《高举中国特色社会主义伟大旗帜　为夺取全面建设小康社会新胜利而奋斗》，人民出版社2007年版，第11页。

设、社会建设并列为"五位一体"的战略高度。2010 年 10 月召开的党的十七届五中全会通过了《中共中央关于制定国民经济和社会发展第十二个五年规划的建议》，对中国特色社会主义总体布局用了"社会主义经济建设、政治建设、文化建设、社会建设以及生态文明建设"的表述。2011 年党的十七届六中全会通过的《中共中央关于深化文化体制改革推动社会主义文化大发展大繁荣若干重大问题的决定》也强调要进一步推动文化建设与经济建设、政治建设、社会建设以及生态文明建设协调发展。所有这些都为"五位一体"战略思想的形成奠定了基础。

（三）中国式现代化道路视角下的"五位一体"总体布局

1. "生态文明建设"的提出

坚持人与自然和谐共生，是新时代坚持和发展中国特色社会主义的基本方略之一。加强生态文明建设，坚定走生产发展、生活富裕、生态良好的文明发展道路，是统筹推进"五位一体"总体布局的重要内容。

（1）全球生态文明建设面临的挑战

进入 21 世纪以来，全球极端天气时常发生，气候变化成为人类共同面对的重大危机和严峻挑战。世界气象组织发布公报显示，2016 年成为自 1880 年有气象记录以来的"最热年"，刷新 2015 年创下的最热纪录。同时，2016 年全球二氧化碳平均浓度再创新高，突破 400ppm 的警戒线。2016 年秋冬季节，除中国之外，欧洲的英国、法国、意大利、西班牙，亚洲的印度、伊朗、印度尼西亚等全球多个国家的城市均出现不同程度的雾霾天气。世界卫生组织发布的报告显示，全球 92% 的人口生活在空气质量低于世界卫生组织规定的安全标准地区。2017 年 4 月 6 日，环境保护部宣传教育中心和中国日报社共同评出"2016 年度全球十大环境热点问题"。其中，"《巴黎协定》正式生效"居首位，标志着全球环境治理迈入新阶段。中国经济发展也带来了环境污染的问题。从 1997 年以来，环境污染投诉呈直线上升趋势，2007 年环境投诉已达到 50 余万起，同比上升了30%。越来越多的环境问题的爆出,引发了社会矛盾甚至群体性事件,增加了社会的不安定因素,引起了党和国家的高度重视。保护环境,建设社会主义生态文明已经迫在眉睫。

(2) 中国共产党对"生态文明建设"的持续探索

新中国成立后,中国共产党人在社会主义建设初期就较为重视生态环境问题,提出了一些保护生态环境的理论和主张。从 1950 年到 1957 年,新中国共造林 23596.4 万亩。1952 年兴起的爱国卫生运动促进了城市的环境改善。1954 年,黄河规划委员会编制了新中国第一个跨越多省的流域规划——《黄河综合利用规划技术经济报告》。1972 年 6 月,联合国人类环境会议第一届会议在瑞典首都斯德哥尔摩举行,中国政府派代表团参加。1973 年,时任国务院总理周恩来亲自批准召开中国第一次全国环境保护会议。会议审议通过了"全面规划,合理布局,综合利用,化害为利,依靠群众,大家动手,保护环境,造福人民"的环境保护工作 32 字方针和我国第一部环境保护法规性文件——《关于保护和改善环境的若干规定(试行草案)》,自此,中国第一部环境保护的综合性法规诞生。

党的十一届三中全会后,我国环境保护逐渐步入正轨,并把实施可持续发展确立为国家战略。1983 年第二次全国环境保护会议,正式把环境保护确定为我国的一项基本国策,制定了"经济建设、城乡建设、环境建设同步规划、同步实施、同步发展,实现经济效益、社会效益、环境效益相统一"的指导方针,明确了"预防为主、防治结合"、"谁污染、谁治理"和"强化环境管理"的环境保护三大政策。20 世纪 90 年代后,全国人大环境与资源保护委员会成立,我国在资源和生态保护建设方面迅速发展。

在党的十八大前,党中央、国务院提出树立和落实科学发展观、建设资源节约型环境友好型社会等重要战略思想。2002 年第五次全国环境保护会议召开,会议强调保护环境是我国的一项基本国策,是可持续发展战略的重要内容,直接关系到现代化建设的成败和中华民族的复兴。经济建设绝不能以破坏环境为代价，不能把环境保护同经济建设对立起来或割裂开来。要把认识真正统一到可持续发展的道路上来，要让这种思想深入人心，绝不能做"吃祖宗饭，断子孙路"的事情。2006 年召开的第六次全国环境保护大会提出，贯彻落实科学发展观，全面建设小康社会，提高人民群众的生活质量和健康水平，保障中华民族的生存和长远发展，必须加强环境保护。2011 年召开的第七次全国环境保护大会指出，我国是世界上最大的发展中国家，正处于全面建设小康社会、加快转变经济发展方式的关键时期。我国的基本国情、所处的发展阶段和现实情况都表明，发展经济改善民生的任务十分繁重，经济转型的要求日益迫切，环境保护任重道远。保护环境是关系当前与长远、国计与民生、和谐与稳定的大事，关系党和政府的形象和公信力，进一步加强环境保护具有十分重大的意义。

（3）中国式现代化是人与自然和谐共生的现代化

党的十八大报告为生态文明建设指明了新的方向："坚持节约资源和保护环境的基本国策，坚持节约优先、保护优先、自然恢复为主的方针，着力推进绿色发展、循环发展、低碳发展，形成节约资源和保护环境的空间格局、产业结构、生产方式、生活方式，从源头上扭转生态环境恶化趋势，为人民创造良好生产生活环境，为全球生态安全作出贡献。"中国共产党充分意识到中国社会事业的现代化发展道路，必须重视生态环境，建设人与自然和谐共生的现代化。习近平总书记在党的十九大报告中对生态文明建设和生态环境保护提出了一系列新思想、新要求、新目标和新部署。他特别强调，必须树立和践行绿水青山就是金山银山的理念，坚持节约资源和保护环境的基本国策，像对待生命一样对待生态环境，统筹山水林田湖草系统治理，实行最严格的生态环境保护制度，形成绿色发展方式和生活方式，坚定走生产发展、生活富裕、生态良好的文明发展道路，建设美丽中国，为人民创造良好生产生活环境，为全球生态安全作出贡献。实践永无止境，理论创新也永无止境。党的二十大报告明确提出："中国式现代化是人与自然和谐共生的现代化。"人与自然是生命共同体，无止境地向自然索取甚至破坏自然必然会遭到大自然的报复。进入新的发展阶段，我们必须坚持可持续发展，坚持节约优先、保护优先、自然恢复为主的方针，像保护眼睛一样保护自然和生态环境，坚定不移走生产发展、生活富裕、生态良好的文明发展道路，实现中华民族永续发展。

2. "五位一体"总体布局的确立

2012年11月，党的十八大第一次把生态文明建设与经济建设、政治建设、文化建设、社会建设并列，共同构成了中国特色社会主义事业"五位一体"总体布局。党的十八大报告强调，建设中国特色社会主义，总体布局是"五位一体"，必须把生态文明建设放在突出地位，融入经济建设、政治建设、文化建设、社会建设各方面和全过程，努力建设美丽中国，实现中华民族永续发展。党的十八大关于中国特色社会主义事业"五位一体"总体布局战略思想的提出，标志着我们党对中国特色社会主义建设规律的认识提高到了一个新境界。

"五位一体"的确立，意味着我国社会主义事业包含更丰富的内涵，拥有更明确的方向，奔向更广阔的道路。中国特色社会主义事业是不断发展的，我们党对中国特色社会主义规律的认识也是不断深化的，随着中国特色社会主义事业的不断推进，我们党对中国特色社会主义事业总体布局的认识也会继续深化和拓展。需要指出的是，总体布局自形成以来经历了不断的探索、发展、演进，其全面建设、全面发展的思路越来越清晰、明朗，但"五个建设"中以经济建设为中心的方向始终没有偏离过。

二、"四个全面"战略布局的历史演进

同任何马克思主义重大理论成果和我们党其他重大战略思想一样，"四个全面"战略布局不是凭空产生的，而是经历了一个探索、发展到飞跃的过程。每个"全面"均是逐步提出来后经过不断完善而形成的。"四个全面"战略布局为夺取中国特色社会主义事业新胜利提供了基本遵循和行动指南，"四个全面"战略布局续写了中华民族伟大复兴的新篇章。

（一）"四个全面"战略布局的历史来源

1. "四个全面"战略布局的提出

（1）"全面建成小康社会"的提出

"小康"概念出自《礼记·礼运》，表达的是中华民族自古以来追求的理想社会状态。《诗·大雅·民劳》亦云"民亦劳止，汔可小康"。"小康社会"是由邓小平同志在 20 世纪 70 年代末 80 年代初在规划中国经济社会发展蓝图时提出的战略构想。随着中国特色社会主义建设事业的深入，其内涵和意义不断得到丰富发展。后来，邓小平同志进一步提出"分三步走基本实现现代化"的战略设想，把到 20 世纪末达到小康水平作为中国社会主义现代化建设"三步走"发展战略的第二步战略目标。

2000 年 10 月，党的十五届五中全会根据中国"已经实现了现代化建设的前两步战略目标，经济和社会全面发展，人民生活总体上达到了小康水平"的实际，明确提出"从新世纪开始，我国将进入全面建设小康社会，加快推进社会主义现代化的新的发展阶段"[1]。据此，2002 年 11 月，党的十六大正式提出"全面建设小康社会"目标——"我们要在本世纪头二十年，集中力量，全面建设惠及十几亿人口的更高水平的小康社会，使经济更加发展、民主更加健全、科教更加进步、文化更加繁荣、社会更加和谐、人民生活更加殷实"[2]。2007 年 10 月，党的十七大对中国发展提出了新的更高的要求，强调要"确保到二〇二〇年实现全面建成小康社会的奋斗目标"。虽然这里所提的全面建成小康社会目标与党的十八大确立的全面建成小康社会目标在内涵上存在很大差别，但这是第一次在党的全国代表大会报告中明确提出全面建成小康社会。2012 年，党的十八大正

---

① 《中共中央关于党的百年奋斗重大成就和历史经验的决议》，《人民日报》2021 年 11 月
17 日。

② 《中国的全面小康》，《人民日报》2021 年 9 月 29 日。

式提出和确立了全面建成小康社会目标，并根据中国经济社会发展实际，从经济持续健康发展、人民民主不断扩大、文化软实力显著增强、人民生活水平全面提高和资源节约型、环境友好型社会建设取得重大进展五个方面提出全面建成小康社会的新的目标要求，特别是提出了"实现国内生产总值和城乡居民人均收入比二○一○年翻一番"的目标。

（2）"全面深化改革"的提出

"全面深化改革"是"四个全面"战略布局中最具突破性和先导性的关键环节。习近平总书记强调："改革开放是决定当代中国命运的关键一招，也是决定实现'两个一百年'奋斗目标、实现中华民族伟大复兴的关键一招。"① 改革开放只有进行时没有完成时。全面深化改革的提出、形成和确立，经历了由"改革"到"全面改革"和"深化改革"再到"全面深化改革"的演进过程。

1982 年 9 月，党的十二大明确提出"必须有系统地完成机构改革和经济体制改革"的任务。1984 年 10 月，党的十二届三中全会作出《关于经济体制改革的决定》，对以城市为重点的经济体制改革进行了部署。1988 年 9 月，党的十三届三中全会批准了中央政治局向全会提出的"治理经济环境、整顿经济秩序、全面深化改革的指导方针和政策、措施"，第一次提出"全面深化改革"（只是其含义还是全面深化经济体制改革）。1992 年 10 月，党的十四大进一步将建立社会主义市场经济体制确立为中国经济体制改革的目标。这既是中国共产党对经济体制改革认识的深化，也是经济体制改革实践的重大突破。1993 年 11 月，党的十四届三中全会审议通过《中共中央关于建立社会主义市场经济体制若干重大问题的决定》，第一次勾画出社会主义市场经济体制的基本框架。2002 年 11 月，党的十六大根据全面建设小康社会的目标要求，明确提出经济体制改革、政治体制改革和文化体制改革的任务。2003 年 10 月，党的十六届三中全

---

① 《习近平关于全面深化改革论述摘编》，中央文献出版社 2014 年版，第 3 页。

会审议通过《中共中央关于完善社会主义市场经济体制若干重大问题的决定》，对进一步深化经济体制改革作出系统部署。2007 年 10 月，党的十七大根据实现全面建设小康社会目标的新要求，进一步提出经济体制改革、政治体制改革、文化体制改革和社会体制改革的任务。2012 年 7 月 23 日，胡锦涛同志从实现全面建成小康社会的奋斗目标出发，强调要"更加自觉、更加坚定地推进改革开放"，并且提出要"全面深化经济体制改革"。2012 年 11 月，党的十八大进一步提出"全面深化改革开放"的战略任务。

（3）"全面依法治国"的提出

法治是政治文明发展到一定历史阶段的标志，凝结着人类智慧，为各国人民所向往和追求。全面依法治国是中国特色社会主义的本质要求和重要保障，是国家治理的一场深刻革命。全面依法治国的提出、形成和确立，经历了由"法制"和"法治"到"依法治国"再到"全面依法治国"的演进过程。

1978 年党的十一届三中全会，中国共产党认真总结了我国社会主义建设的历史经验，尤其是吸取了"文化大革命"的惨痛教训，在作出工作中心转移和实行改革开放的重大决策的同时，也明确提出了"加强社会主义法制"的任务和实行"有法可依，有法必依，执法必严，违法必究"的方针，重启了被"文化大革命"中断的法治建设进程。党的十一届三中全会以后，以邓小平同志为核心的党的第二代中央领导集体高度重视社会主义法制建设，提出了一系列重要的观点，并且明确使用了"法治"的概念。1997 年，党的十五大明确提出"依法治国，是党领导人民治理国家的基本方略"，同时将"依法治国，建设社会主义法治国家"确定为社会主义现代化的重要目标，并提出"到 2010 年形成有中国特色社会主义法律体系"的重大任务。1999 年 3 月，第九届全国人大第二次会议将"中华人民共和国实行依法治国，建设社会主义法治国家"载入宪法。2002 年，党的十六大将"社会主义民主更加完善，社会主义法制更加完备，依法治国基本方略得到全面落实"作为全面建设小康社会的重要目标。2007 年，党的十七大强调"全面落实依法治国基本方略，加快建设社会主义法治国家"。2012 年，党的十八大提出，法治是治国理政的基本方式，要更加注重发挥法治在国家治理和社会管理中的重要作用，全面推进依法治国。

（4）"全面从严治党"的提出

治国必先治党，治党务必从严。全面从严治党的提出、形成和确立，经历了由"治党"到"从严治党"再到"全面从严治党"的演进过程。

党的十一届三中全会以后，中国共产党认真总结了历史经验特别是"文化大革命"的教训，拨乱反正，重新确立了马克思主义的思想路线、政治路线和组织路线，更加自觉地加强自身的建设。针对党内思想不纯、作风不纯、组织不纯的问题，1983 年 10 月，党的十二届二中全会专门作出《中共中央关于整党的决定》。1987 年 10 月，党的十三大明确提出"党要管党""从严治党"的方针。1992 年 10 月，党的十四大首次把"坚持从严治党"的方针写进了党章。1997 年 9 月，党的十五大强调"从严治党，是保持党的先进性和纯洁性，增强党的凝聚力和战斗力的保证"，要求各级党委"坚持'党要管党'的原则，把从严治党的方针贯彻落实到党的建设的各项工作中去"。2002 年 11 月，党的十六大重申"坚持党要管党、从严治党的方针"，强调"一定要把思想建设、组织建设和作风建设有机结合起来，把制度建设贯穿其中，既立足于做好经常性工作，又抓紧解决存在的突出问题"。

党的十六大以来，中共中央自觉坚持党要管党、从严治党，全面推进党的建设新的伟大工程。2004 年 9 月，党的十六届四中全会审议通过《关于加强党的执政能力建设的决定》。2007 年 10 月，党的十七大对加强党的建设作出部署，以党的执政能力建设和先进性建设为主线，坚持党要管党、从严治党的方针。2009 年 9 月，党的十七届四中全会强调要坚持党要管党、从严治党，提高管党治党水平，特别是要"突出重点，突破难点，全面推进思想建设、组织建设、作风建设、制度建设和反腐倡廉建设，提高党的建设科学化水平"。2012 年 11 月，党的十八大根据全面建成小康社会的客观需要以及新形势下党面临的"四大考验"和"四大危险"，确定了全面加强党的建设总体布局。

2. "四个全面"战略布局的形成与发展

2013 年 1 月，党的十八届三中全会对全面深化改革进了系统部署，审议通过了《中共中央关于全面深化改革若干重大问题的决定》，明确了当前和今后一个时期改革的方向、目标和任务，2014 年 10 月，党的十八届四中全会专题研究法治建设问题，审议通过了《中共中央关于全面推进依法治国若干重大问题的决定》，对法治中国建设进行了战略部署，明确了全面推进依法治国的重大任务。党的十八届三中、四中全会作出的两个决定形成姊妹篇，使全面深化改革、全面推进依法治国如鸟之两翼、车之双轮，有力推动全面建成小康社会事业向前发展。随着实践的发展，党对治国理政规律性认识也在不断深化。2015 年 1 月 23 日，习近平总书记在主持十八届中共中央政治局第二十次集体学习时指出："党的十八大以来，我们提出要协调推进全面建成小康社会、全面深化改革、全面依法治国、全面从严治党，这'四个全面'是当前党和国家事业发展中必须解决好的主要矛盾。"[1] 这是中国共产党的历史上第一次提出"四个全面"概念。

（1）"四个全面"战略布局的形成

2015 年 2 月，习近平总书记在省部级主要领导干部学习贯彻党的十八届四中全会精神全面推进依法治国专题研讨班开班式上的讲话，明确将"四个全面"定位为"战略布局"。"四个全面"战略布局中，每个"全面"都具有重大战略意义，都是事关全局的战略重点。继党的十八届三中、四中全会专题研究全面深化改革、全面推进依法治国后，党中央又相继召开党的十八届五中、六中全会，就全面建成小康社会、全面从严治党

---

① 《习近平谈治国理政》第二卷，外文出版社 2017 年版，第 22 页。

进行专题研究，作出重要部署。2015年10月召开的党的十八届五中全会，在深刻认识和把握经济发展新常态的基础上，明确提出创新、协调、绿色、开放、共享的新发展理念。全会审议通过的《中共中央关于制定国民经济和社会发展第十三个五年规划的建议》，以新发展理念为统领，明确了"十三五"时期我国的发展思路、发展方向、发展着力点。2016年10月，党的十八届六中全会专题研究全面从严治党问题，为新形势下严肃党内政治生活、净化党内政治生态、完善党内监督体系提供了基本遵循，为全面从严治党提供了重要制度保障。

（2）"四个全面"战略布局的发展

伴随着全面建成小康社会目标的实现，我国经济社会发展步入了新阶段，即开启全面建设社会主义现代化国家的新征程。2020年10月，党的十九届五中全会召开，习近平总书记站在时代发展前沿和全局高度，提出了新发展阶段党治国理政的一系列新的重要方略和战略部署。会上通过的《中共中央关于制定国民经济和社会发展第十四个五年规划和二〇三五年远景目标的建议》，把"四个全面"战略布局确定为"十四五"时期经济社会发展指导方针，并一致表述为"协调推进全面建设社会主义现代化国家、全面深化改革、全面依法治国、全面从严治党的战略布局"①。"四个全面"战略布局由原来的"全面建成小康社会、全面深化改革、全面依法治国、全面从严治党"转变为"全面建设社会主义现代化国家、全面深化改革、全面依法治国、全面从严治党"。"四个全面"战略布局，是党在新时代把握我国发展新特征确定的治国理政新方略，抓住了党和国家事业发展中根本性、全局性、紧迫性的重大问题，擘画了推进改革开放和现代化建设的顶层设计，集中体现了党和国家事业长远发展的战略目标和举措。

---

① 《中共中央关于制定国民经济和社会发展第十四个五年规划和二〇三五年远景目标的建议》，人民出版社2020年版，第6页。

（二）"四个全面"战略布局的内在结构

1. 战略目标：全面建成小康社会

全面建成小康社会，是实现"两个一百年"奋斗目标承上启下的关键一步。对我们党和国家、中华民族，具有十分重要的意义。从我们党的奋斗目标看，到 2020 年全面建成小康社会是实现"两个一百年"奋斗目标的关键一步，是我们党向人民、向历史作出的庄严承诺，是中华民族伟大复兴征程上的又一座重要里程碑。从以习近平同志为核心的党中央确立的"四个全面"战略布局看，全面建成小康社会居于引领地位，是全面深化改革、全面依法治国、全面从严治党的目标指向。我们进行伟大斗争、建设伟大工程、推进伟大事业、实现伟大梦想，都要聚焦于这个目标。

2015 年 2 月，习近平总书记在省部级主要领导干部学习贯彻党的十八届四中全会精神全面推进依法治国专题研讨班开班式上的讲话中明确指出："全面建成小康社会是我们的战略目标。"如期全面建成小康社会，事关社会主义现代化建设和中华民族伟大复兴中国梦实现。全面建成小康社会可以为实现第二个百年奋斗目标和中华民族伟大复兴的中国梦奠定更加坚实的基础。2021 年 2 月 25 日，习近平总书记在全国脱贫攻坚总结表彰大会上庄严宣告：我国脱贫攻坚战取得了全面胜利！作为全面建成小康社会的底线任务和标志性指标，脱贫攻坚目标的完成意味着如期全面建成小康社会和第一个百年奋斗目标的顺利实现。由此，我国开启全面建设社会主义现代化国家新征程、向第二个百年奋斗目标进军。

2. 动力之源：全面深化改革

党的十八大以来，全面深化改革紧扣发展用功，着力解决制约发展的体制机制问题，成为发展的有效保障和强大动力。在"四个全面"战略布局中，全面深化改革是其动力之源。通过全面深化改革，使中国特色社会主义事业发展的"动力系统"不断升级，进一步增强中国特色社会主义的生机活力，使党和国家事业发展持续获得强大动力。

发展的基础是体制，体制不顺发展就会出问题。因此，发展问题从根本上说是改革问题。当前我国经济社会发展中存在的主要矛盾与问题，追根溯源，大多与体制机制不顺有关，需要通过全面深化改革来解决。因此，要解决这些发展中的问题，必须下大力气解决体制问题。习近平总书记指出："面对未来，要破解发展面临的各种难题，化解来自各方面的风险和挑战，更好发挥中国特色社会主义制度优势，推动经济社会持续健康发展，除了深化改革开放，别无他途。"① 由于我国长期处于社会主义初级阶段，坚持发展仍是解决我国所有问题的关键。全面深化改革，仍要以经济建设为中心，把经济体制改革作为全面深化改革的重点，更好发挥经济体制改革牵引作用，推动生产关系同生产力、上层建筑同经济基础相适应，推动经济社会持续健康发展，才能为中国特色社会主义事业提供源源不断的动力。

3. 制度保障：全面依法治国

全面推进依法治国，既是协调推进"四个全面"战略布局的内在要求，也是实现中华民族伟大复兴中国梦的必然要求。把全面依法治国放在"四个全面"战略布局中推进，使全面依法治国一经提出就超越依法治国本身的意义，而赋予全面依法治国特殊的理论价值和战略意义。全面依法治国涉及改革发展稳定、内政外交国防、治党治国治军各个方面，是关系我们党执政兴国、关系人民幸福安康、关系党和国家长治久安的重大战略问题。

首先，在"四个全面"中，全面依法治国是全面建成小康社会的内在要求。党的十八届四中全会就全面推进依法治国进行了专题研究，实质上明确了全面建成小康社会与全面依法治国的关系是目标与措施、目的与途径的关系。如期实现全面建成小康社会宏伟目标，必须同步推进全面建成小康社会与全面依法治国。其次，全面深化改革需要法治保障，全面依法

---

① 《习近平谈治国理政》，外文出版社 2014 年版，第 86 页。

治国也需要深化改革。改革与法治互为动力、相辅相成。全面深化改革与全面推进依法治国是党的十八大作出的战略部署在时间轴上的顺序展开，都是全面建成小康社会的战略举措。习近平总书记指出，全面深化改革、全面依法治国如鸟之两翼、车之双轮，为全面建成小康社会提供动力支持和制度保障。改革和法治均关涉国家治理各领域各环节，都承担着重要历史使命。最后，全面从严治党是全面依法治国的根本保证。党的领导是中国特色社会主义法治之魂。社会主义法治必须坚持党的领导，党的领导也必须依靠社会主义法治，这是一个问题的两个方面。经过长期的探索，我们党基本形成了一套系统完备运行有效的党内法规，基本实现了从严治党有规可依、有章可循、有纪可执、执纪必严、违纪必究。

4. 政治保证：全面从严治党

全面从严治党主要包括两层含义：一是必须坚持党的领导。治党是为了治国，使党更好地履行执政兴国使命。二是必须加强和改善党的领导。通过全面从严治党，确保党始终成为中国特色社会主义事业的坚强领导核心。实现全面建成小康社会这一战略目标，落实全面深化改革、全面依法治国这两大战略举措，都须臾离不开党的领导，都需要以全面从严治党作为根本保证和重要前提。

党的领导是中国特色社会主义最本质的特征，坚持党的领导与坚定不移走中国特色社会主义道路是合为一体的。因此，全面从严治党为全面建成小康社会、全面深化改革、全面依法治国引领了正确的方向。只有坚持党的领导，全面依法治国才能把握正确方向，才能为全面建成小康社会提供有力的法治保障。"四个全面"本质上是坚持和发展中国特色社会主义的战略布局，是中国共产党总结历史、立足国情、顺应时势、破解难题、把握机遇提出的重大战略思想，协调推进这一战略布局，任务极为繁重艰巨，是一个攻坚克难、爬坡闯关的伟大历程，必须准备进行具有许多新的历史特点的伟大斗争。将全面从严治党列入"四个全面"，是我们党作为执政党对自身提出的严格要求，同时也是为其他三个"全面"提供坚强政治保证的客观需要。这充分体现了我们党的使命意识、责任意识，以及敢于担当、励精图治的精神状态。

（三）社会主要矛盾转化视角下"四个全面"战略布局的完善与发展

矛盾规律是事物发展的动力与源泉。矛盾存在于一切事物中，并且贯穿事物发展的全过程，社会发展进步的过程就是不断出现矛盾、不断解决矛盾的过程。事物之间既对立又统一，矛盾解决得好，就实现了统一性，就能不断发展；解决得不好，就形成了对立性，就会引发更多矛盾。只有正确认识矛盾、利用矛盾、转化矛盾，才能解决矛盾。

从世界发展环境来看，当前世界多极化、经济全球化、信息网络化深入发展，科技革命和产业变革步伐不断加快。处在新的转折点上的国际形势，出现了历史上从未有过的大变局，全球各种战略力量在加快分化与组合，国际体系进入了加速演变和深刻调整的时期，原有的全球政治经济均衡状态正在被破坏，新的均衡势力尚未完全形成。这一深刻变化的国际形势给中国既带来难得的发展机遇，也提出了严峻挑战。从国内发展情况看，改革开放 40 多年来，中国在各个方面都实现了突飞猛进的发展，综合国力不断增强，但同时也面临很多新矛盾、新问题，有些问题则牵一发而动全身。我国经济社会发展面临重要战略机遇期的同时，也面临着各种矛盾凸显、各种短期问题和长期问题相互交织、各种矛盾和热点问题叠加出现的复杂形势。

1. 正确认识社会主要矛盾的变化

问题是时代的格言，"四个全面"战略布局是在当代"中国问题"中生成的，解决当代"中国问题"的迫切需要倒逼"四个全面"战略布局的产生，"四个全面"战略布局又在解决当代"中国问题"中得以深化和发展。进入新发展阶段，我国在教育公平、改革发展、社会保障、医疗改革、环境治理等领域依然面临一系列问题。而我国社会的主要矛盾正是对当代一系列"中国问题"的精准概括。解决了当前社会的主要矛盾，由其派生出的诸多社会问题自然迎刃而解。[①]

过去，我国社会主要矛盾是人民日益增长的物质文化需要同落后的社会生产之间的矛盾。作出这一判断，主要是基于当时我国经济社会发展水平不高、社会生产力相对落后。经过40多年的改革开放，我们党带领全国人民告别了贫困。我国经济总量稳居世界第二位，社会生产力水平显著提高，社会生产能力在很多方面进入世界前列，中国特色社会主义制度日益成熟定型。我国生产力发展水平和人民对美好生活的需要都发生了变化。党的十九大报告指出，我国社会主要矛盾已经转化为人民日益增长的美好生活需要和不平衡不充分的发展之间的矛盾。这一重大政治论断为制定党和国家大政方针、长远战略提供了重要依据。在统筹推进"四个全面"战略布局中，我们必须学习掌握事物矛盾运动的基本原理。要学习和掌握社会基本矛盾分析法，深入理解全面深化改革的重要性和紧迫性。只有把生产力和生产关系的矛盾运动同经济基础和上层建筑的矛盾运动结合起来观察，把社会基本矛盾作为一个整体来观察，才能全面把握整个社会的基本面貌和发展方向。在"四个全面"战略布局的推进中，要不断适应社会生产力发展调整生产关系，不断适应经济基础发展完善上层建筑，科学对待和处理发展中的矛盾问题，在解决矛盾的过程中推动事物发展。我们要不断强化问题意识，积极面对和化解前进中遇到的矛盾。

2. 社会主要矛盾转化视角下"四个全面"战略布局的完善

"四个全面"战略布局的形成、完善与发展不是抽象逻辑的理论推演，而是立足我国社会现实，对社会发展面临的一系列问题的战略思考，是随着当前社会矛盾变化而发生变化，是面对当前经济、政治等各方面问题而不断进行完善的。

---

① 张雷、许和隆：《新发展阶段视域中"四个全面"战略布局内在逻辑结构探析》，《理论导刊》2021年第4期。

我国社会主要矛盾的变化是关系全局的历史性变化。当前，我国社会主要矛盾已经转化为人民日益增长的美好生活需要和不平衡不充分的发展之间的矛盾。经济上，我国已经步入了新常态，面临转型的压力、增长速度的压力和缺少新的发展动力等各种各样的困难，正在由高速增长向高质量发展迈进，过去多年推动经济增长的动力明显衰减。政治上，我国政治体制改革到了关键时期，改革阻力已经转为以内部矛盾为主：一是收入差距扩大，既表现在城乡之间、地区之间，还表现在行业之间、不同阶层之间。越来越大的收入差距如不及时扭转，不仅会影响效率，还会因贫富分化而影响社会的稳定。二是腐败案件频发，法制不健全，政府行为缺少约束，不可避免地出现官员腐败现象，降低了政府的公信力。三是环境和生态恶化，环境污染到达了高点，环境对经济发展的承载能力明显下降，人们在享受经济发展成果的同时承担着严重的环境破坏成本。此外，党的十八大以来，我们在管党治党方面虽然取得了一系列成就，但我们党仍然面临着严峻的执政考验、改革开放考验、市场经济考验和外部环境考验"四大考验"。这四大考验中暴露出一些党组织或者党员的问题，关键就是从严治党没有做到位，这从正面说明了从严治党的迫切性。同时，精神懈怠的危险、能力不足的危险、脱离群众的危险、消极腐败的危险"四大危险"更尖锐地摆在全党面前。这些都意味着党中央面临的困难、挑战、风险是非常严峻的。应对这些考验和危险，破解中国特色社会主义建设实践、全面建成小康社会、全面深化改革和实现中华民族伟大复兴的中国梦进程中出现的诸多难题，是任重而道远的。

3. 社会主要矛盾转化视角下"四个全面"战略布局的发展

"四个全面"战略布局总结和提炼出当前党和国家事业发展必须解决好的主要矛盾，要求我们抓住和处理好主要矛盾，善于引导各类矛盾向有利的方向发展。当前我国社会主要矛盾发生了改变，"四个全面"也必须进行调整，这不仅是以当前的现实条件出发，是立足全局、着眼解决我国现实矛盾的顶层设计和总体规划；也是在解决新的主要矛盾中不断实践并落实"四个全面",进而使其深化发展。在党的十九届五中全会上,习近平总书记站在时代发展前沿和战略全局高度,提出了新发展阶段党治国理政的一系列新的重要方略和战略部署,重新表述了"四个全面"即"协调推进全面建设社会主义现代化国家、全面深化改革、全面依法治国、全面从严治党的战略布局"。这表明,"四个全面"的内涵随着时代发展引发的社会主要矛盾变化而发生了变化,这种变化表现在其理论内涵的改变、实践场域的改变以及战略重心的改变,是"四个全面"的进一步深化发展。

首先,时间轴延伸使"四个全面"战略布局的理论内涵发生了变化。从战略目标来看,由全面建成小康社会转变为全面建设社会主义现代化国家。邓小平同志在改革开放之初提出"三步走"战略,经过多年发展,目前中国全面建成小康社会的目标已胜利实现。全面建设社会主义现代化国家是全面建成小康社会后的下一个崭新篇章,是党中央治国理政总体战略在时间轴上的接续展开。

其次,战略空间拓展使"四个全面"战略布局的实践场域发生了变化,习近平总书记在 2020 年 8 月 24 日召开的经济社会领域专家座谈会上对这一阶段作出研判,他指出:"'十四五'时期是我国全面建成小康社会、实现第一个百年奋斗目标之后,乘势而上开启全面建设社会主义现代化国家新征程、向第二个百年奋斗目标进军的第一个五年,我国将进入新发展阶段。""四个全面"战略布局实践场域变为全面建设社会主义现代化国家向第二个百年奋斗目标进军的阶段。

最后,策略场域叠加使"四个全面"战略布局的战略重点发生了改变。2020 年实现全面建成小康社会的奋斗目标后,我国进入新发展阶段。在此之前,"四个全面"战略布局是围绕全面建成小康社会开展的。进入新发展阶段,"四个全面"战略布局必然会随之改变,围绕全面建设社会主义现代化国家的全新奋斗目标。在新的目标中,加快构建"以国内大循环为主体、国内国际双循环相互促进的新发展格局"和"推进脱贫攻坚与乡村振兴有效衔接"成为新发展阶段的战略抉择，也是"四个全面"战略布局的战略重点和主攻方向。

三、在总体布局中落实战略布局的方法论原则

作为中国共产党治国理政的顶层设计，"五位一体"总体布局与"四个全面"战略布局，是中国特色社会主义事业发展实践过程中确立的战略方向，是中国共产党对人类历史发展规律与社会主义建设规律的深入认识。"两个布局"既彼此独立、自成系统，又相互联系、相互促进，共同构成了一个系统性整体。在新发展阶段，必须在总体布局中落实战略布局，统筹推进"五位一体"总体布局，协调推进"四个全面"战略布局，坚持辩证唯物主义，在实践中运用两点论与重点论。

（一）统筹推进"五位一体"总体布局

1. 经济持续健康发展

在统筹推进"五位一体"总体布局中，逐渐在实践中形成了习近平经济思想。在这一思想的指导下，我们坚定不移贯彻新发展理念，着力推动高质量发展，推动构建新发展格局，实施供给侧结构性改革，制定一系列具有全局性意义的区域重大战略，我国经济实力实现历史性跃升。2013—2021 年，我国经济年均增长 6.6%，大大高于 2.6% 的同期世界平均增速，也高于 3.7% 的发展中经济体平均增速，经济增长率居世界主要经济体前列。2020 年，面对新冠疫情严重冲击，我国经济增长 2.2%，是主要经济体中唯一保持正增长的国家。2012 年以来，我国国内生产总值（GDP）稳居世界第 2 位，占世界经济总量比重逐年上升。2021 年我国 GDP 达17.7 万亿美元，占世界比重达到 18.5%，比 2012 年提高 7.2 个百分点。我国经济总量与美国的差距明显缩小，且远高于日本等世界主要经济体。2021 年我国 GDP 相当于美国的 77.1%，比 2012 年提高 24.6 个百分点，

是日本的 3.6 倍、印度的 5.6 倍。① 党的十八大以来，供给侧结构性改革深入推进，经济结构不断优化，数字经济等新兴产业蓬勃发展，高铁、公路、桥梁、港口、机场等基础建设快速推进。党的十八大以来，创新驱动发展战略大力实施，创新型国家建设成果丰硕，天宫、蛟龙、天眼、悟空、墨子、大飞机等重大科技成果相继问世。

2. 民主法治建设迈出重大步伐

在统筹推进"五位一体"总体布局中，推进全面依法治国，党的领导、人民当家作主、依法治国有机统一的制度建设全面加强，党的领导体制机制不断完善。我们坚持走中国特色社会主义政治发展道路，全面发展全过程人民民主，社会主义民主政治制度化、规范化、程序化全面推进，社会主义协商民主广泛开展，人民当家作主更为扎实，基层民主活力增强，爱国统一战线巩固拓展，民族团结进步呈现出新气象，党的宗教工作基本方针得到全面贯彻，人权得到更好保障。党的十八大以来，人民代表大会制度始终与改革同步，形成了很多制度性成果。例如，在司法体制改革方面，司法体制机制实现了历史性变革、系统性重塑、整体性重构。司法机关 85% 的人力资源集中到了办案一线，人均办案数量增长了 20%，结案率上升了 18%，一、二审裁判生效后服判息诉率达到了 98%，司法质量、效率和公信力持续提升。完备的法律规范体系、高效的法治实施体系、严密的法治监督体系、有力的法治保障体系、完善的党内法规体系加快形成。② 法律面前人人平等保障机制不断完善，人权法治保障显著加强，严格规范公正文明执法水平不断提高，切实保证了人民群众依法享有广泛的权利和自由、承担应尽的义务，促进社会公平正义法治保障更为坚实。

3. 思想文化建设取得重大进展

在统筹推进"五位一体"总体布局中，中国共产党加强对意识形态工

---

① 《综合实力大幅跃升 国际影响力显著增强——党的十八大以来经济社会发展成就系列报告之十三》，中国政府网，2022 年 9 月 30 日。

② 简柏：《法治中国建设取得五项重要成就》，中国新闻网，2022 年 10 月 19 日。

作的领导，党的理论创新全面推进，马克思主义在意识形态领域的指导地位更加鲜明，中国特色社会主义和中国梦深入人心，社会主义核心价值观广泛弘扬，群众性精神文明创建活动扎实开展，中华优秀传统文化得到创造性转化、创新性发展，文化事业日益繁荣，网络生态持续向好，意识形态领域形势发生全局性、根本性转变。公共文化服务水平不断提高，文艺创作持续繁荣，文化事业和文化产业蓬勃发展，互联网建设管理运用不断完善，全民健身和竞技体育全面发展。中共中央办公厅、国务院办公厅印发《关于加快构建现代公共文化服务体系的意见》，首次把标准化、均等化作为重要制度设计和工作抓手。颁布《中华人民共和国公共文化服务保障法》，将公共文化建设纳入法治化、规范化轨道。2012 年以来，中央财政投入 16 亿元支持 214 个地市级公共图书馆、博物馆和文化馆新建和改扩建。原文化部等联合印发《关于推进县级文化馆图书馆总分馆制建设的指导意见》，将县级文化馆、图书馆的优质资源输送到乡村。2021 年末，全国共有公共图书馆、博物馆 3215 个、5772 个，分别比 2012 年末增加 139 个、2703 个。2020 年，文化及相关产业增加值占国内生产总值的比重为 4.43%，比 2012 年提高 1.07 个百分点。文化遗产保护传承卓有成效，孔子学院与孔子课堂遍布全球，中国以外累计学习使用中文的人数近 2 亿，中华文化影响力显著增强。[①] 制定《深化文化体制改革实施方案》，编制《国家"十三五"时期文化发展改革规划纲要》，出台"两个效益"相统一、媒体融合发展、特殊管理股试点、新闻单位采编播管人事管理制度改革、采编和经营两分开、文艺评奖改革、构建现代公共文化服务体系、实施中华优秀传统文化传承发展工程、国际传播能力建设 40 多个改革文件，跟踪效果、及时整改，确保各项改革任务落地生根。随着大数据、"互联网＋"、虚拟现实技术等新模式和新技术的不断涌现，电影、电

---

① 《新理念引领新发展　新时代开创新局面——党的十八大以来经济社会发展成就系列报告之一》，中国政府网，2022 年 9 月 14 日。

视、手机、互联网、动漫、游戏等文化形态或媒介逐渐融合。

4. 社会治理体系更加完善

在统筹推进"五位一体"总体布局中，我国社会治理体系更加完善，社会大局保持稳定，国家安全全面加强。中国共产党深入贯彻以人民为中心的发展思想、一大批惠民举措落地实施，人民获得感显著增强。脱贫攻坚战取得决定性进展，六千多万贫困人口稳定脱贫，贫困发生率从 10.2% 下降到 4% 以下，中国为全球减贫作出重大贡献。按照现行农村贫困标准测算，从 1978—2016 年，全国农村贫困人口减少 7.3 亿，贫困发生率从 1978 年的 97.5% 下降至 2016 年的 4.5%。根据国家统计局 2022 年最新统计数据，2013—2020 年，全国农村贫困人口累计减少 9899 万人，年均减贫 1237 万人，贫困发生率年均下降 1.3 个百分点。改革开放以来，按照世界银行每人每天 1.9 美元的国际贫困标准，我国减贫人口占同期全球减贫人口 70% 以上；据世界银行公开数据，我国贫困发生率从 1981 年末的 88.3% 下降至 2016 年末的 0.5%，累计下降了 87.8 个百分点，年均下降 2.5 个百分点，同期全球贫困发生率从 42.7% 下降到 9.7%，累计下降 33.0 个百分点，年均下降 0.9 个百分点，我国减贫速度明显快于全球，贫困发生率也大大低于全球平均水平。联合国开发计划署世界银行 2018 年发布的《中国系统性国别诊断》报告提出，中国在减少贫困方面取得了史无前例的成就。联合国秘书长古特雷斯在 2021 年祝贺中国脱贫攻坚取得重大历史性成就的致函中指出，"中国取得的非凡成就为整个国际社会带来了希望，提供了激励。这一成就证明，政府的政治承诺和政策稳定性对改善最贫困和最脆弱人群的境况至关重要"。而且，中国基本建立覆盖城乡居民的社会保障体系，人民健康和医疗卫生水平大幅提高，保障性住房建设稳步推进。2022 年末，全国参加基本医疗保险人数为 134570 万人，其中参加职工基本医疗保险人数为 36242 万人，参加城乡居民基本医疗保险人数为 98328 万人。参加失业保险人数为 23807 万人，增加 849 万人。年末全国领取失业保险金人数为 297 万人。参加工伤保险人数为 29111 万人，增加 825 万人，其中参加工伤保险的农民工人数为 9127 万人，增加 41 万人。参加生育保险人数为 24608 万人，增加 856 万人。年末全国共有 683 万人享受城市最低生活保障，3349 万人享受农村最低生活保障，435 万人享受农村特困人员救助供养，全年临时救助 1083 万人次。全年领取国家定期抚恤金、定期生活补助金的退役军人和其他优抚对象 827 万人。①加快实施全民参保计划，积极开展扩面征缴工作，将更多的人纳入社会保障，建立世界上覆盖人群最多的社会保障制度，实现在幼有所育、学有所教、劳有所得、病有所医、老有所养、住有所居、弱有所扶上持续用力，全方位改善人民生活水平。

5. 绿色发展显著增强

在统筹推进"五位一体"总体布局中，中国共产党大力度推进生态文明建设，全党全国贯彻绿色发展理念的自觉性和主动性显著增强，忽视生态环境保护的状况明显改变。生态文明制度体系加快形成，主体功能区制度逐步健全，国家公园体制试点积极推进。全面节约资源有效推进，能源资源消耗强度大幅下降。重大生态保护和修复工程进展顺利，森林覆盖率持续提高。生态环境治理明显加强，环境状况得到改变。引导应对气候变化国际合作，成为全球生态文明建设的重要参与者、贡献者、引领者。党的十八届三中全会提出，紧紧围绕建设美丽中国，深化生态文明体制改革，加快建立生态文明制度，健全国土空间开发、资源节约利用、生态环境保护的体制机制。党的十八届四中全会提出要用严格的法律制度保护生态环境。党的十八届五中全会提出新发展理念。这些充分体现了我们党对生态文明建设的重视，体现了人民对美好生活的向往，也体现了人类永续发展的要求。中共中央、国务院印发的《关于加快推进生态文明建设的意见》和《生态文明体制改革总体方案》，确立了我国生态文明建设的总体

---

① 《中华人民共和国 2022 年国民经济和社会发展统计公报》，中国政府网，2023 年 2 月 28 日。

目标和生态文明体制改革总体实施方案。《生态文明建设目标评价考核办法》等文件出台，有关部门联合印发《绿色发展指标体系》《生态文明建设考核目标体系》，推动落实《党政领导干部生态环境损害责任追究办法（试行）》。整体上，我们的生态环境保护发生历史性、转折性、全局性变化，我们的祖国天更蓝、山更绿、水更清。

（二）协调推进"四个全面"战略布局

"四个全面"战略布局描绘了推进改革开放和现代化建设的顶层设计，集中体现了以习近平同志为核心的党中央治国理政新理念新思想新战略的核心内涵，体现了党和国家伟大事业长远发展的战略目标和举措，是坚持和发展中国特色社会主义探索新实践的重要体现，是实现"两个一百年"奋斗目标，实现中华民族伟大复兴中国梦的战略指引和重要保障。"四个全面"战略布局各部分环环相扣，缺一不可，互为整体。协调推进"四个全面"战略布局，就要把握当前我国发展机遇、赢得发展优势、战胜各种风险挑战，把中国特色社会主义推向前进。具体来说，就是要牢牢把握战略主动，就是要坚持正确发展思想、工作方法，找准工作主线，用好马克思主义立场、观点、方法分析当代中国问题，在发展中解决中国问题。

1. 坚持以人民为中心

协调推进"四个全面"战略布局，要坚持以人民为中心的发展理念。党的十九大报告提出："为什么人的问题，是检验一个政党、一个政权性质的试金石。带领人民创造美好生活，是我们党始终不渝的奋斗目标。"为人民谋幸福是改革的使命。改革为了人民，改革依靠人民，全面深化改革要坚持发挥人民的主体作用，反映坚持人民主体地位的内在要求，彰显人民至上的价值取向。党的十八大以来我国取得的一系列经济社会发展成就，都得益于坚持以人民为中心的发展思想，全面调动人的积极性、主动性、创造性，为各行业各方面的劳动者、企业家、创新人才和各级干部创造发挥作用的舞台与环境。

人民群众是历史的创造者，更是改革的主力军，必将在改革的浪潮中激荡起无穷的力量。一切脱离人民的理论都是苍白无力的，一切不为人民造福的理论都是没有生命力的。以习近平同志为核心的党中央始终坚持依靠群众、造福人民的立场，把实现好、维护好、发展好最广大人民根本利益作为发展的根本目的，把人民对美好生活的向往作为奋斗目标。在改革"依靠谁"上，始终把尊重人民的首创精神作为改革的基础，善于从人民群众的丰富实践中汲取营养。这不仅强调改革需要广大人民群众的积极参与，更要求执政党要听取民众的呼声，回应民众的呼唤。民众的满意度也是评价改革是否成功的标准。民众的意见是朴实的，汇集广大人民群众的意见会使改革工作更为有的放矢，明确先前工作的不足之处，为未来工作确立方向与重点。

2. 发挥党总揽全局协调各方的领导核心作用

协调推进"四个全面"战略布局，要发挥党总揽全局协调各方的领导核心作用。党的领导是全面的、系统的、整体的，必须全面、系统、整体加以落实。健全总揽全局、协调各方的党的领导制度体系，完善党中央重大决策部署落实机制，确保全党在政治立场、政治方向、政治原则、政治道路上同党中央保持高度一致，确保党的团结统一。

党的十八大以来，在以习近平同志为核心的党中央坚强领导下，党和国家事业发展取得了巨大的历史性成就，发生了深刻的历史性变革，但党内依然存在公然挑战党中央权威、阳奉阴违敷衍党中央权威、打折扣对待党中央权威以及不关心党中央权威等政治问题。随着"四个全面"战略布局的完善与不断推进，全党上下必须充分发挥党总揽全局、协调各方的领导核心作用。这就要求从中央到地方，任何组织、任何党员都要坚决做到"两个维护"。"两个维护"是全党团结统一的集中体现，是全党统一意志、统一行动的实践指向。一个政党内部的团结统一的程度取决于维护党中央权威和党的领袖的程度，一个政党内部的统一意志和行动反映了其成员对政治身份和组织归属的认同。进一步完善党总揽全局、协调各方的工作体制机制，就要从领导体制上，强化党委决策和监督作用，不断完善研究经济社会发展战略、定期分析经济形势、制定重大方针政策的工作机制。从工作机制上，推动各级党委加强对全局工作的通盘考虑，合理划分工作层次、工作重点、工作职责，构建各方负责、分类实施的推进机制，努力形成同时发力、同向发力的"动车效应"，凝聚起共谋发展的强大合力。

3. 完整准确全面贯彻新发展理念

协调推进"四个全面"战略布局，要完整准确全面贯彻新发展理念，贯彻新发展理念是新时代我国发展壮大的必由之路。党的十八届五中全会提出的创新、协调、绿色、开放、共享的新发展理念，是管全局、管根本、管方向、管长远的科学理念，是走科学发展之路的行动指南。创新发展旨在解决发展方式和发展动力问题；协调发展旨在解决发展不平衡、不协调问题；绿色发展旨在解决人与自然和谐问题；开放发展旨在解决经济全球化背景下的发展路径问题；共享发展旨在解决发展成果分配的公平正义问题。而且各个发展理念相互贯通、相互促进。要实现可持续发展就必须创新发展模式，要实现共享发展就必须创新分配机制。能否实现共享发展，不仅影响发展的可持续性，而且影响创新的动力。这就要求，完整准确全面贯彻落实新发展理念必须树立系统和全局的观念，从整体上协同推进。在规划制定和工作方案设计上，应做好顶层设计，确保各领域政策相互兼容；对各相关责任主体在具体工作中相互支持、相互配合提出明确要求，不能偏执一方、畸轻畸重。

新发展理念是我们党对国内外发展经验教训的深刻总结，是针对我国经济发展中存在的突出问题和经济发展进入新常态开出的良方。当前，世界经济发展举步维艰。要走出困境，各国都需要在经济、社会、政治和对外关系等方面进行改革创新。新发展理念的提出与全球发展大趋势相吻合，包含了大量充满时代气息的新知识、新经验、新信息、新要求。在新发展阶段，践行"四个全面"只有牢固树立和完整准确全面贯彻新发展理念，才能带领全国人民走向共同富裕，建成社会主义现代化国家。

4. 坚持稳中求进工作总基调

党的十九大报告在阐述新时代中国特色社会主义基本方略时强调指出，坚持稳中求进工作总基调，统筹推进"五位一体"总体布局，协调推进"四个全面"战略布局，提高党把方向、谋大局、定政策、促改革的能力和定力，确保党始终总揽全局、协调各方。稳中求进工作总基调是中国社会主义事业建设发展的原则，更是统筹推进"四个全面"战略布局必须遵循的准则。

稳中求进是我们党领导经济工作历史经验和教训的总结。新中国成立以来的经济工作实践表明，若在指标上一味求进，追求速成，经济建设就很容易遭受重大挫折。相反，坚持稳中求进，即便经济运行遇到巨大困难，也能将其克服，取得较好经济增长绩效并为未来发展创造潜力。2017年7月21日，中共中央召开党外人士座谈会，习近平总书记在会上提出："要更好把握稳和进的关系，稳是主基调，要在保持大局稳定的前提下谋进。稳中求进不是无所作为，不是强力维稳、机械求稳，而是要在把握好度的前提下有所作为，恰到好处，把握好平衡，把握好时机，把握好度。"统筹推进"四个全面"战略布局要遵循稳中求进，关注大局。当前国际格局和国际体系正在发生深刻调整，全球治理体系正在发生深刻变革，国际力量对比正在发生近代以来最具革命性的变化。面对比以往更为复杂的局势，面对更加难以预料的重大风险，我们必须善于审时度势，认清世界大势，把握时代脉动，提高观大势、定大局、谋大事的能力，在大局中思考、在大局下行动，汇聚起攻坚克难的磅礴力量。

（三）坚持两点论与重点论的统一

掌握和运用马克思主义哲学是共产党人的看家本领，学好马克思主义，可以掌握科学的思想方法和工作方法。有了科学的思想、工作方法，才能正确判断形势，有效化解矛盾，从而顺利推进工作。学习和掌握马克思主义世界观和方法论可以更科学地认识我国社会的根本问题，这是我们党提出并形成"两个布局"的根本前提。在总体布局中落实战略布局，我们既要在统筹推进总体布局中重视"两点论"，也要在协调推进战略布局中重视"重点论"，运用马克思主义立场、观点、方法观察和解决问题。

1. "两个布局"是中国共产党人坚持和运用辩证唯物主义世界观和方法论的结果

"两个布局"具体内涵的提出以及推进，是基于马克思主义辩证唯物主义和历史唯物主义的科学观点和思维方式。学习和运用马克思主义理论，吸收马克思主义思想和方法养分，是我们党一贯的优良传统，也是党成立多年来事业长盛不衰的宝贵经验。邓小平同志非常善于运用辩证唯物主义解决实际问题。他强调，必须抓住社会主义初级阶段的主要矛盾，坚持以经济建设为中心；必须用实践来检验我们的工作，坚持"三个有利于"标准等。江泽民同志指出，如果头脑里没有辩证唯物主义、历史唯物主义的世界观，就不可能以正确的立场和科学的态度来认识纷繁复杂的客观事物，把握事物发展的规律；就不可能正确地理解和执行党的方针政策。胡锦涛同志也强调指出，辩证唯物主义和历史唯物主义的世界观和方法论，是马克思主义最根本的理论特征。他指出要学习和掌握马克思主义哲学，才能努力提高探索解决新时期基本问题的本领。

党的十八大以来，中共中央政治局先后组织多次集体学习，其中包括学习马克思主义哲学，即辩证唯物主义和历史唯物主义。安排这些学习，目的就是使我们对马克思主义哲学有更全面、更完整的了解。习近平总书记强调，"更加自觉地坚持和运用辩证唯物主义世界观和方法论，更好在实际工作中把握现象和本质、形式和内容、原因和结果、偶然和必然、可能和现实、内因和外因、共性和个性的关系，增强辩证思维、战略思维能力，把各项工作做得更好"①。2015 年 1 月 23 日，习近平总书记在主持十八届中央政治局第二十次集体学习时，专门就学习和掌握唯物辩证法作了精辟的阐述，强调：要"学习掌握事物矛盾运动的基本原理，不断强化问题意识，积极面对和化解前进中遇到的矛盾"，"问题是事物矛盾的表现形式，我们强调增强问题意识、坚持问题导向，就是承认矛盾的普遍性、客观性，就是要善于把认识和化解矛盾作为打开工作局面的突破口"，"我们既要注重总体谋划，又要注重牵住'牛鼻子'"，"在任何工作中，我们既要讲两点论，又要讲重点论，没有主次，不加区别，眉毛胡子一把抓，是做不好工作的"。在统筹推进"五位一体"总体布局和协调推进"四个全面"战略布局中，要充分运用"两点论"和"重点论"相统一，为实现中华民族伟大复兴中国梦提供战略支撑和动力源泉。

2. 正确认识把握"两点论"与"重点论"的矛盾分析法

治国理政是涉及方方面面因素的系统工程，其各系统、要素之间关系复杂。治理好一个国家，必须统筹兼顾各种因素的相互作用，娴熟驾驭各种复杂局面。然而，任何一个时代的人不可能穷尽一切因素，掌握所有的问题，并会受到各种客观条件的制约。"两个布局"中，"五位一体"是中国共产党伴随着建设中国特色社会主义实践的深化所形成的，"四个全面"是党在新时代把握我国发展新特征确定的治国理政新方略，集中体现了党和国家事业长远发展的战略目标和举措。"两个布局"的形成，标志着党对中国特色社会主义建设规律的把握达到了一个前所未有的新高度。只有掌握科学方法，才能在统筹推进"五位一体"总体布局、协调推进"四个全面"战略布局的实践中做到统筹方方面面因素，以此促进现代化建设各方面协调发展，不断开拓生产发展、生活富裕、生态良好的文明发展道路。

习近平总书记非常重视在实践中运用矛盾分析法的原理和方法，"必

---

① 习近平：《辩证唯物主义是中国共产党人的世界观和方法论》，《求是》2019 年第 1 期。

须在把情况搞清楚的基础上，统筹兼顾、综合平衡，重点突出、带动全局"①。在统筹推进"五位一体"总体布局和协调推进"四个全面"战略布局中必须正确认识把握"两点论"与"重点论"的矛盾分析法，掌握辩证思维能力。辩证思维能力就是承认矛盾、分析矛盾、解决矛盾，善于抓住关键、找准重点、洞察事物发展规律的能力。这就指出了辩证思维的两个基本方面——"两点论"和"重点论"。

坚持"两点论"，就是在认识复杂事物发展过程时，既要看到主要矛盾，又要不忽略次要矛盾；在认识某一矛盾时，既要看到矛盾的主要方面，又要不忽略矛盾的次要方面。如果看到主要矛盾和矛盾的主要方面，忽略了次要矛盾和矛盾的次要方面，就会犯"一点论"的错误。坚持"重点论"，就是在认识复杂事物的发展过程中，要着重抓住主要矛盾；在研究某一矛盾时，要着重把握矛盾的主要方面。如果主次不分，不抓重点，平均使用力量，就会导致"均衡论"。"两点论"和"重点论"是互相包含、内在统一的。坚持"两点论"和"重点论"的统一，就是看问题、办事情既要全面，又要善于抓重点。

3. 在"两点论"与"重点论"的统一中不断前进

建设富强民主文明和谐美丽的社会主义现代化强国，一直都是近几代中国人矢志不渝追求的梦想和目标。党的十八大以来，以习近平同志为核心的党中央为实现中华民族伟大复兴的中国梦，在坚持社会主义根本原则不动摇的基础之上，不断丰富发展理论、实践，续写新时代新篇章，提出要统筹推进中国特色社会主义事业"五位一体"总体布局，协调推进"四个全面"战略布局。这"两个布局"都是立足于中国现实国情，对过去中国改革开放40多年的经验总结和升华。进入新发展阶段，统筹推进"五位一体"总体布局和协调推进"四个全面"战略布局要坚持"两点论"与"重点论"的统一。

---

① 《习近平谈治国理政》，外文出版社2014年版，第102页。

一方面，要坚持长远目标与阶段任务的有机统一。党的十八大报告指出："建设中国特色社会主义，总依据是社会主义初级阶段，总布局是五位一体，总任务是实现社会主义现代化和中华民族伟大复兴。"这表明，"五位一体"是站在与总依据和总任务同一个高度上的，围绕的是社会主义现代化和中华民族伟大复兴的总目标，其基本依据是我国仍处于社会主义初级阶段，也就是说"五位一体"总体布局覆盖整个社会主义初级阶段；而任务内容涉及中国特色社会主义事业建设的方方面面，也就是围绕初级阶段的基本纲领对国家经济、政治、文化、社会、生态文明展开进一步具体化的建设。"四个全面"战略布局从字面就可以看出"战略"一词含有阶段性的意思，是为实现社会主义现代化强国和中华民族伟大复兴的阶段性目标而设立的，为实现全面建成小康社会和全面建设社会主义现代化国家这两个阶段性目标提供发展动力、法律保证和政治保障。

另一方面，要坚持整体规划和重点推进的有机统一。"五位一体"作为中国特色社会主义事业的总体布局，从字面上看，它的重点在"一体"两个字上，而反观"四个全面"则更加着眼于"全面"。中国特色社会主义社会是全面发展、全面进步的社会，"五位一体"总体布局是中国特色社会主义事业发展的行动纲领，其实质就是社会全面发展问题，简单地说就是方向问题，即引导我们理解什么是社会主义现代化的经济建设、政治建设、文化建设、社会建设和生态文明建设。"四个全面"战略布局的核心要义在于"全面"，即全面的思路和举措，而且关键目标指向是从实现全面建成小康社会转变为全面建设社会主义现代化国家。"五位一体"总体布局是社会主义现代化全面建设的客观要求，将贯穿社会主义发展过程始终。"四个全面"作为战略目标与战略举措有机统一的整体性发展战略布局，为"五位一体"的全面建设抓住了关键环节、强化了重点领域。

第三章 统筹推进"五位一体"的战略实践

中国特色社会主义事业总体布局是经济建设、政治建设、文化建设、社会建设、生态文明建设"五位一体",是党对中国特色社会主义事业作出的全面规划、整体部署,是党对社会主义建设规律在实践和认识上不断深化的重要成果。

改革开放以来,随着党对社会持续发展和中国特色社会主义事业认识的不断深化,中国社会主义事业总体布局从物质文明、精神文明"两位一体",转变为经济、政治、文化建设"三位一体",再到经济、政治、文化、社会建设"四位一体",直到党的十八大将生态文明建设纳入事业总体布局,最终形成了"五位一体"总体布局。"五位一体"的总体布局体现了党对我国社会发展规律和中国特色社会主义建设规律的新认识。新时代新征程,我们要深刻把握"五位一体"总体布局,不断谱写中国特色社会主义事业发展新篇章。

一、"五位一体"的战略内涵

"五位一体"总体布局是有机统一、不可分割、相辅相成、相互促进的有机整体。其中,经济建设是根本,政治建设是保障,文化建设是灵魂,社会建设是条件,生态文明建设是基础。习近平总书记指出:"强调总布局，是因为中国特色社会主义是全面发展的社会主义。"① 只有继续坚持全面推进、协同发展"五位一体"总体布局，才能进一步把我国建设成为富强民主文明和谐美丽的社会主义现代化强国。

（一）经济建设是根本

中国特色社会主义经济建设是建设中国特色社会主义的根本。经济建设是一个国家强大的根基，只有把"地基"打好，国家才能富强，民族才能兴旺，没有强大的经济建不成强大的国家，更无法实现中华民族伟大复兴的中国梦。

从我国现代化发展历程来看，经济建设是我国现代化建设的基础，是社会发展进步的物质支撑，许多社会矛盾和社会性问题的解决都要紧紧依靠经济建设。《中共中央关于认真学习宣传贯彻党的二十大精神的决定》明确指出："在经济建设上，要完整、准确、全面贯彻新发展理念，加快构建新发展格局，着力推动高质量发展，构建高水平社会主义市场经济体制，建设现代化产业体系，全面推进乡村振兴，促进区域协调发展，推进高水平对外开放，推动经济实现质的有效提升和量的合理增长。"

在全面建设社会主义现代化国家、向第二个百年奋斗目标进军新征程上，我们要认真学习领会高质量发展的深刻内涵和实践要求，全面贯彻习近平新时代中国特色社会主义思想，坚定不移把思想和行动统一到以习近平同志为核心的党中央决策部署上来，切实把推动高质量发展的要求贯彻到经济社会发展的全过程各领域。党的二十大报告强调："高质量发展是全面建设社会主义现代化国家的首要任务。发展是党执政兴国的第一要务。没有坚实的物质技术基础，就不可能全面建成社会主义现代化强国。"

---

① 《紧紧围绕坚持和发展中国特色社会主义　学习宣传贯彻党的十八大精神》，《人民日报》2012 年 11 月 19 日。

社会主义市场经济体制作为中国特色社会主义经济建设的重要组成部分。在全面建设社会主义现代化国家的新征程上，我们必须坚持社会主义市场经济改革方向，只有继续坚持构建高水平社会主义市场经济体制，才能为高质量发展提供更好的体制保障。当前，我国经济已转向高质量发展阶段，推动高质量发展是遵循经济发展规律、保持经济持续健康发展的必然要求，是适应我国社会主要矛盾变化、解决发展不平衡不充分问题的必然要求，是有效防范化解各种重大风险挑战、以中国式现代化全面推进中华民族伟大复兴的必然要求。

（二）政治建设是保障

中国特色社会主义政治建设是建设中国特色社会主义的保障，没有政治建设作为保障，就不可能实现中国特色社会主义。党的二十大报告明确指出："必须坚定不移走中国特色社会主义政治发展道路，坚持党的领导、人民当家作主、依法治国有机统一。"

改革开放以来，中国共产党团结带领全国人民成功开创并始终坚持了走中国特色社会主义政治发展道路。在轰轰烈烈的改革开放实践中，我国创造了世所罕见的"两大奇迹"。"在人类文明发展史上，除了中国特色社会主义制度和国家治理体系外，没有任何一种国家制度和国家治理体系能够在这样短的历史时期内创造出我国取得的经济快速发展、社会长期稳定这样的奇迹。"[①] 这一前无古人的伟大实践和伟大成就与我国政治建设的坚强保障是分不开的。

《中共中央关于认真学习宣传贯彻党的二十大精神的决定》明确指出："在政治建设上，要发展全过程人民民主，加强人民当家作主制度保障，全面发展协商民主，积极发展基层民主，巩固和发展最广泛的爱国统一战

---

① 习近平：《坚持和完善中国特色社会主义制度推进国家治理体系和治理能力现代化》，《求是》2020 年第 1 期。

线。"中国特色社会主义政治建设必须坚定不移走中国特色社会主义政治发展道路,坚持党的领导、人民当家作主、依法治国有机统一。坚持党的领导、人民当家作主、依法治国三者的有机统一是推进社会主义现代化的必然要求,是发展社会主义民主政治的必然要求,是走中国特色社会主义政治发展道路的必然要求,是实现中华民族伟大复兴中国梦的必然要求。2014年9月,习近平总书记在庆祝全国人民代表大会成立60周年大会上的讲话中指出:"一个国家的政治制度决定于这个国家的经济社会基础,同时又反作用于这个国家的经济社会基础,乃至于起到决定性作用。"坚持党的领导、人民当家作主、依法治国三者的有机统一正彰显了我国社会主义政治制度的特殊优势和强大生命力。

坚持党的领导是中国特色社会主义政治建设的关键所在,党的领导是实现中华民族伟大复兴的根本保证。"中华民族近代以来180多年的历史、中国共产党成立以来100年的历史、中华人民共和国成立以来70多年的历史都充分证明,没有中国共产党,就没有新中国,就没有中华民族伟大复兴。"[1] 在实现中华民族伟大复兴的历史征程上,我们党团结带领人民创造了新民主主义革命的伟大成就、社会主义革命和建设的伟大成就、改革开放和社会主义现代化建设的伟大成就、新时代中国特色社会主义的伟大成就。在面对新冠疫情这一新中国成立以来发生的传播速度最快、感染范围最广、防控难度最大的一次重大突发公共卫生事件,以习近平同志为核心的党中央的坚强领导、统筹推进的正确实践再次证明,"中国共产党所具有的无比坚强的领导力,是风雨来袭时中国人民最可靠的主心骨"[2]。历史和现实告诉我们,中国共产党领导是应对重大风险挑战、战胜一切艰难险阻的根本保证;是实现中华民族伟大复兴的根本保证。坚持党的领导是党和国家的根本所在、命脉所在,是全国各族人民的利益所系、命运所

---

① 习近平:《在庆祝中国共产党成立100周年大会上的讲话》,《求是》2021年第14期。
② 《习近平谈治国理政》第四卷,外文出版社2022年版,第101页。

系，是中国特色社会主义政治建设的关键所在。

现如今，中国已全面建成小康社会，正向着第二个百年奋斗目标迈进，进一步推进社会主义政治建设，依然是提升国家治理效能的基础，是全面建设社会主义现代化国家的重要支撑和保障。

（三）文化建设是灵魂

文化是民族之魂，也是国家之魂。没有社会主义文化繁荣发展，就没有社会主义现代化；没有高度的文化自信，就没有中华民族的伟大复兴。习近平总书记明确指出："文化是一个国家、一个民族的灵魂。文化兴国运兴，文化强民族强。"[①] 中华民族的伟大复兴不仅需要强大的物质力量，更需要强大的精神力量。政治是骨骼，经济是血肉，文化是灵魂，文化对人类社会发展起着巨大的作用。从根本上说，文化是由经济决定的，经济力量为文化力量提供发挥效能的物质平台。然而，任何经济又离不开文化的支撑：文化赋予经济发展以深厚的人文价值，使人的经济活动与动物的谋生行为有质的区别；文化赋予经济发展以更强的竞争力，先进文化能够与生产力中最活跃的因素——劳动力相结合，极大地提高劳动力的素质，人类改造自然、取得财富的能力会成大幅提升。文化力量对政治制度、政治体制的导向和引领作用十分明显。一定社会的文化环境，对生活其中的人们产生着同化作用，进而化作维系社会、民族的生生不息的巨大力量。要化解人与自然、人与人、人与社会的各种矛盾，必须依靠文化的熏陶、教化、激励作用，发挥先进文化的凝聚、润滑、整合作用。

中国特色社会主义文化建设作为我国"五位一体"总体布局的重要组成部分，贯穿经济建设、政治建设、社会建设、生态文明建设的全过程。回望历史，自建党以来，我国人民群众虽历经磨难但在党的领导下依旧团

---

① 习近平：《决胜全面建成小康社会　夺取新时代中国特色社会主义伟大胜利》，《人民日报》2017 年 10 月 28 日。

结统一、奋勇前行，这与中华文化中蕴含的伟大民族精神，与中国特色社会主义文化建设是分不开的。

当前，中国进入新时代，是从"富起来"走向"强起来"的时代，是中国社会主义主要矛盾发生转变的时代，是中国日益走近世界舞台中央、为全球发展承担更多责任的时代。习近平总书记明确强调："无论哪一个国家、哪一个民族，如果不珍惜自己的思想文化，丢掉了思想文化这个灵魂，这个国家、这个民族是立不起来的。"① 我们要继续坚持中国特色社会主义文化建设，用中国特色社会主义文化引领出中华民族伟大复兴的未来。《中共中央关于认真学习宣传贯彻党的二十大精神的决定》明确指出："在文化建设上，要推进文化自信自强，建设社会主义文化强国，建设具有强大凝聚力和引领力的社会主义意识形态，广泛践行社会主义核心价值观，提高全社会文明程度，繁荣发展文化事业和文化产业，增强中华文明传播力影响力，铸就社会主义文化新辉煌。"

（四）社会建设是条件

中国特色社会主义社会建设是建设中国特色社会主义的条件。《中共中央关于党的百年奋斗重大成就和历史经验的决议》指出，"必须以保障和改善民生为重点加强社会建设，在幼有所育、学有所教、劳有所得、病有所医、老有所养、住有所居、弱有所扶上持续用力，加强和创新社会治理，使人民获得感、幸福感、安全感更加充实、更有保障、更可持续"。有效的社会治理、良好的社会秩序不仅是各领域建设发展的前提条件，更是事关人民群众的美好生活、社会的和谐发展、维护和促进社会公平正义的重要条件。

《中共中央关于认真学习宣传贯彻党的二十大精神的决定》明确指出：

---

① 《从延续民族文化血脉中开拓前进　推进各种文明交流交融互学互鉴》，《人民日报》2014 年 9 月 25 日。

"在社会建设上，要坚持在发展中保障和改善民生，扎实推进共同富裕，完善分配制度，实施就业优先战略，健全社会保障体系，推进健康中国建设，不断实现人民对美好生活的向往。"要实现人民对美好生活的向往需要继续坚持中国特色社会主义社会建设。当前，中国特色社会主义进入新时代，我国社会主要矛盾已经转变为人民日益增长的美好生活需要和不平衡不充分的发展之间的矛盾。"不平衡不充分的发展"虽然涉及各个领域，但主要围绕在民生问题上。解决好民生中不平衡、不充分发展的问题，补齐民生短板，促进社会公平正义，提升人民的生活质量，增强人民的获得感、幸福感，最终达到满足人民对美好生活的向往是社会建设的重中之重。发展为了人民、发展依靠人民、发展成果由人民共享是新时代社会建设的出发点和落脚点；也是检验社会建设工作质量和成效的最高标准。

社会建设作为建设中国特色社会主义的条件，有助于支撑经济、政治、文化、生态文明建设各方面的发展。特别是在经济建设方面，社会建设关系着有效拉动内需、推动我国经济增长。"通过民生建设和富民政策，不断提高人民群众的收入水平和生活质量，大力培育国内消费市场，从而使我国经济的长期、持续和快速增长。"① 国家通过社会建设在民生领域的投入有助于提升人民群众的消费能力，随着社会资源向数量庞大的中低收入者转移，也能够在一定程度上有效拉动内需，从而促进经济发展。

（五）生态文明建设是基础

生态文明建设，是关系人民福祉、关乎民族未来的长远大计。加强生态文明建设是中国特色社会主义的经济、政治、文化和社会建设的基础。马克思指出，"人的肉体生活和精神生活同自然界相联系"，"人是自然界的一部分"②，强调了人与自然的和谐共生。《中共中央关于认真学习宣传

---

① 李培林：《完善社会建设　增进民生福祉》，《前线》2010年第3期。
② 《马克思恩格斯文集》第一卷，人民出版社2009年版，第161页。

贯彻党的二十大精神的决定》中明确指出："在生态文明建设上，要推进美丽中国建设，加快发展方式绿色转型，深入推进环境污染防治，提升生态系统多样性、稳定性、持续性，积极稳妥推进碳达峰碳中和，促进人与自然和谐共生。"

人与自然的共生关系说明了人类社会发展离不开自然界，人类社会发展史历史的发展，揭示了人与自然和谐发展对人类社会发展的重要作用。从人类文明发展的过程来看，虽然马克思、恩格斯认为人类文明经历了原始文明、农业文明、工业文明的发展过程，但在他们的语境中，"文明"更多是特指在资本主义生产方式创造下的工业文明。资本主义所创造的文明由于资本主义特有的生产方式以及资本增殖的内在逻辑会导致人与自然之间处于敌对状态，人与自然的矛盾不断激化，进而产生生态危机。伴随资本在全球范围内的扩张，生态危机逐渐成为整个人类社会发展的危机。由此可见，在马克思、恩格斯看来，人与自然互动中所形成的生态文明是人与人互动中形成的经济、政治、文化等文明的基础，前者是维持后者发展的基本条件。正是基于这一认识，马克思、恩格斯在《1844 年经济学哲学手稿》中对未来社会初步描绘时就指出，"社会是人同自然界的完成了的本质的统一，是自然界的真正复活，是人的实现了的自然主义和自然界的实现了的人道主义"。这表明实现人与自然的和谐发展是未来社会的基本内容，也揭示了只有加强生态文明建设，人类文明才能得以存续和发展。

习近平总书记多次强调生态文明建设关乎中华民族的未来和中华民族的永续发展。只有把生态文明的"地基"打好，中国特色社会主义的经济、政治、文化和社会的建设才能"起高楼"。中国特色社会主义的经济、政治、文化和社会的建设是建立在生态文明建设之上的，必须树立尊重自然、顺应自然、保护自然的生态文明理念，把生态文明建设放在突出地位，融入经济建设、政治建设、文化建设、社会建设各方面和全过程，努力建设美丽中国，实现中华民族永续发展。"我们要加强生态文明建设，牢固树立绿水青山就是金山银山的理念，形成绿色发展方式和生活方式，把我们伟大祖国建设得更加美丽，让人民生活在天更蓝、山更绿、水更清的优美环境之中。"①

二、"五位一体"的实践举措

（一）建设现代化经济体系

1. 推进供给侧结构性改革，加强创新驱动发展，提升经济质量和效益

推进供给侧结构性改革和加强创新驱动发展，提升经济质量和效益，是我国当前的重要任务。这一战略的目标在于适应新时代经济发展的要求，推动经济向高质量发展转变，为人民提供更好的生活条件和发展机会。

供给侧结构性改革强调优化供给结构、提高生产要素配置效率和资源利用效率。中国积极推进降低企业税费负担、简化行政审批、优化营商环境等改革举措，为企业发展提供更好的创新创业环境和发展机遇。此外，政府还加大了对传统产业转型升级的支持力度，推动产业结构的优化和升级，提高供给结构的质量和效益。

创新驱动发展则着重通过科技创新和技术进步引领经济增长，提高经济的质量和效益。中国加大了对科技创新的支持力度，通过推动科技成果转化、鼓励企业加大研发投入等举措，提升自主创新能力和核心竞争力。同时，政府也鼓励大众创业、万众创新，培育创新创业氛围，激发全社会的创造力和创新潜能。

当前，我国的供给侧结构性改革和创新驱动发展已经取得了丰硕成果。一方面，企业的生产效率和核心竞争力不断提升，市场主体活力得到

---

① 习近平：《论坚持全面深化改革》，中央文献出版社 2018 年版，第 519 页。

激发，经济增长保持了稳定的态势；另一方面，科技创新取得了重大突破，涌现出一批具有国际竞争力的科技企业和创新型企业。这些成果为我国经济转型升级提供了强大动力，为实现高质量发展奠定了坚实基础。

推进供给侧结构性改革和加强创新驱动发展仍面临一些挑战和任务。我国将进一步深化改革，推动市场化、法治化改革，破除体制机制障碍，激发市场活力。同时，政府将加大科技创新力度，加强知识产权保护，培育创新人才。

2. 以新发展理念引领高质量发展

新发展理念是习近平经济思想的主要内容，引领着我国实现高质量发展。新发展理念强调创新、协调、绿色、开放、共享的发展理念，旨在推动我国经济迈向更加可持续、高质量的发展道路。

创新是新发展理念的核心要素之一。我国鼓励创新创业，加大科技研发投入，推动科技创新和转化应用，提升产业技术水平。政府出台一系列支持政策，鼓励企业加大研发投入，培育创新型企业和高新技术产业。同时，政府积极推动创新创业教育，培养创新人才，为创新创业提供良好的环境和条件。

协调发展是新发展理念的重要方向之一。我国注重协调区域发展和产业结构调整，推动城乡区域协调发展，缩小城乡和地区间的发展差距。政府推动城市规划和建设，注重产业布局的合理性，促进城乡一体化发展。同时，政府积极推动产业结构升级，加强跨行业、跨地区的协同发展，推动产业链、供应链的优化和升级。

绿色发展是新发展理念的重要内容之一。我国重视生态环境保护，积极推动绿色低碳发展。政府加大环境治理力度，加强污染防治，推动能源结构调整，加大清洁能源开发和利用，提高资源利用效率。政府出台一系列环保政策，鼓励绿色技术创新和绿色产业发展。同时，政府加强生态文明建设宣传教育，提高全民生态环保意识，促进公众参与到环保行动中。

开放发展是新发展理念的重要原则之一。我国坚持对外开放的基本国策，积极参与全球经济合作与竞争。政府推动贸易自由化和投资便利化，加强知识产权保护，提升市场准入便利度。政府积极参与国际合作，加强与其他国家和地区的经济合作，推动共同发展。政府鼓励企业走出去，开展国际合作，拓展海外市场，增加对外投资。同时，政府还积极参与全球治理，推动构建开放型世界经济，推进经济全球化进程。

共享发展是新发展理念的核心理念之一。我国致力于实现经济发展成果的更加公平共享。政府加强社会保障体系建设，扩大社会保障覆盖面，提高社会保障水平。政府推动教育、医疗、文化等公共服务均等化，提供公平的机会和条件。政府还加大扶贫工作力度，努力实现贫困人口脱贫致富，促进社会全面发展。

我国在实现新发展理念引领高质量发展方面取得了显著成效。经济保持了稳定较快增长，创新能力不断提升，绿色发展取得了积极进展。同时，我国的对外开放不断扩大，积极参与全球经济合作与竞争，为世界经济增长注入了新动力。更重要的是，我国的发展成果实现了更加公平共享，改善了人民群众的生活水平。

3. 构建以国内大循环为主体、国内国际双循环相互促进的新发展格局

构建以国内大循环为主体、国内国际双循环相互促进的新发展格局是我国当前的重要发展目标。这一发展理念的提出，旨在推动我国经济转型升级，提升内外循环的有机结合，实现经济高质量发展和全面建设社会主义现代化国家的目标。

国内大循环强调以国内市场为主导，通过扩大内需、增强消费能力和潜力，促进经济的稳定增长。中国出台一系列政策举措，推动消费升级，扩大中等收入群体，提高居民收入水平，激发居民消费潜力。同时，政府加大基础设施投资力度，提升城乡基础设施建设水平，改善人民群众的生活条件。此外，政府鼓励创新创业，培育新兴产业和消费热点，促进科技创新与产业发展的有机结合。

国内国际双循环强调国内外市场的互动与互补。中国积极参与全球经济合作，推动贸易自由化和投资便利化，加强与其他国家和地区的经济合作。政府鼓励企业走出去，开展对外投资，加强与"一带一路"国家的合作，推动互利共赢。同时，政府加强知识产权保护，提高企业的创新能力和国际竞争力，促进高质量的对外贸易。

我国在构建新发展格局方面已经取得了积极进展。国内市场逐步发展壮大，消费需求不断增加，成为全球最大的消费市场之一。国内经济体系不断完善，创新能力不断提升，高新技术产业蓬勃发展。同时，我国积极参与全球治理，加强与其他国家的经济合作，为构建开放型世界经济作出了重要贡献。

然而，我国在构建新发展格局的过程中也面临一些挑战和困难。国内市场仍然存在一些结构性问题，消费能力和消费结构需要进一步提升。外部环境不确定性增加，国际贸易摩擦加剧，对外投资面临一些风险。因此，需要进一步加大改革开放力度，深化供给侧结构性改革，推动经济结构优化和转型升级。在国内大循环方面，政府应加强基础设施建设，提高数字化和智能化水平，促进产业链、供应链的优化和升级。同时，鼓励创新创业，培育新动能，推动传统产业向高质量发展转型，推进科技创新与产业融合，提升经济的竞争力和创造力。

在国内国际双循环方面，政府应进一步优化营商环境，降低企业成本，提供更好的市场准入和投资保护机制，吸引更多外资和技术引进。同时，加强知识产权保护，提高自主创新能力，推动科技成果转化和国际合作。政府还可以加强与"一带一路"国家的合作，推动互联互通，拓展贸易合作，共同开拓新的增长空间。

在构建以国内大循环为主体、国内国际双循环相互促进的新发展格局中，我国需要进一步加强政策的整合和协调，形成政策的合力效应。政府部门之间要加强沟通协作，形成一盘棋的合力，共同推动新发展格局的形成和发展。同时，政府还要加强与社会各界的合作，发挥市场在资源配置中的决定性作用，鼓励企业和个人创新创业，激发全社会的活力和创造力。

总之，构建以国内大循环为主体、国内国际双循环相互促进的新发展格局是我国当前的重要任务。在我国实际做法的指导下，政府将继续加大改革开放力度，优化营商环境，推动供给侧结构性改革，提高经济的质量和效益。通过积极推动内外循环的有机结合，我国将实现经济高质量发展、提高人民生活水平的目标，为构建人类命运共同体作出新的贡献。

（二）走中国特色社会主义政治发展道路

1. 加强党的领导，推进党的建设和党的治理能力现代化

党的领导是党的最鲜明特征，也是我们党的最大优势。党的领导是中国特色社会主义事业的保证，是实现中华民族伟大复兴的根本保证。在新时代，加强党的领导、推进党的建设和党的治理能力现代化始终是我们党重要目标之一。

党的建设是推进党的领导的基础，是党的事业兴旺发达的关键所在。我们要长期坚持党的全面领导，不断加强党的组织建设，培养一支忠诚干净担当的党的干部队伍。我们要坚定不移地推进党的思想建设，加强党性教育，加强党员队伍建设，使党的全体成员始终保持共产主义远大理想和中国特色社会主义共同理想的坚定信念。同时，我们要强化党的纪律建设，严明党的政治纪律和政治规矩，坚决反对和纠正形式主义、官僚主义和享乐主义等不良风气，提高党的领导水平和执政能力。

党的治理能力现代化是适应新时代要求的必然要求。我们要不断增强党的创造力、凝聚力和战斗力，做到驾驭时代潮流、推动时代发展。在推进党的治理能力现代化的过程中，我们要加强制度建设，完善党的组织体系，提高党的领导水平和能力。我们要深入推进依法治国，加强法治思维和法治意识，坚持依法执政、依法行政，使党的领导具有更加科学、规范、高效的特点。我们还要加强党的群众工作，增强党与人民群众的血肉

联系，做到密切联系群众、真心为民、勇于担当，以人民的满意为标准衡量我们的工作。

加强党的领导，推进党的建设和党的治理能力现代化，是我们党在新时代面临的重大任务和历史责任。我们必须增强政治意识、大局意识、核心意识和看齐意识，坚决贯彻党的领导核心，坚决维护党中央权威和集中统一领导。我们要始终保持清醒头脑，牢记党的初心使命，不忘记我们党是为人民谋幸福、为民族谋复兴而存在的根本宗旨。在实践中，我们要坚持稳中求进工作总基调，坚持新发展理念，坚持以供给侧结构性改革为主线，全面深化改革开放，不断推动经济社会发展取得新的更大成就。

2. 建设法治社会，加强法治体系建设和法治宣传教育

我国作为社会主义法治国家，一直高度重视法治建设。在法治体系建设方面，不断完善法律法规体系，强调依法治国的基本方略，加大宪法和法律的保障力度。习近平总书记在多个场合反复强调，要以宪法为核心，推动全面依法治国，使法治覆盖国家治理各个领域和各个环节。我国还加强司法改革，推进审判制度改革、公证制度改革等，以提高司法公正性和效率。

同时，我国重视法治宣传教育，深入开展各类法治宣传活动。我国通过多种渠道，如媒体、互联网、宣传教育活动等，广泛宣传法律知识，提高公民的法律意识和法律素养。特别是在青少年法治教育方面，加强学校法治教育，推动法治理念融入教育课程，引导青少年树立正确的法律观念和法治意识。此外还注重法治文化建设，通过举办法治讲座、法治展览等形式，弘扬法治精神，促进法治理念的深入人心。

党的十八大以来，我国的法治实践取得了显著成就。依法治国的理念已经深入人心，法治观念逐渐根植于社会各个方面。法律的适用和司法公正得到了不断加强，为人民群众提供了更加公正、便捷的司法服务。法治宣传教育的不断深入，使公民法律意识逐渐提升，法律遵从意识得到普遍增强。

3. 推进国家治理体系和治理能力现代化，提高政府治理效能

推进国家治理体系和治理能力现代化，提高政府治理效能，是中国不断追求的目标。以适应时代需求为导向，采取了一系列务实有效的措施，推动国家治理体系不断完善，提高政府治理效能。

首先，注重加强制度建设。我国积极推进法治建设，通过完善法律法规体系，确立权力运行的规范和边界，强化法治意识。加强法治宣传教育，提高公民法律意识和法治素养。同时，坚持依法行政，加强政府行为的规范和透明度，提高政策制定和执行的科学性和合法性。

其次，注重推进政府治理创新。积极推动"放管服"改革，简化行政审批流程，优化营商环境，提高政府服务效能。倡导政务公开，推进电子政务建设，提供便利的在线服务，提高政府与民众的互动和沟通效率。同时，注重加强政府机构的职能调整和优化配置，提高政府的决策能力和执行能力。

最后，注重发挥社会力量的作用。积极推动社会治理创新，鼓励社会组织参与公共事务管理，加强社会治理的协同和合作。鼓励公众参与决策过程，广泛征求民意，增加决策的科学性和民主性。同时，加强社会信用体系建设，引导公民诚信守法，促进社会诚信环境的形成。

我国的实践表明，推进国家治理体系和治理能力现代化，提高政府治理效能，需要坚持问题导向、改革创新。中国将继续深化改革，破除行政壁垒，推进政府职能转变，加强政府能力培养和提升。同时，将积极探索和应用新技术，推动数字化和智能化在治理中的应用，提高治理效能和效率。

综上所述，中国在推进国家治理体系和治理能力现代化方面持续努力，不断探索创新，取得了积极成效。我们将坚定不移地推进改革开放，加强法治建设，优化政府服务，并继续加强社会治理创新，以提高国家治理体系和治理能力的现代化水平。我们将继续推动政府职能转变，从单一的行政管理者向服务提供者和社会协调者转变，通过激发市场活力和社会

创新力，推动经济社会发展。

（三）推动中国特色社会主义文化繁荣兴盛

1. 加强中华优秀传统文化传承和创新，弘扬社会主义核心价值观

加强中华优秀传统文化传承和创新，弘扬社会主义核心价值观，是我国在文化建设领域持续努力的重要方向。我国结合自身实际，采取一系列措施，致力于传承和发展中华优秀传统文化，以及培育和弘扬社会主义核心价值观。

第一，中国拥有悠久灿烂的中华优秀传统文化，如儒家思想、道家哲学、佛教文化等，蕴含着丰富的思想智慧和道德伦理。为了加强传承，我国积极推动中华优秀传统文化的研究与挖掘，开展学术研究和人才培养，通过出版、展览、演出等形式，向公众普及和传播中华传统文化的精髓。同时，注重将传统文化融入教育体系，培养青年一代对传统文化的认同和热爱。

第二，我国注重在传统文化中创新，使之与时俱进。积极推动文化创意产业发展，鼓励艺术家和创作者创作具有我国特色的作品，注重传统文化与现代艺术的融合，使传统文化焕发出新的活力和魅力。此外，还鼓励民间文化的传承和发展，重视民间艺术、民间音乐、传统手工艺等的保护和传承，使传统文化成为人民群众生活的一部分。

第三，积极弘扬社会主义核心价值观，培育社会主义核心价值观的时代精神和社会共识。在教育、媒体、文艺等领域推广社会主义核心价值观，强调爱国、敬业、诚信、友善等核心价值观的重要性，引导人们树立正确的世界观、人生观和价值观。此外，还通过开展公益事业、志愿服务等活动，倡导奉献、互助、共享的社会价值观，推动社会公德、职业道德、家庭美德的传承和践行。

我国的实践证明，加强中华优秀传统文化传承和创新，弘扬社会主义核心价值观，是实现中华民族伟大复兴的重要支撑和内在力量。

2. 推动文化产业发展，提高文化产品的质量和国际竞争力

推动文化产业发展，提高文化产品的质量和国际竞争力，是我国在实际行动中不断追求的目标。我国充分认识到文化产业对经济发展的重要性，采取了多项举措来促进文化产业的发展和提升文化产品的质量和竞争力。

一是实施了政策支持和创新引领的策略。国家出台了一系列支持文化产业发展的政策措施，包括减税政策、财政扶持、知识产权保护等，为文化企业提供了良好的发展环境。同时，鼓励文化企业与科技企业合作，推动文化与科技的深度融合，培育了一批具有创新意识和技术实力的文化企业。

二是注重人才培养和引进。建立了一批高水平的文化艺术院校和研究机构，为文化从业人员提供优质的教育和培训资源，培养了大批专业人才。同时，积极引进国际优秀的文化人才和项目，借鉴国际先进经验和理念，推动我国文化产业的国际化发展。

三是注重创新文化的内容和形式。鼓励文化企业加大原创力度，提升文化产品的创新能力。通过挖掘中华优秀传统文化的精髓和创新表达方式，文化产品展现了独特的文化符号和故事，吸引了国内外观众的关注和喜爱。同时，文化企业也积极采用新技术和新媒体，开发数字化、互动性强的文化产品，满足了不同受众的需求。

四是注重市场拓展和国际合作。积极推动文化产品的市场拓展，建立了一批专业的文化交易市场和文化产业园区，提供便利的交易和合作平台，促进了文化产品的销售和推广。同时，加强与国际间的文化交流与合作，举办各类文化展览、艺术节、电影节等活动，推动中国文化的走出去，提升了文化产品的国际竞争力。

通过这些实际做法，我国的文化产业得到了快速发展和提升。文化产品不仅在国内市场受到广泛认可和欢迎，也在国际舞台上展现出强大的竞争力和影响力。中国的电影、电视剧、音乐、文学作品等文化产品逐渐走出国门，为世界各地的观众带来了独特的艺术体验和文化价值。

3. 加强文化事业和文化设施建设，满足人民群众的精神文化需求

加强文化事业和文化设施建设，满足人民群众的精神文化需求，是我国不懈努力的方向。中国积极推动文化事业的发展，注重提高文化产品的质量和创新力，以满足人民群众对多样化、个性化文化产品的需求。

首先，中国致力于加强文化设施的建设和改善。政府大力投资兴建各类文化设施，如博物馆、图书馆、剧院、艺术中心等，将文化的普及和体验延伸到各个地区和社区。建设了一批现代化的大型博物馆，如故宫博物院、上海博物馆等，为人民群众提供了展示和学习文化艺术的平台。

其次，中国致力于提升文化产品的质量和创新力。政府鼓励文化企业进行创新研发，推动文化产业与科技、数字技术的深度融合。电影、电视剧、音乐、文学等文化产品在技术、制作和内容上不断创新，为人民群众带来更加精彩纷呈的文化享受。同时，政府加强版权保护，鼓励原创作品的创作和传播，保护了创作者的合法权益。

最后，中国注重文化的普及和推广，弘扬社会主义核心价值观。政府积极开展文化宣传和教育活动，通过文化节庆、艺术展览、文化交流等形式，将优秀传统文化与现代价值观相结合，向人民群众传递正能量和积极向上的思想观念。还鼓励人民群众积极参与文化创造和传承，培养文化创意人才，激发人民群众的创造力和创新精神。

未来，我国将继续加强文化事业和文化设施建设，以更好地满足人民群众的精神文化需求。将继续加大对文化设施的投资，促进公共文化服务的覆盖面和质量不断提升。同时，政府将进一步引导和支持文化企业加大创新投入，推动文化产品的质量和竞争力的提高。

（四）在发展中保障和改善民生

1. 推进社会公平正义，加强收入分配制度改革，缩小贫富差距

推进社会公平正义，加强收入分配制度改革，缩小贫富差距，是我国

坚持的重要任务和实践方向。要积极采取综合措施，致力于构建公平合理的收入分配体系，促进社会公平和经济可持续发展。

一是加强税收制度改革。通过适度调整税率结构，减轻中低收入人群的税收负担，提高富裕群体的税收贡献，实现税收的公平分担。同时，加强税收征管，打击税收违法行为，确保税收收入的合法性和公正性。

二是重视优化收入分配结构，提高中低收入群体的收入水平。通过推进就业优先战略，扩大就业规模，提高劳动者的就业机会和收入水平。政府积极推动最低工资标准的提高，并加强对工资支付的监管，保障劳动者的合法权益。此外，加强农村经济发展，提高农民收入，缩小城乡收入差距。政府还加大对弱势群体的扶持力度，通过社会救助、社会保障等政策，保障其基本生活需求。

三是注重提高社会保障水平，确保基本公共服务的均等化。政府加大对教育、医疗、养老等领域的投入，提供普惠性公共服务，使每个人都能享受到公平的社会福利。积极推进农村教育、健康扶贫、养老保险等项目，努力弥补不同地区和群体之间的福利差距，促进社会公平正义。

四是加强对收入分配领域的监管和调控，打击非法收入、不正当竞争等行为，维护市场经济的公平竞争环境。政府持续加强社会保障制度建设，提高社会保障水平，保障人民群众的基本生活需求。

近年来，我国贫困人口大幅减少，收入分配格局逐步优化，中低收入群体收入稳步增长。我国经验表明，通过改革完善收入分配制度，可以进一步加强社会公平正义，加强收入分配制度改革，缩小贫富差距的努力。

2. 加强社会保障体系建设，提高基本公共服务水平

推动社会保障体系建设和提高基本公共服务水平是我国长期以来致力于建设和发展的重要任务。我国在这方面采取了积极的实践，旨在提升人民群众的社会福利，满足其基本需求。

第一，致力于建设全面覆盖的社会保障体系。这一体系包括养老保险、医疗保险、失业保险和低保等多个方面，旨在为人民提供全方位的社

会保障。通过不断完善制度框架、扩大覆盖范围和提高保障水平，确保人民在面对退休、医疗和失业等风险时能够得到必要的保障和支持。

第二，注重提升基本公共服务的质量和可及性。在教育领域，大力发展义务教育，推进城乡教育均衡发展，提供优质的教育资源。在医疗领域，实施了全民医保制度，加大医疗卫生体系建设，提高医疗服务水平和覆盖范围。此外，还加大文化事业和体育事业的发展力度，提供丰富多样的文化活动和公共设施，满足人民群众的精神文化需求。

第三，注重农村地区的社会保障和基本公共服务。通过加强农村社会保险制度建设，推进农村养老保险和医疗保险覆盖范围的扩大，提高农民的社会保障水平。同时，加大对农村基础设施的投入，改善农村教育、医疗、交通等基本公共服务条件，缩小城乡差距，促进农村地区的发展和社会稳定。

为推进社会保障体系建设和提高基本公共服务水平，我国还加强政策法规的制定和落实，加大财政投入和资源配置的力度，推动政府部门协同合作，加强监督和评估机制。同时，注重培养和引进专业人才，提升社会保障和基本公共服务的管理能力和技术水平。

我国在推动社会保障体系建设和提高基本公共服务水平方面，采取了多项具体的实际做法，取得了显著的成效。这些实践措施有助于促进社会公平正义、提升人民群众的生活质量，并推动社会的稳定和可持续发展。

3. 推动教育、医疗、就业等领域的发展，改善人民生活质量

推动教育、医疗、就业等领域的发展，改善人民生活质量，是我国一直以来的重要任务。我国在实践中以提高教育质量、优化医疗服务和促进就业机会，不断改善人民的生活状况。

在教育领域，我国重视提高教育质量和促进教育公平。政府加大对教育的投入，提高教育资源配置，改善学校基础设施条件。实施九年制义务教育制度，普及教育，确保每个孩子都能接受基本的教育。同时，加强教育改革，推动素质教育，注重培养学生的综合能力和创新精神。此外，还

加强教师培训，提高教师素质，为优质教育提供人才支持。

在医疗领域，我国致力于提供优质的医疗服务和保障人民健康。政府加大对医疗卫生事业的投入，提高医疗资源配置和医疗服务水平。实施了全民医保制度，不断扩大覆盖范围，提高医疗保障水平，减轻人民医疗费用负担。同时加强基层医疗服务体系建设，提高基层医疗机构的能力和服务质量。还注重发展中医药事业，保护和传承中医药文化，为人民提供多元化的医疗选择。

就业是改善人民生活质量的重要途径之一，我国积极推动就业机会的增加和就业环境的改善。政府制定并实施了一系列就业政策，鼓励创业创新，支持中小微企业发展，为人民提供更多就业机会。加大对职业培训和技能提升的投入，提供多样化的培训项目，提高劳动者的职业素质和竞争力。同时政府鼓励灵活就业和新型就业形态的发展，包括自由职业、共享经济和远程办公等，满足人民多样化的就业需求。

总的来说，我国在推动教育、医疗、就业等领域的发展方面，进行了一系列有益的探索，切实改善了人民的生活质量。

（五）建设美丽中国

1. 推进绿色发展，加强环境保护和生态建设

推进绿色发展、加强环境保护和生态建设是我国的重要任务。党的十八大以来，在以习近平同志为核心的党中央领导下，我国开展了丰富的生态文明实践，以促进可持续发展，保护环境和建设美丽中国。

一是制定并实施了一系列环境保护政策和法规。这些政策包括加强环境污染治理和监管措施，推动企业转型升级，实施清洁生产和循环经济，减少环境污染和资源浪费。加强对环境审批和监测的管理，确保企业的环境行为符合法规要求。政府加大对环境基础设施建设的投资，提高水处理、废弃物处理和大气污染治理等设施的建设和运营水平。

二是注重生态保护和生态修复。政府积极推进生态保护红线划定和自

然保护区建设，保护珍稀物种和生态系统的完整性。加大了对森林、湿地、草原等生态系统的保护力度，采取退耕还林还草等措施，恢复植被，改善生态环境。政府还注重水资源保护和水生态修复，加强对水污染的治理和水资源的合理利用。

中国通过加强环境保护和生态建设，推进绿色发展，致力于实现可持续发展目标。中国将继续努力，在环境保护和生态文明建设方面取得更大的进展，为人民提供更好的生态环境和改善人民的生活质量。

2. 推动能源革命，加大清洁能源开发和利用

能源革命，即加大清洁能源开发和利用，是我国在能源领域的重要举措。我国高度重视能源问题，通过一系列实际做法致力于实现能源的可持续发展，提高能源利用效率，减少对传统能源的依赖，推动绿色低碳经济的发展。

一方面，在可再生能源领域取得了重大突破。政府大力发展风电、太阳能、水力等可再生能源，通过政策支持和投资引导，推动可再生能源的装机容量快速增长。我国已成为全球最大的可再生能源生产和消费国家，不断提升清洁能源的供应比重，减少对传统化石能源的依赖。

另一方面，积极推进能源结构转型。政府采取了一系列措施促进能源生产和消费方式的改变。一是加快煤炭清洁利用和煤电联产，提高燃煤发电的效率，减少大气污染物的排放。二是大力推进天然气、核能等清洁能源的发展，降低碳排放和环境污染。三是鼓励能源存储技术的创新和应用，提高能源利用的灵活性和效率。

我国还加大了能源节约和能效提升的力度。政府推动能源管理体制改革，建立能源消费监测和评估机制，加强对能源消耗的监管和控制。积极推广节能技术和产品，鼓励企业和居民采取节能措施，提高能源利用效率。同时，注重能源科技创新，加大对清洁能源技术研发和示范项目的支持力度，推动能源科技与产业的深度融合。

我国在能源革命中积极推动国际合作，加强与其他国家和国际组织的交流与合作。我国倡导构建人类命运共同体，积极参与全球能源治理，推动国际能源合作和可持续能源发展。积极参与国际能源组织和倡议，如联合国可持续能源行动和国际能源署等，共同应对全球能源挑战。

我国能源革命的实际做法为经济可持续发展和环境保护提供了坚实基础。清洁能源的发展和利用不仅为中国经济提供了稳定、可持续的能源支持，还推动了绿色低碳产业的发展，创造了大量就业机会。能源节约和能效提升不仅降低了企业和居民的能源成本，还减少了对有限资源的压力，提高了资源利用效率。

总之，中国在能源革命方面取得了显著成就，致力于实现能源可持续发展和绿色低碳转型。中国的实际做法为其他国家提供了宝贵的经验和启示，共同应对全球能源挑战，推动可持续发展和建设清洁、美丽的世界。

3. 加强生态文明建设宣传教育，提高全民生态环保意识

加强生态文明建设宣传教育，提高全民生态环保意识，是我国在生态保护和可持续发展方面的重要举措。中国高度重视生态文明建设，通过一系列实际做法，致力于推动公众对环境保护的认知和行动，培养全民的生态环保意识和责任感。

一是积极推进生态文明建设的宣传教育。政府加大宣传力度，通过多种媒体平台、公益广告、文化活动等形式，向公众普及生态环境保护的知识和重要性。政府组织举办各类主题宣传活动，如"绿色中国行"等，引导公众亲近自然、保护环境。同时，政府鼓励媒体、教育机构、社会组织等多方参与，共同传递环保理念，推动生态文明建设。

二是加强教育体系中的生态环保教育。政府将生态文明建设纳入教育课程体系，将环境保护知识纳入学校教学内容，培养学生的环保意识和环境责任感。学校开展生态文明建设教育活动，组织参观实地、开展社区环保实践等，让学生亲身体验和参与到环保行动中。政府加强对教师的培

训，提高他们的环保教育水平，激发他们对生态文明建设的热情，将环保理念传递给学生。

三是注重社会组织和志愿者的参与。政府积极支持和鼓励环保组织、非政府组织、志愿者团体等积极参与生态文明建设的宣传教育工作。政府提供相关政策支持和经费资助，加强与社会组织的合作，共同推动生态环保意识的普及和提升。志愿者团体在社区、学校、企事业单位等开展各类环保活动，通过宣传、培训、实践等方式，促进全民的环保行动。

中国在加强生态文明建设宣传教育方面采取了一系列切实有效的措施，取得了显著成效。通过政府的努力，公众对生态环保的认知和理解逐渐加深。

三、"五位一体"的实践成效

百年沧桑巨变，汇聚成历史的大江大河，以习近平同志为核心的党中央，以伟大的历史主动精神、巨大的政治勇气、强烈的责任担当，采取一系列战略性举措，推进一系列变革性实践，实现一系列突破性进展，取得一系列标志性成果，经受住了来自政治、经济、意识形态、自然界等方面的风险挑战考验，党和国家事业取得历史性成就、发生历史性变革，推动我国迈上全面建设社会主义现代化国家新征程。

党的十八大以来，在以习近平同志为核心的党中央的正确领导下，坚持稳中求进工作总基调，完整、准确、全面贯彻新发展理念，加快构建新发展格局，全面深化改革开放，坚持创新驱动发展，推动高质量发展，新时代推进总体布局与战略布局，取得了历史性成就。

（一）经济发展：提质增效引领新常态

党的十八大以来，我国经济结构调整和转型升级持续加快，共享经济、跨境电商、智慧医疗等新产业新业态新模式加速成长，去产能、去库存、去杠杆、降成本、补短板的改革综合效应逐渐显现，经济增长的质量和效益进一步提升，实现了持续稳中向好发展。党的二十大报告也明确指出，"我国经济实力实现历史性跃升，国内生产总值从五十四万亿元增长到一百一十四万亿元，我国经济总量占世界经济的比重达百分之十八点五，提高七点二个百分点，稳居世界第二位；人均国内生产总值从三万九千八百元增加到八万一千元"。

"经济总量和人均水平实现新突破。2021年，我国国内生产总值（GDP）相较2020年增长8.1%，两年平均增长5.1%，在全球主要经济体中名列前茅；经济规模突破110万亿元，达到114.4万亿元，稳居全球第二大经济体。人均GDP突破8万元。2021年我国人均GDP达到80976元，按年平均汇率折算达12551美元，超过世界人均GDP水平。"①

在新时代高质量发展阶段下，制造业作为我国经济发展的支柱，持续发挥其作为稳定器的作用，为工业化发展作出贡献，不断推动制造业转型升级，取得了一系列的显著成就："其一，制造业产业结构升级加快，制造业发展向好。2021年制造业增加值31.4万亿元，相较2020年增长9.8%，占GDP的比重为27.4%，相较2020年提高1.1个百分点，主要工业产品产量稳居世界首位。其二，制造业数字化转型全面提速，电力生产能力提升。2021年末全国发电装机容量达23.8亿千瓦，相较2020年末增长7.9%。信息通信网络不断加强，服务能力稳步提升。2021年末全国移动电话基站数996万个，其中5G基站达143万个；蜂窝物联网终端用户13.99亿户，相较2020年末增加2.64亿户；全年移动互联网用户接入流量2216亿GB，相较2020年增长33.9%。其三，制造业创新能力明显提升，基础前沿领域取得重大原创成果，祖冲之二号、九章二号成功研

---

① 《中华人民共和国2021年国民经济和社会发展统计公报》，中国政府网，2021年2月28日。

制，在超导量子和光量子两种物理体系上实现量子计算优越性。战略高科技取得新进展，'天问一号'开启火星之旅，'羲和号'实现太阳探测零的突破，'神舟十三号'与'天和'核心舱成功对接，'海斗一号'全海深潜水器打破多项世界纪录。2021年我国国家创新能力综合排名上升至世界第12位。"①

2020年11月，习近平总书记在浦东开发开放30周年庆祝大会上的讲话中指出："科学把握新发展阶段，坚决贯彻新发展理念，服务构建新发展格局，坚持稳中求进工作总基调，勇于挑最重的担子、啃最硬的骨头。"近年来，供给侧结构性改革作为新时代我国经济改革方面的重大制度创新，是当前历史阶段推进经济发展方式转变的重要途径，通过去产能、去库存、去杠杆、降成本、补短板等这一系列改革途径，加快实现我国经济实力和综合国力的提升。面对疫情，我国针对小微企业、制造企业的减税降费新举措，包括小规模纳税人税收优惠政策等陆续落地，收到实效。通过一系列的政策举措，供给侧结构性改革取得了优异的成果，供求关系的改变，刺激了国民消费欲望，提升了国内消费水平，促进经济发展稳步推进。

党的十九大以来，我国重大工程建设迎来重大进展。"其一，2021年中国造船业新接订单量位居世界第一，全球权威研究机构的最新统计表明，2021年中国船舶企业新接订单量965艘2280万吨，以近50%的市场份额位居世界第一。中国船舶工业再次保持世界第一的纪录，说明中国造船工业在中高端船型方面的市场占有率进一步提升。其二，长江'大跨越'特高压白江线湖北段开展放线施工，即将于今年7月投产发电的白鹤滩水电站电力外送大通道正在加紧建设。白江线成功投运后，大量水电清洁能源将源源不断地输送至华东地区。这次大跨越是湖北段唯一跨越长江

---

① 盛来运：《逆境中促发展 变局中开新局——〈2021年国民经济和社会发展统计公报〉评读》，《中国统计》，2022年第3期。

的施工，1358 米的档距使得放线施工难度加大。其三，重庆至黔江高铁首座千米以上隧道贯通，全线首座千米以上隧道——寒坡岭隧道，在2022 年元旦期间安全贯通，全线贯通后渝东南武陵山少数民族集聚区不通高铁的历史将终结。重庆至黔江高铁全线桥梁和隧道的比例高达92.5%，仅 53 座隧道的长度就超过了 209 公里，属于典型的西南艰险山区高速铁路。"①

（二）民主政治：凝聚起同心筑梦的磅礴力量

党的十八大以来，以习近平同志为核心的党中央坚持党的领导、人民当家作主、依法治国有机统一，健全人民当家作主制度体系，推动人民民主更加广泛、更加充分、更加健全，全过程人民民主不断发展，中国特色社会主义民主政治理论体系和话语体系进一步完善，为人类政治文明提供了新的政治叙事、赋予人类民主政治新的活力。党的二十大报告指出："我们坚持走中国特色社会主义政治发展道路，全面发展全过程人民民主，社会主义民主政治制度化、规范化、程序化全面推进，人民当家作主更为扎实，全面依法治国总体格局基本形成。"

习近平总书记反复强调，道路问题是关系党的事业兴衰成败第一位的问题。中国特色社会主义政治发展道路，是中国共产党领导中国人民在长期实践中走出的一条正确之路，是中国共产党领导中国人民不断推进社会主义民主政治的制度化、规范化、程序化的一条正确道路。中国特色社会主义政治发展道路在当代日益展现出独特的政治优势和光明的发展前景。

中国特色社会主义政治发展道路坚持和完善人民代表大会制度，通过人大代表作为联系群众的纽带，正确反映社情民意、为解决人民生活各方面问题建言献策、依法施行权利义务，为保证国家权力体现人民的意志。

① 《新发展新突破　我国重大工程建设迎来重大进展》，央视网，2022 年 1 月 4 日。

协商民主作为中国社会主义民主政治中独特的、独有的、独到的民主形式。近年来，全国政协和政府的互动越来越多，一些政协会议上政协委员甚至会"抢麦"提问政府部门负责人，促进政务公开和社会监督的开放性与有效性。值得一提的是，政协建立了应用型智库和参政议政人才库，旨在为高质量履职建言献策提供支持；政协委员还借助移动履职平台 App 等工具线上网络议政、远程协商，拓展民主协商新方式，同时加强专门协商机构建设，凝聚多方智慧与力量。

中国特色社会主义政治发展道路坚持和完善中国特色社会主义法律体系，为不断推进全面依法治国夯实了底气。党的十八大以来，法治政府建设换挡提速，依法行政工作已经驶入快车道，结出累累硕果——依法用权日益严格，百姓痛恨的"特权"不再任性、执法越来越规范；政务生态日益清朗，依法决策正在成为常态、法治已成为全社会最大公约数；百姓法治获得感日益增强，行政审批结束"长途旅行""互联网＋"的办事助力便民利民、百姓办事不再跑断腿。我国司法改革也进入了新篇章，在过去常出现起诉难、胜诉难、执行难，"信访不信法""小闹小解决、大闹大解决、不闹不解决"等不正常现象，而现在干预司法记录、通报和责任追究制度制定实施、知识产权法院、最高人民法院巡回法庭、跨行政区划法院检察院设立、社会信用体系建设步伐不断加快。

在新时代中国特色社会主义政治制度的不断完善和发展下，中国形成了"有事好商量，众人的事情由众人商量"的良好民主政治环境。现如今，每个中国公民都能通过扫描数字化方式，参与各地政协"互联网＋"参政议政平台、农村村民自治和城市居民自治等基层民主管理方式不断完善创新，这些"新"民主政治途径也正体现了中国特色社会主义政治发展道路的独特优势。正如习近平总书记所指出的："我们的主要历史任务是完善和发展中国特色社会主义制度，为党和国家事业发展、为人民幸福安康、为社会和谐稳定、为国家长治久安提供一整套更完备、更稳定、更管用的制度体系。"①

（三）文化建设：凝心聚力增强自信

中国共产党文化建设并不是无本之木，它既源于中华优秀传统文化，又源于马克思主义。中华文明传承五千年，形成了博大精深的优秀传统文化、革命文化和社会主义先进文化，正如习近平总书记在庆祝中国共产党成立 95 周年大会上的讲话中指出的："当今世界，要说哪个政党、哪个国家、哪个民族能够自信的话，那中国共产党、中华人民共和国、中华民族是最有理由自信的。"

党的十八大以来，以习近平同志为核心的党中央高度重视文化建设。习近平总书记鲜明提出坚定文化自信的重要论断，将文化自信纳入中国特色社会主义"四个自信"、将文化建设纳入"五位一体"总体布局统筹推进，阐明文化建设"四个重要"的地位作用，特别是在继承"二为"方向、"双百"方针基础上，提出创造性转化、创新性发展原则，首次提出"坚持把马克思主义基本原理同中国具体实际相结合、同中华优秀传统文化相结合"，进一步丰富和发展了党的文化文艺工作方针。党的十九届五中全会明确提出到 2035 年建成文化强国的宏伟目标。随着国家的不断发展，中华民族的文化自信心有了显著的提高，习近平总书记指出"中国已经可以平视这个世界了"。

新时代文化建设取得一系列成就可以总结为五个方面。第一，习近平新时代中国特色社会主义思想深入人心。我们始终坚持马克思主义在意识形态领域指导地位这一根本制度，这也是文化领域的根本制度。深入开展习近平新时代中国特色社会主义思想学习教育，编辑出版《习近平谈治国理政》《习近平新时代中国特色社会主义思想学习纲要》《习近平新时代中国特色社会主义思想学习问答》等权威著作和辅导读本，建好用好新时

---

① 《习近平关于全面深化改革论述摘编》，中央文献出版社 2014 年版，第 27 页。

代文明实践中心、县级融媒体中心和"学习强国"学习平台，坚持不懈用科学理论武装全党、教育人民，广大干部群众对这一思想理解更加深入、践行更加自觉。第二，主流思想舆论持续巩固壮大。坚持团结稳定鼓劲、正面宣传为主，围绕中国共产党成立 100 周年、中华人民共和国成立 70 周年、改革开放 40 周年等重大历史节点，隆重组织系列庆祝和纪念活动；聚焦决胜全面建成小康社会、决战脱贫攻坚、抗击新冠疫情等重大决策部署，精心组织系列重大主题宣传，在全党全社会营造了爱党爱国爱社会主义的浓厚氛围。第三，社会主义核心价值观广为弘扬。坚持以社会主义核心价值观引领文化建设，广泛开展中国特色社会主义和中国梦宣传教育，持续深化群众性精神文明创建，大力培育时代新人、弘扬时代新风。特别注重发挥榜样引领作用，为英雄模范颁授党和国家功勋荣誉，评选表彰一大批道德模范、时代楷模和最美人物，形成了见贤思齐、崇德向善、争当先锋的良好风尚。第四，人民群众文化需求得到更好满足。我们坚持以人民为中心的工作导向，大力繁荣文艺创作生产，先后推出了电影《我和我的祖国》《长津湖》、电视剧《觉醒年代》《山海情》等一批精品力作。我们积极推进城乡公共文化服务体系一体建设，深入实施文化惠民工程，推动中华优秀传统文化创造性转化、创新性发展，建设长城、大运河、长征、黄河等国家文化公园，为人民群众提供了更为丰富、更有营养的"精神食粮"。第五，可信可爱可敬的中国形象更加鲜亮。我们加强对外文化交流和多层次文明对话，举办亚洲文明对话大会，开展中国文化年、旅游年、感知中国、欢乐春节、经典著作互译等活动。积极构建多主体、立体化大外宣格局，推动文化交流互鉴，促进民心相通相融，积极向世界讲好中国故事、传播好中国声音，我国国际话语权和影响力显著提升。

（四）民生改善：让人民有更多幸福感

中国共产党人的初心和使命，就是为中国人民谋幸福，为中华民族谋复兴。"人民对美好生活的向往，就是我们的奋斗目标。"习近平总书记在党的二十大报告指出："我们深入贯彻以人民为中心的发展思想，在幼有所育、学有所教、劳有所得、病有所医、老有所养、住有所居、弱有所扶上持续用力，建成世界上规模最大的教育体系、社会保障体系、医疗卫生体系，人民群众获得感、幸福感、安全感更加充实、更有保障、更可持续，共同富裕取得新成效。"

生命权是最基本的人权。改革开放以后，新中国在医疗卫生领域进行了巨大的改革，建立起能够确保广泛人口准入的有效医疗卫生体系。医疗卫生体系的成功建立是中国取得一次又一次抗疫胜利的关键，正是由于完备的医疗卫生体系的构建，中国才能够有效地应对新冠疫情。除了医疗健康的保障，中国共产党人一直密切关注人民食品安全问题。"民以食为天，食以安为先"，食品安全问题关系人民群众的切身利益。维护食品安全是关系民生的大事，更是政治任务。近年来，为了保障人民群众的健康和食品加工业的国际化，中国完善了食品安全管理和监督的法律体系，加快了食品安全法规和食品安全标准的国际化进程。除了启动《中华人民共和国食品安全法》的修订程序，同时还公布了一系列加强食品安全立法和相关政策的措施。

教育是民生和社会治理的重要范畴，中国共产党人一直致力于推动建立惠及全民的更高水平和更公平的教育体系。教育是民生大计，文化兴，民族兴，新中国成立初期，教育是极其薄弱的，全国人口中的80%是文盲，我国最初的教育目标就是扫除文盲，让大家都能识字、看报、读书。扫盲运动的高潮一直持续到20世纪50年代末，政府开办了各种类型的实习学校，扫盲工作取得明显成效。经过几十年的努力，现在我国九年制义务教育全面普及，素质教育、优质教育被提到议事日程并日益得到重视。党的十八大以来，在学前教育、九年制义务教育、普通高中教育、职业教育、高等教育等方面都制定了有针对性的政策，全面推进幼有所育，学前教育向公益、普惠性迈进，九年义务教育得到全面普及，高中教育趋向特色发展，高等教育由大众化迈向普及化阶段，基本满足了人民大众对教育的不同需求，我国人民的思想道德素质和科学文化素质全面提升，极大地提高了人民群众的教育成就感和满意度。

聚焦人民群众最关心最直接最现实的利益问题，各级党委、政府坚持以人民为中心的发展思想，千方百计增加居民收入，全面加强社会建设，完善社会保障网，构筑起人民群众实实在在的获得感、幸福感、安全感。居民收入与经济增长基本同步。2021 年全国居民人均可支配收入 35128元，相较 2020 年实际增长 8.1%，快于人均 GDP 增速，与 GDP 增速同步。脱贫县居民收入快速增长。2021 年，脱贫县农村居民人均可支配收入14051 元，相较 2020 年名义增长 11.6%，实际增长 10.8%，快于全国农村居民人均可支配收入增速。

教育文化体育繁荣发展。教育发展持续提升。2021 年，九年义务教育巩固率、高中阶段毛入学率均相较 2020 年提高 0.2 个百分点。文化服务不断改善。2021 年，我国公共图书馆、博物馆、文化馆分别达到3217 个、3671 个、3317 个；全国规模以上文化及相关产业企业营业收入相较 2020 年增长 16.0%。全民健身条件持续改善。2021 年末，全国体育场地 397.1 万个，相较 2020 年末增加 25.8 万个；人均体育场地面积达到2.41 平方米。竞技体育成绩亮眼。2021 年，我国运动员在 16 个运动大项中获得 67 个世界冠军，共创 12 项世界纪录。[①]

健康中国稳步推进。医疗卫生力量继续加强。2021 年末，全国医疗卫生机构、医疗卫生机构床位、卫生技术人员分别为 103.1 万个、957 万张、1123 万人，分别相较 2020 年末增加 0.8 万个、47 万张、55 万人。新型冠状病毒肆虐两年多以来，我国疫苗接种工作有序推进，核酸检测能力大幅提升，建立起强大的生命安全防线。截至 2021 年底，全国累计报告

---

① 盛来运：《逆境中促发展　变局中开新局——〈2021 年国民经济和社会发展统计公报〉评读》，《中国统计》2022 年第 3 期。

接种新型冠状病毒疫苗 28.4 亿剂次，新型冠状病毒核酸总检测能力达4168 万份/天。

社会保障网织密织牢。2021 年末全国基本养老保险覆盖超 10 亿人，基本医疗保险覆盖超 13 亿人。其中，城镇职工基本养老保险、城乡居民基本养老保险、基本医疗保险参保人数分别为 48075 万人、54797 万人、136424 万人，相较 2020 年末分别增加了 2454 万人、554 万人、293 万人。住房保障和供应体系建设稳步推进。2021 年全国各类棚户区改造开工 165 万套，基本建成 205 万套；保障性租赁住房开工建设和筹集 94 万套。①

中国共产党人始终关注人民出行问题，党的十八大以来，中国交通深入推进供给侧结构性改革，进入了高质量发展的新时代。基础设施方面，综合交通网络规模和质量实现跃升，有力服务和支撑经济社会持续健康发展。"2021 年新建高速铁路投产里程、新改建高速公路里程分别达2168 公里、9028 公里。截至 2021 年底，全国铁路营业里程突破 15 万公里，其中高铁超过 4 万公里，全国铁路完成固定资产投资 7489 亿元，其中国家铁路完成 6616 亿元，投产新线 4208 公里，其中高铁 2168 公里，全面完成了年度铁路建设任务。"② 优先发展城市公共交通，交通运输基本公共服务均等化水平加快升级，公众高品质出行需求逐步满足，极大地保障和改善了民生。

（五）生态文明：绿水青山就是金山银山

"绿水青山就是金山银山"的科学论断早在 2005 年 8 月习近平同志视察浙江湖州安吉时就已提出。2017 年 10 月，习近平总书记在十九大报告中指出，坚持人与自然和谐共生，必须树立和践行绿水青山就是金山银山

---

① 盛来运：《逆境中促发展　变局中开新局——〈2021 年国民经济和社会发展统计公报〉评读》，《中国统计》2022 年第 3 期。
② 《时光列车"跑"出中国铁路新跨越》，中国政府网，2022 年 1 月 4 日。

的理念，坚持节约资源和保护环境的基本国策。2020 年 3 月，时隔 15 年后，习近平总书记回到浙江安吉县余村考察时强调，实践证明，经济发展不能以破坏生态为代价，生态本身就是经济，保护生态就是发展生产力。2021 年 10 月，习近平总书记在《生物多样性公约》第十五次缔约方大会领导人峰会视频讲话中提出："绿水青山就是金山银山。良好生态环境既是自然财富，也是经济财富，关系经济社会发展潜力和后劲。我们要加快形成绿色发展方式，促进经济发展和环境保护双赢，构建经济与环境协同共进的地球家园。"习近平总书记的"两山"理论，不仅体现了马克思主义的辩证观点，同时还高屋建瓴地指出经济与生态在演进过程中的相互关系，深刻揭示了经济社会发展的基本规律。

过去我国为经济快速发展积累了大量的生态问题，其中主要聚集在三个方面。其一，水污染。2014 年 3 月 14 日，环保部发布首个全国性大规模调查，结果显示，中国有 2.8 亿居民使用不安全饮用水。国土资源部网站发布的调查结果显示，华北平原浅层几乎已无 I 类地下水；需经专门处理后才可利用的 V 类地下水占 56.55% 以上。《2011 中国国土资源公报》公布的全国 200 个城市、4727 个水质监测点结果显示，较差、极差级水比例过半，中国地下水质量状况不容乐观。其二，空气污染。官方数据调查显示，2013 年，我国中东部大部分地区出现严重雾霾天气，面积一度达到 143 万平方千米。雾霾所及，覆盖 25 个省份、100 多个大中型城市，全国平均雾霾天数达 29.9 天。蓝天似乎成了奢侈。其三，土地污染。据新华每日电讯 2006 年的报道，"我国土壤污染的总体形势相当严峻，已对生态环境、食品安全、百姓身体健康和农业可持续发展构成威胁。全国受污染的耕地约有 1.5 亿亩，污水灌溉污染耕地 3250 万亩，固体废弃物堆存占地和毁田 200 万亩，合计约占耕地总面积的 1/10 以上。全国每年因重金属污染的粮食达 1200 万吨，造成的直接经济损失超过 200 亿元。土壤污染造成有害物质在农作物中积累，并通过食物链进入人体，引发各种疾病，最终危害人体健康"。

党的十八大以来，生态文明建设纳入了中国"五位一体"建设总体布局，"美丽中国"成为生态文明建设的目标。2017 年 3 月，第十二届全国人大第五次会议上，李克强同志在政府工作报告中提出"蓝天保卫战"。2018 年，中共中央、国务院印发《关于全面加强生态环境保护坚决打好污染防治攻坚战的意见》，提出坚决打赢蓝天保卫战，着力打好碧水保卫战，扎实推进净土保卫战，并确定了到 2020 年三大保卫战具体指标，全国 PM2.5 未达标地级及以上城市浓度比 2015 年下降 18% 以上，地级及以上城市空气质量优良天数比率达到 80% 以上；全国地表水一类至三类水体比例达到 70% 以上，劣五类水体比例控制在 5% 以内；近岸海域水质优良（一、二类）比例达到 70% 左右；二氧化硫、氮氧化物排放量比 2015 年减少 15% 以上，化学需氧量、氨氮排放量减少 10% 以上；受污染耕地安全利用率达到 90% 左右，污染地块安全利用率达到 90% 以上。

生态文明建设各方面都已有成效。"从 2021 年 1 月 1 日零时起，长江流域重点水域开始实行 10 年禁渔。在大气污染防治战中，我国京津冀及周边地区、汾渭平原累计完成散煤治理约 2500 万户，全国淘汰 2400 多万辆黄标车、老旧车，229 家钢铁企业 6.2 亿吨粗钢产能完成或正在实施超低排放改造，全面整治散乱污企业及集群，许多地方的钢铁、煤炭等落后产能被淘汰等。蓝天保卫战成效持续显现。随着京津风沙源治理、三北防护林建设和沙化土地封禁保护区试点等重点生态工程实施，我国生态保护和治理力度不断加大，土地沙化总体实现了从扩展到缩减的历史性转变。20 世纪 80 年代至今，我国森林覆盖率由 12% 提高到 23.04%，森林蓄积量由 90.28 亿立方米提高到 175.6 亿立方米，人工林面积居全球第一。全国城市建成区绿化覆盖率由 10.1% 提高到 41.11%，人均公园绿地面积由 3.45 平方米提高到 14.8 平方米，城乡人居环境明显改善。中华大地上的绿色越来越多，城乡环境越来越美。我国生态文明建设体制机制更加完善，国土空间开发保护格局更加优化，资源能源利用效率持续提升，绿色发展方式和生活方式进一步普及。污染防治力度加大，重大生态保护和修复工程成效显著，生态环境明显改善。"①

---

① 《美丽中国，渐行渐近——我国生态文明建设成就综述》，中国政府网，2021 年 6 月 9 日。

第四章　协调推进"四个全面"的战略实践

统筹推进"五位一体"总体布局与协调推进"四个全面"战略布局是一个有机整体，走出了中国式现代化道路，创造了人类文明新形态。在全面建成小康社会进而开启全面建设社会主义现代化国家新征程上，"四个全面"战略布局将更显示其理论和实践的强大力量。"四个全面"战略布局，是中国共产党站在新的历史起点上把握我国发展新特征的治国理政新方略，是新时代条件下进一步推进改革开放和社会主义现代化建设、坚持和发展中国特色社会主义的战略抉择。

一、"四个全面"的战略内涵

"四个全面"战略布局是一个有机的系统，是中国特色社会主义新时代的战略顶层设计。而每个"全面"又是一个小系统，各自由不同的元素构成。从战略维度分析其内涵，每个"全面"都具有重大战略意义，大体可以从战略定性、战略定位、战略目标、战略措施、战略谋划五个层面来进行解析。

（一）从全面建成小康到全面建设社会主义现代化国家

1. 战略定性：全面建成小康社会的"跃升"

全面建设社会主义现代化国家是"小康社会"建设到一定阶段所发生的"质变"。中国共产党带领全国各族人民实现现代化，总是遵循着从一个阶段性目标到另一个阶段性目标的逐层推进，前一个阶段性目标为后一个阶段性目标奠定基础，后一个阶段性目标是前一个阶段性目标的延续和发展，实现无缝连接。恩格斯指出："每一个时代的理论思维，从而我们时代的理论思维，都是一种历史的产物，它在不同的时代具有完全不同的形式，同时具有完全不同的内容。"① 2020 年党的十九届五中全会明确指出，要协调推进"全面建设社会主义现代化国家、全面深化改革、全面依法治国、全面从严治党"的战略布局，从此，"四个全面"战略布局的目标性内容就从"全面建成小康社会"替换为"全面建设社会主义现代化国家"，新的"四个全面"正式提出。这就表现为一个"变"和三个"不变"，这样一个递进提升，契合改革开放以来中国特色社会主义现代化的奋斗目标及理论体系与时俱进的理论逻辑，契合在全面建成小康社会取得决定性胜利的基础上乘势而上推进全面建设社会主义现代化国家的实践逻辑，契合中国共产党始终坚守为中国人民谋幸福、为中华民族谋复兴的初心和使命，始终团结带领中国人民走出一条"站起来""富起来""强起来"的社会主义现代化建设之路的历史逻辑。② 习近平总书记指出："经过全党全国各族人民持续奋斗，我们实现了第一个百年奋斗目标，在中华大地上全面建成了小康社会，历史性地解决了绝对贫困问题，正在意气风发向着全面建成社会主义现代化强国的第二个百年奋斗目标迈进。"③ 全面建成小康社会被称为 21 世纪最伟大的事件之一，不仅是中国共产党对中国人民承诺的兑现，而且创造了人类社会反贫困事业的伟大奇迹。这里要明确以下几点内容。

第一，"全面建设社会主义现代化国家"是社会主义的现代化。社会主义现代化不是资本主义、个人主义、自由主义或者其他什么主义的现代

---

① 《马克思恩格斯选集》第三卷，人民出版社 2012 年版，第 873 页。

② 冷兆松等：《"四个全面"战略布局的发展创新——从全面建成小康社会到全面建设社会主义现代化国家》，《当代中国史研究》2021 年第 5 期。

③ 习近平：《在庆祝中国共产党成立 100 周年大会上的讲话》，《人民日报》2021 年 7 月 2 日。

化。其最显著标志就是由中国共产党领导的社会主义现代化，虽然具有各国现代化的共同特征，但更具有自己国情的中国特色。中国共产党领导的社会主义现代化统领、统揽、统率"人口规模巨大的现代化、全体人民共同富裕的现代化、物质文明和精神文明相协调的现代化、人与自然和谐共生的现代化、走和平发展道路的现代化"，"一"统"五"的现代化模式彰显中国特色。

第二，"全面建设社会主义现代化国家"是以人民为中心的现代化。社会主义现代化的本质是人的现代化，是人与自然和谐共生的现代化，是推进国家治理现代化的现代化，也是社会更加文明更加进步的现代化。党的二十大报告明确指出，中国式现代化的本质要求有九个方面，即坚持中国共产党领导、坚持中国特色社会主义、实现高质量发展、发展全过程人民民主、丰富人民精神世界、实现全体人民共同富裕、促进人与自然和谐共生、推动构建人类命运共同体、创造人类文明新形态，实质上，这九个方面从不同维度彰显"以人民为中心"的价值理念。

第三，"全面建设社会主义现代化国家"是"富强、民主、文明、和谐、美丽"五个维度齐头并进、协调推进的现代化。也就是要充分体现在坚持以经济建设为中心的同时，全面推进经济、政治、文化、社会、生态文明一体建设的现代化，不是顾此失彼、搞"单打一"的现代化。党的二十大报告强调："从现在起，中国共产党的中心任务就是团结带领全国各族人民全面建成社会主义现代化强国、实现第二个百年奋斗目标，以中国式现代化全面推进中华民族伟大复兴。"这就意味着我们已经迈上了"全面建成社会主义现代化强国"的新征程并成为中心任务。

2. 战略定位：新时代坚持和发展中国特色社会主义的战略安排

第一，建设社会主义现代化强国与实现中华民族伟大复兴是一个过程的两个方面，体现了中华民族的最高利益和根本利益。

第二，我国的现代化不同于西方资本主义国家的现代化，西方发达国家是"串联式"的发展过程，是自然并有序发展的现代化，用了200多年的时间。而我国用几十年时间走过了西方发达国家上百年甚至数百年的发展历程，我们的现代化属于"并联式"的现代化，也就是各个方面都还不成熟，需要齐头并进，其难度、复杂程度都明显高于西方发达国家。

第三，中国实现现代化是人类历史上前所未有的大变革。因为在人类现代化的进程中，已经实现工业化的国家不足30个，人口不过10亿人，而我们国家实现现代化，就意味着现代化人口数将超过所有发达国家的现代化人口总数，不仅是人口最大规模的现代化，而且将创造人类现代化史上的一个奇迹；不仅为中国人民、中国民族作出杰出贡献，而且为社会主义事业、人类社会的发展事业作出积极贡献。

3. 战略目标：富强、民主、文明、和谐、美丽五个维度

富强、民主、文明、和谐、美丽正好与"五位一体"的总体布局、"五大文明"协调发展相对应。具体而言，党的十九届五中全会对社会主义现代化国家进行了素描，展望2035年：（1）我国经济实力、科技实力、综合国力将大幅跃升，关键核心技术实现重大突破，直接进入"创新型国家"前列；（2）建成现代化经济体系，新型工业化、信息化、城镇化、农业现代化基本实现；（3）人民平等参与、平等发展权利得到充分保障，基本实现国家治理体系和治理能力现代化，基本建成法治国家、法治政府、法治社会；（4）国民素质和社会文明程度达到新高度，建成文化强国、教育强国、人才强国、体育强国、健康中国；（5）生态环境根本好转，广泛形成绿色生产生活方式，基本实现美丽中国建设目标；（6）形成对外开放新格局，参与国际经济合作和竞争新优势明显增强；（7）人均国内生产总值达到中等发达国家水平，中等收入群体显著扩大，城乡区域发展差距和居民生活水平差距显著缩小，基本实现公共服务均等化；（8）平安中国建设达到更高水平，基本实现国防和军队现代化；（9）人的全面发展、全体人民共同富裕取得更为明显的实质性进展，人民生活更加美好。九个层面，提纲挈领、疏而不漏，擘画了社会主义现代化国家的美好蓝

图，这就是我们奋斗的目标和努力方向。

4. 战略措施：稳打稳扎与逐级提升

第一，在战略步骤上，分阶段来完成。从 2020 年到 2035 年、从 2035 年到本世纪中叶，也就是从基本实现现代化到建成社会主义现代化强国。2035 年之前，又可以细分为"十四五"规划、"十五五"规划、"十六五"规划，即需要三个"五年规划"来逐步推进。其中，每年又有年度规划来具体实施，这样就保障了"稳扎稳打、步步为营"，一步一个脚印向既定目标进军。

第二，坚持统筹推进"五位一体"总体布局和协调推进"四个全面"战略布局。实际上，"五位一体"总体布局的"五位"就是社会主义现代化国家的五个维度，也就是人类文明新形态的基本内容——物质文明、政治文明、精神文明、社会文明、生态文明"五个文明"的协调发展，这与富强、民主、文明、和谐、美丽一一对应。"四个全面"战略布局中的"全面建设社会主义现代化国家"放在首要位置，其他三个全面就作为手段服务并服从于这个目标。因此，"两个布局"是目标与手段的有机统一，方法与任务的自然契合。

第三，坚持在新发展阶段贯彻新发展理念，构建新发展格局。当今世界正经历百年未有之大变局，必须坚定不移贯彻创新、协调、绿色、开放、共享的新发展理念，统筹发展和安全，加快构建"以国内大循环为主体、国内国际双循环相互促进"的新发展格局，才可能尽量减少甚至避免因国际环境的波动而受到的激烈影响，才可能做到并实现"稳中求进"、行稳致远。

5. 战略谋划："全面建设社会主义现代化国家"是一个过渡阶段

从"全面建成小康社会"到"全面建设社会主义现代化国家"，这是"四个全面"战略布局的第一次升级。根据战略部署，预计到 2035 年，"全面建设社会主义现代化国家"就自然会被替换为"全面建成社会主义现代化强国"，从"建设"到"建成"将是一个质的飞跃，从"国家"到

"强国"同样是一个质的飞跃。因此，"全面建设社会主义现代化国家"只是一个过渡，是承前——"全面建成小康社会"，启后——"全面建成社会主义现代化强国"的重要阶段。

（二）全面深化改革是实现中华民族伟大复兴的关键一招

1. 战略定性："改革开放"的"升级版"

"全面深化改革"是"改革开放"在新时代的"升级版"。全面深化改革的核心是"全面"，意味着涉及经济、政治、文化、社会、生态文明等各个领域；关键是"深化"，意味着之前容易和比较容易的领域都应改尽改了，剩下的都是些难啃的硬骨头。"全面深化改革"突出"全面深化"，"全面"不是顾此失彼的"片面"，"深化"不是停留于"表面"，而是要深入内层、内核，直抵"虎穴"。实际上，只有"全面"才可能做到真正"深化"，只有"深化"才可能真正做到"全面"。全面深化就必须充分考虑改革的整体性、系统性、协同性、前瞻性、艰巨性、坚定性。"全面深化改革"基础是"改革"，无论是从历史还是从现实来看，不改革就不会有任何进步，不进步就意味着落后，观照现实，进步慢了就会落后。"全面深化改革"中的"改革"本身也意味着"开放"，"开放也是改革。以开放促改革、促发展，是我国发展不断取得新成就的重要法宝。……开放带来进步，封闭必然落后。开放是当代中国的鲜明标识"。[1]

2. 战略定位：全面深化改革是新时代坚持和发展中国特色社会主义的根本动力

全面深化改革是新时代坚持和发展中国特色社会主义的根本动力，改革开放不仅是当代中国最鲜明的特色，而且是当代中国共产党人最鲜明的品格。改革开放不仅是决定当代中国命运的关键一招，而且是坚持和发

---

[1] 《习近平新时代中国特色社会主义思想学习纲要》，学习出版社、人民出版社2019年版，第93页。

展中国特色社会主义的必由之路，极大地改变了中国的面貌、中华民族的面貌、中国人民的面貌、中国共产党的面貌。习近平总书记指出："党的十一届三中全会是划时代的，开启了改革开放和社会主义现代化建设历史新时期。党的十八届三中全会也是划时代的，开启了全面深化改革、系统整体设计推进改革的新时代，开创了我国改革开放的全新局面。"① 这两个"三中全会"带来的两个划时代意义，为顺利实现第一个百年奋斗目标从而开启第二个百年奋斗目标起到了决定性的作用。习近平总书记要求各级领导干部和全体党员既当改革的"促进派"，又当改革的"实干家"。

3. 战略目标：完善和发展中国特色社会主义制度，推进国家治理体系和治理能力现代化

党的十八届三中全会明确指出："全面深化改革的总目标是完善和发展中国特色社会主义制度，推进国家治理体系和治理能力现代化。"

一方面，这一总目标虽然分为两句话，但两句话是一个整体，前一句规定了根本方向——完善和发展中国特色社会主义制度；后一句规定了鲜明指向——在根本方向指引下推进国家治理体系和治理能力现代化。从中国特色社会主义制度维度来看，方向决定命运、旗帜引领未来。如果方向错误，就是南辕北辙。如果方向正确了，只要矢志不渝，弘扬钉钉子精神，将一张蓝图绘到底，则必将实现我们的预期目标。分析 20 世纪的东欧剧变的个中原因，并不是马克思主义本身的错误，也不是社会主义本身有什么过错，而是没有正确坚持和发展马克思主义，没有正确理解社会主义和发展社会主义。中国特色社会主义独树一帜，在 21 世纪大放异彩，在新冠疫情防控中更是彰显其"以人民为中心"的制度价值取向优势和中国共产党领导的最大制度优势。因此，"改革不是改向，变革不是变色。

---

① 《习近平新时代中国特色社会主义思想学习纲要》，学习出版社、人民出版社 2019 年版，第 82 页。

……决不能在根本性问题上出现颠覆性错误"①。从推进国家治理体系和治理能力现代化维度看，就是要在根本方向指引下完善和发展中国特色社会主义制度。推进国家治理体系和治理能力现代化就是要解决现有制度及其治理体系的既有问题，尽力消除约束发展的各种体制机制性障碍，建构激发各种创造活力的制度及其治理体系。推进国家治理体系和治理能力现代化，绝不是"西方化""资本主义化"，也不是"自我封闭化"，而是要借鉴人类政治文明有益成果，但决不放弃我国社会主义制度之根本。"根本方向"更多体现为"守正"、重在"是什么"，"鲜明指向"更多体现为"创新"，重在"怎么做"。建设社会主义现代化国家既不能走封闭僵化的老路，也不能走改旗易帜的邪路，"老路"有守正而无创新，"邪路"是有创新而无守正，"老路""邪路"都是死路，唯有坚持守正创新之路才是一条康庄大道！

另一方面，从中国特色社会主义制度的发展历程看，不同的历史阶段有不同的历史任务，可以分"前半程"即建立社会主义基本制度，与"后半程"即完善和发展中国特色社会主义制度两个阶段。"前半程"与"后半程"是一个整体，"前半程"是"后半程"的基础和前提，"后半程"是"前半程"的延续和发展。今天，我们进入了"后半程"，就是要"为党和国家事业发展、为人民幸福安康、为社会和谐稳定、为国家长治久安提供一整套更完备、更稳定、更管用的制度体系"②。这项工程更为复杂，也更为艰辛，但又必须越是艰险越向前，只能进步而不能退步。如此才能推进中国特色社会主义事业取得新的更大的胜利。

4. 战略措施：全面深化改革必须坚持正确的立场观点和方法

第一，成立专门机构，充分发挥领导核心作用。2013 年 12 月 30 日，

---

① 《习近平新时代中国特色社会主义思想学习纲要》，学习出版社、人民出版社 2019 年版，第 86 页。

② 《习近平新时代中国特色社会主义思想学习纲要》，学习出版社、人民出版社 2019 年版，第 84—85 页。

中央成立全面深化改革领导小组。因为全面深化改革牵涉人数多、涉及领域宽、覆盖内容广，这样一个繁杂的系统工程，如果单靠某一个或某几个部门来操作，很难达到我们的预期，为此需要建立一个最高的专门机构来负责改革的总体设计、统筹协调、整体推进、督促落实。这不但可以更好发挥党"总揽全局、协调各方"的领导核心作用，而且可以更好保证改革顺利推进和各项改革任务落实。2018 年 3 月，该机构更名为"中央全面深化改革委员会"。

第二，确立战略立场，保障方向不偏航。无论进行什么样的改革，都必须坚持党对改革的集中统一领导，坚持改革沿着中国特色社会主义方面前进，坚持"以人民为中心"的立场，即全面深化改革要以促进社会公平正义、增进人民福祉为出发点和落脚点，坚持社会主义市场经济的改革方向。我们要把"促进社会公平正义、增进人民福祉作为一面镜子，审视我们各方面体制机制和政策规定，哪里有不符合社会公平正义的问题，哪里就需要改革；哪个领域哪个环节问题突出，哪个领域哪个环节就是改革的重点"[1]。如果改革不能增加人民群众的获得感、幸福感、安全感，改革就失去了相应的价值，当然，这样的改革也不可持续。

第三，坚持战略方法，确保"事半功倍"。全面深化改革必须始终坚持正确的方法论。一方面，注重系统性、整体性、协同性。这既是全面深化改革的内在要求，又是推进改革的重要方法。"要厘清重大改革的逻辑关系，……坚持整体推进，讲求整体效果，防止畸重畸轻、单兵突进、顾此失彼。"[2] 与此同时，要处理好顶层设计和摸着石头过河的关系。"加强顶层设计和摸着石头过河相结合，是富有中国特色、符合中国国情的改革

---

① 《习近平新时代中国特色社会主义思想学习纲要》，学习出版社、人民出版社 2019 年版，第 85 页。

② 同上书，第 88—89 页。

方法。……提高改革决策科学性、增强改革措施协调性。"① 另一方面，注重处理好改革发展稳定的关系。改革发展稳定也是我国社会主义现代化建设的三个重要基点。其中，稳定是前提，发展是目的，改革是动力，"只有把改革的力度、发展的速度和社会可承受度统一起来，在保持社会稳定中推进改革发展，通过改革发展促进社会稳定"②。改革发展稳定三者关系的核心就是"发展与安全"的关系，"统筹发展与安全，增强忧患意识，做到居安思危，是我们党治国理政的一个重大原则"③。习近平总书记指出："安全是发展的前提，发展是安全的保障。……我们必须坚持统筹发展和安全，增强机遇意识和风险意识，树立底线思维，……有效防范化解各类风险挑战，确保社会主义现代化事业顺利推进。"④ 无论怎样，全面深化改革必须坚持问题导向的基本原则，改革本身就是针对问题而进行的。"要有强烈的问题意识，……我们中国共产党人干革命、搞建设、抓改革，从来都是为了解决中国的现实问题。可以说，改革是由问题倒逼而产生，又在不断解决问题中得以深化。"⑤

5. 战略谋划：全面深化改革永远在路上

全面深化改革必须加强党的领导，坚持狠抓改革落实，久久为功。全面深化改革不仅在实现第一个百年奋斗目标中发挥了其应有的积极作用，而且将在实现第二个百年奋斗目标中发挥其应有的功能。可以说，全面深化改革将贯穿中国特色社会主义事业全过程。"改革开放只有进行时，没有完成时。……在前进道路上，要进一步解放思想、进一步解放和发展社会生产力、进一步解放和增强社会活力，在更高起点、更高层次、更高目

---

① 《习近平新时代中国特色社会主义思想学习纲要》，学习出版社、人民出版社 2019 年版，第 89 页。

② 同上书，第 90 页。

③ 同上书，第 177 页。

④ 《关于〈中共中央关于制定国民经济和社会发展第十四个五年规划和二〇三五年远景目标的建议〉的说明》，《光明日报》2020 年 11 月 4 日。

⑤ 《〈中共中央关于全面深化改革若干重大问题的决定〉辅导读本》，人民出版社 2013 年版，第 67 页。

标上推进全面深化改革,将改革开放进行到底。"①

(三)全面依法治国是中国特色社会主义的本质要求和重要保障

1. 战略定性:"依法治国"的"升级版"

如果说,"依法治国"是"法治"在中国的特有表达,那么,全面依法治国是"依法治国"在中国特色社会主义新时代的"升级版"。其既具有诸如权力受到制约、最大限度保护权利、维护社会公平正义等法治的普遍特性,又具有坚持中国共产党的全面领导、坚持以人民为中心、坚持依法治国与以德治国相结合等法治的个性。"全面"不仅彰显了法治是治国理政的基本方式,而且突出了法治就像人体血液渗透到人的各个器官一样渗透到治国理政各领域、各环节、各方面而发挥其应有的功能。

2. 战略定位:全面依法治国是国家治理的一场深刻革命

党的十九大报告明确指出,"全面依法治国是中国特色社会主义的本质要求和重要保障"。世界自进入近代以来,法治已经成为衡量一个国家和社会文明程度的重要标尺。放眼世界,无论哪个国家的法治化程度怎么样,都在宣称自己是法治国家或者是正在建设法治国家。实践表明,要推进国家治理体系和治理能力现代化,首先必须进行"法治化",亦即是说,没有法治化,就不可能有国家治理的现代化。相比其他治理手段,法治以透明度高、可预期性强而受到人们青睐。这不仅是国家治理领域的一场深刻革命,更是事关我们党执政兴国、人民幸福安康、国家长治久安、党和国家事业的长远发展。同时,全面依法治国在"四个全面"中也发挥着重要作用,习近平总书记指出:"没有全面依法治国,我们就治不好国、理

---

① 《习近平新时代中国特色社会主义思想学习纲要》,学习出版社、人民出版社 2019 年版,第 83 页。

不好政，我们的战略布局就会落空。"①

3. 战略目标：在法治轨道上全面建设社会主义现代化国家

党的十八届四中全会明确指出，全面依法治国的总目标就是建设中国特色社会主义法治体系，建设社会主义法治国家。这个总目标，既明确了全面依法治国的性质和方向，又突出了工作重点和总抓手。全面依法治国的性质是社会主义的，而不是其他什么主义的，是中国特色的，而不是其他国家特色的；全面依法治国的总抓手就是建设中国特色社会主义法治体系，具体包括形成完备的法律规范体系、高效的法治实施体系、严密的法治监督体系、有力的法治保障体系，形成完善的党内法规体系，这样一个法治体系，是马克思主义法治理论与中国特色社会主义法治实践的重大创新成果，中共中央印发《法治中国建设规划（2020—2025年）》正是这样一个体系的有序展开。《法治中国建设规划（2020—2025年）》指出，到2035年，法治国家、法治政府、法治社会基本建成，中国特色社会主义法治体系基本形成，人民平等参与、平等发展权利得到充分保障，国家治理体系和治理能力现代化基本实现。而建设法治中国的目标应当是"实现法律规范科学完备统一，执法司法公正高效权威，权力运行受到有效制约监督，人民合法权益得到充分尊重保障，法治信仰普遍确立，法治国家、法治政府、法治社会全面建成"②。

4. 战略措施：坚持走中国特色社会主义法治道路

第一，成立专门机构，确保法治建设推进有序有力。为了顺利推进全面依法治国，成立了"全面依法治国委员会"的专门机构。党的领导是社会主义法治最根本的保证，主要从方向上、组织上发挥党总揽全局、协调各方的领导核心作用，确保法治中国建设的正确方向。在坚持党的领导的问题上，曾经有关于"党大"还是"法大"的争论，习近平总书记有一

---

① 《习近平谈治国理政》第二卷，外文出版社 2017 年版，第 24 页。
② 《中共中央印发〈法治中国建设规划（2020—2025 年）〉》，《光明日报》2021 年 1 月 11 日。

个精辟的回答，我们说不存在"党大还是法大"的问题，是把党作为一个执政整体来说的，这个不需要讨论，其讨论的实质就是要否定中国共产党的领导。具体到每个党政组织、每个领导干部，就必须在宪法和法律范围内活动，这不是一个"伪命题"，而是一个"真命题"，决不允许用党的领导作为个人以言代法、以权压法、徇私枉法的"挡箭牌"。

第二，坚持习近平法治思想，指导全面依法治国实践。2020年11月，中央全面依法治国工作会议顺利召开，确立了习近平法治思想在全面依法治国中的指导地位。这是中国特色社会主义法治理论发展的最新成果，将指引全面依法治国实践。如果说，习近平法治思想是解决"是什么"的理论问题，那么，全面依法治国则是解决"怎么做"的实践问题。习近平法治思想的核心要义就在于"十一个坚持"，这是中国特色社会主义法治建设的"谋篇布局"。

第三，始终维护社会公平正义。公平正义是法治的生命线，也是中国共产党追求的一个崇高价值。因此，全面依法治国，必须紧紧围绕保障和促进社会公平正义来进行。习近平总书记强调，要将社会公平正义这一法治价值追求贯穿到立法、执法、司法、守法的全过程和各方面，努力让人民群众在每项法律制度、每个执法决定、每宗司法案件中都感受到公平正义。公正司法是维护社会公平正义的最后一道防线，要懂得"100 − 1 = 0"的道理，一个错案的负面影响足以摧毁九十九个公正裁判积累起来的良好形象。执法司法中万分之一的失误，对当事人就是百分之百的伤害。推进公正司法，维护人民权益，重点要解决好损害群众权益的突出问题，"决不允许对群众的报警求助置之不理，决不允许让普通群众打不起官司，决不允许滥用权力侵犯群众合法权益，决不允许执法犯法造成冤假错案"[1]。

---

[1] 《习近平新时代中国特色社会主义思想学习纲要》，学习出版社、人民出版社2019年版，第103—104页。

5. 战略谋划：全面依法治国永远在路上

法治化程度是衡量一个国家和社会文明程度的重要标尺。从 1997 年党的十五大提出"依法治国"作为我国的治国基本方略以来，法治不断向纵深领域挺进。党的十八大明确作出了"法治是治国理政的基本方式"的新论断。进入新时代，全面依法治国更是作为"四个全面"的基本内容而载入史册，不仅如此，"全面推进依法治国"还作为习近平新时代中国特色社会主义思想的核心要义——"十个明确"的基本内容之一。全面推进依法治国的目标是建设中国特色社会主义法治体系、建设社会主义法治国家，而作为一种治理方式，其将贯穿中国特色社会主义事业全过程、各领域、各环节。法治天然所具有的"固根本、稳预期、利长远"的保障功能是其他任何手段都无法替代的，因此，全面依法治国永远没有休止符，永远在路上。

（四）全面从严治党是中国特色社会主义事业发展的坚强保证

党的二十大报告强调："全面建设社会主义现代化国家、全面推进中华民族伟大复兴，关键在党。我们党作为世界上最大的马克思主义执政党，要始终赢得人民拥护、巩固长期执政地位，必须时刻保持解决大党独有难题的清醒和坚定。"这样一个新的论断，为进一步深入推进新时代党的建设新的伟大工程、以党的自我革命引领社会革命提出了更多更新的要求。

1. 战略定性：全面从严治党的核心是加强党的领导

全面从严治党，核心是加强党的领导，基础在全面，关键在严，要害在治。"坚持和加强党的全面领导，关系党和国家前途命运，我们的全部事业都建立在这个基础之上，都植根于这个最本质特征和最大优势。在这个问题上犯错误往往是灾难性的、颠覆性的。"① 党的二十大报告明确指

---

① 《习近平关于全面从严治党论述摘编》，中央文献出版社 2021 年版，第 67 页。

出:"党的领导是全面的、系统的、整体的,必须全面、系统、整体加以落实。"作为世界上最有影响力的第一大政党,必须时刻保持解决大党独有难题的清醒和坚定,因此,全面从严治党始终是永远的重大课题;"全面"就是要管理全党、治理全党,要面向各级党组织、每名党员,覆盖党的建设各个领域、各个环节、各个方面、各个部门,不留任何"死角"、没有任何"遗漏";"严"就"真管真严、敢管敢严、长管长严",党纪国法不是"纸老虎""稻草人",只是吓唬吓唬人,而是长了牙齿的"真老虎",这个老虎是要对敢于触碰党纪国法的"老虎""苍蝇""蛀虫"严惩不贷,让一切不正之风消失在党内;"治"就是要明确"谁来治理、治理什么"的问题,根据习近平总书记的讲话精神,党中央到地方各级党委再到基层党支部都要肩负起治理主体责任,治理党组织以及各位党员与中国共产党的先进性和纯洁性相背离的一切问题。

2. 战略定位:全面从严治党是一场伟大的自我革命

《中共中央关于党的百年奋斗重大成就和历史经验的决议》指出:"打铁必须自身硬,办好中国的事情,关键在党,关键在党要管党、全面从严治党。"全面从严治党不仅是新时代坚持和发展中国特色社会主义的政治保障,而且是一场伟大的自我革命。在进行社会革命的同时不断进行自我革命,是中国共产党区别于其他政党最显著的标志。"先进的马克思主义政党不是天生的,而是在不断自我革命中淬炼而成的……党的伟大不在于不犯错误,而在于从不讳疾忌医,积极开展批评和自我批评,敢于直面问题,勇于自我革命。"① "自我革命"是党和人民共同创造的精神财富,是经过长期实践积累的宝贵经验。党的二十大报告明确指出:"坚持制度治党、依规治党,以党章为根本,以民主集中制为核心,完善党内法规制度体系,增强党内法规权威性和执行力,形成坚持真理、修正错误,

---

① 《中国共产党第十九届中央委员会第六次全体会议文件汇编》,人民出版社2021年版,第100—101页。

发现问题、纠正偏差的机制。"同时，必须坚决打赢反腐败斗争攻坚战持久战。腐败被称为政治上的"癌症"，"腐败是危害党的生命力和战斗力的最大毒瘤，反腐败是最彻底的自我革命。只要存在腐败问题产生的土壤和条件，反腐败斗争就一刻不能停，必须永远吹冲锋号"。

3. 战略目标：确保中国共产党能够始终走在时代前列

习近平总书记指出："全面从严治党的目的是更好促进事业发展。严管不是把干部管死，……而是要激励干部增强干事创业的精气神。"① 全面从严治党就是要同一切影响党的先进性、弱化党的纯洁性等问题作坚决的斗争，实现中国共产党的自我净化、自我完善、自我革新、自我提高，"只要我们不断清除一切损害党的先进性和纯洁性的因素，不断清除一切侵蚀党的健康肌体的病毒，就一定能够确保党不变质、不变色、不变味"②，就能够保障中国共产党能够始终走在时代前列、永远成为中国人民和中华民族的主心骨，中国特色社会主义事业的坚强领导核心。

4. 战略措施：健全全面从严治党体系

党的二十大报告指出："我们要落实新时代党的建设总要求，健全全面从严治党体系，……始终成为中国特色社会主义事业的坚强领导核心。"

第一，坚持和加强党中央集中统一领导。党的二十大报告指出："健全总揽全局、协调各方的党的领导制度体系，完善党中央重大决策部署落实机制，确保全党在政治立场、政治方向、政治原则、政治道路上同党中央保持高度一致，确保党的团结统一。"同时，要完善党中央决策议事协调机构，加强党中央对重大工作的集中统一领导。在坚持科学执政、民主执政、依法执政的基础上，创新和改进领导方式，提高党"把方向、谋大局、定政策、促改革"能力，调动各方面积极性，朝着预期目标前进。

---

① 《习近平关于力戒形式主义官僚主义重要论述选编》，中央文献出版社 2020 年版，第110 页。

② 《中国共产党第十九届中央委员会第六次全体会议文件汇编》，人民出版社 2021 年版，第101 页。

第二，坚持不懈用习近平新时代中国特色社会主义思想凝心铸魂。思想建设是党的基础性建设，马克思主义信仰、共产主义远大理想、中国特色社会主义共同理想是中国共产党的理想信念，这不仅是中国共产党人的精神支柱和政治灵魂，而且是保持党团结统一的思想基础。党的二十大报告明确指出："全面加强党的思想建设，坚持用新时代中国特色社会主义思想统一思想、统一意志、统一行动，组织实施党的创新理论学习教育计划，建设马克思主义学习型政党。"建设学习型政党必然要求建设学习型个体，同时必须加强理想信念教育，引导全党牢记党的宗旨，解决好世界观、人生观、价值观这个"总开关"问题。习近平总书记指出，"共产党人如果没有信仰、没有理想，或信仰、理想不坚定，精神上就会'缺钙'，就会得'软骨病'，就必然导致政治上变质、经济上贪婪、道德上堕落、生活上腐化"[1]。信念不牢、地动山摇，"理想信念动摇是最危险的动摇，理想信念滑坡是最危险的滑坡"[2]。现在，为什么"四风"盛行呢？为什么不断有人走向犯罪的深渊呢？"说到底，还是理想信念不坚定"[3]。新时代、新征程、新使命，必然要求每个党员自觉做共产主义远大理想和中国特色社会主义共同理想的坚定信仰者和忠实实践者。要始终坚持学思用贯通、知信行统一，把习近平新时代中国特色社会主义思想转化为坚定理想、锤炼党性和指导实践、推动工作的强大力量。

第三，建设堪当民族复兴重任的高素质干部队伍。党的二十大报告明确指出："全面建设社会主义现代化国家，必须有一支政治过硬、适应新时代要求、具备领导现代化建设能力的干部队伍。"为此，必须坚持"党管干部"的基本原则，坚持德才兼备、以德为先、五湖四海、任人唯贤，把新时代好干部标准落到实处。坚持用好的作风选人、选作风好的人，切实避免"劣币驱逐良币"的"逆淘汰"现象。习近平总书记强调："完善

---

① 《习近平谈治国理政》第一卷，外文出版社 2018 年版，第 15 页。
② 《习近平新时代中国特色社会主义思想学习纲要》，人民出版社 2019 年版，第 229 页。
③ 《习近平谈治国理政》第一卷，外文出版社 2018 年版，第 414 页。

干部考核评价和选任办法,既重能力又重品行,既重政绩又重政德,使品德端正的干部受到褒奖和重用、品行低劣的干部受到警醒和惩戒。"① 党的二十大报告强调:"完善干部考核评价体系,引导干部树立和践行正确政绩观,推动干部能上能下、能进能出,形成能者上、优者奖、庸者下、劣者汰的良好局面。"

第四,坚持以严的基调强化正风肃纪。党的二十大报告指出:"党风问题关系执政党的生死存亡。弘扬党的光荣传统和优良作风,促进党员干部特别是领导干部带头深入调查研究,扑下身子干实事、谋实招、求实效。"要坚持不懈地落实中央八项规定精神,尤其要抓好"一把手"为首的"关键少数",持续深化纠治"四风"问题,坚决破除特权思想和特权行为,推进作风建设常态化长效化。坚持党性党风党纪一起抓,从思想上固本培元,提高党性觉悟,增强拒腐防变能力,涵养富贵不能淫、贫贱不能移、威武不能屈的浩然正气。加强党的纪律建设是全面从严治党的治本之策,党要管党、从严治党靠的就是严明纪律和规矩,坚持纪律严于法律,把纪律和规矩挺在前面。纪律是成文的规矩,一些没有明文列入纪律的规矩是不成文的纪律,党的规矩和纪律是各级党组织、全体党员必须遵守的行为准则。其中,政治纪律是我们党最根本、最重要的纪律,是净化政治生态的重要保证。制定的纪律必须成为"带电的高压线",谁都不能去触碰,遵守党的纪律是无条件的,没有任何价钱可讲。对于那些违规违纪、破坏法规踩"红线"、越"底线"、闯"雷区"的,要坚决严肃查处,不以权势大而破规,不以问题小而姑息,不以违者众而放任,不留"暗门"、不开"天窗",坚决防止"破窗效应"。尤其是要加强对权力的制约与监督,资产阶级启蒙思想家孟德斯鸠早就说过,"一切有权力的人都容易滥用权力,这是万古不易的一条经验。有权力的人们使用权力一直到遇

---

① 《习近平关于力戒形式主义官僚主义重要论述选编》,中央文献出版社 2020 年版,第 75 页。

有界限的地方才休止"①。习近平总书记多次强调，要把权力关进制度的笼子里，让权力在阳光下运行，要着力构建不敢腐、不能腐、不想腐的体制机制。总体来看，中国特色社会主义进入新时代以来，中国共产党以坚定决心、顽强意志、空前力度推进全面从严治党，坚持思想从严、管党从严、执纪从严、治吏从严、作风从严、反腐从严"六个从严"，付出了艰巨努力，推动党和国家事业取得历史性成就、发生历史性变革。

5. 战略谋划：全面从严治党永远在路上

全面从严治党将贯穿中国特色社会主义事业全过程。中国共产党面临的长期执政考验、改革开放考验、市场经济考验、外部环境考验"四大考验"是长期的、复杂的，面临的精神懈怠危险、能力不足危险、脱离群众危险、消极腐败危险"四大危险"是尖锐的、严峻的，党内存在的思想不纯、政治不纯、组织不纯、作风不纯等突出问题还未得到根本解决。这都是要坚持将党的"自我革命"贯穿执政全过程的根本依据。可以说，党的"自我革命"就是党的生命。勇于自我革命已经成为中国共产党过去为什么成功，怎样保障我们未来继续成功的重要法宝，必须倍加珍惜、长期坚持。

总体而言，"四个全面"战略布局，不是由四个"全面"简单叠加的机械组合，而是相互依存、相互关联、相辅相成、相得益彰的有机体系，四个"全面"合起来就是"全面"推进中国特色社会主义，体现为一个"全面"。分开来看，第一个"全面"是重大战略目标，居于引领地位。其他三个"全面"是三大战略举措，为重大战略目标提供各个方面的重要保障。不仅如此，第一个"全面"的升级转换必然带动其他三个"全面"的发展创新。也就是说，其他三个"全面"文字不变但内涵在与时俱进的创新。新的"四个全面"不仅是中国在新的历史条件下的治国理政方略，

---

① 孟德斯鸠：《论法的精神》上册，张雁深译，商务印书馆2005年版，第184页。

而且为实现中华民族伟大复兴提供了理论指导和实践指南；不仅为习近平新时代中国特色社会主义思想注入了新的理论内涵，而且为在新发展阶段、贯彻新发展理念、构建新发展格局提供了清晰的战略指引，对开启和引领全面建设社会主义现代化国家新征程具有重大的政治价值、时代价值、理论价值和实践价值。

二、"四个全面"的实践举措

（一）充分发挥党的领导核心作用

中国特色社会主义事业的领导核心是中国共产党，党的领导贯穿中国特色社会主义事业全过程、全领域、全环节。

1. 中国共产党领导是中国特色社会主义最本质特征

在中国特色社会主义国家制度及其治理体系中，最为显著的标志就是坚持中国共产党领导。我国宪法开宗明义第一条就明确规定，"中国共产党领导是中国特色社会主义最本质的特征"。"最本质"这一"最高级形式"在国家根本大法中确立，充分彰显了中国共产党领导制度的全局性、根本性、标志性。中国共产党百年历史充分表明，什么时候党的领导核心作用发挥得好，党和人民的事业就会蒸蒸日上，反之则会遇到这样那样的问题。党的十九届六中全会明确指出："以习近平同志为核心的党中央旗帜鲜明提出，党的领导是党和国家的根本所在、命脉所在，是全国各族人民的利益所系、命运所系，全党必须自觉在思想上政治上行动上同党中央保持高度一致，……确保充分发挥党总揽全局、协调各方的领导核心作用。"即我们进行的全面深化改革也是有原则、有方向、有立场的，其最根本的原则、方向和立场就在于坚持和改善党的领导、坚持和完善中国特色社会主义制度。要"坚持走中国特色社会主义道路不动摇，坚持社会主义基本制度不动摇，坚持党的领导不动摇，确保改革开放始终沿着正确方向前进"①。这"三个不动摇"就是"压舱石""定盘星",是根基、内核,是"守正"的基本内容。

2. 强化中国共产党领导必然要求全面从严治党

历史和现实表明,要充分发挥党的领导核心作用,必然要求全面从严治党。作为世界上最大且有重大影响力的执政党,加强自身建设本身就是一项永恒课题。因为"堡垒最容易从内部攻破",只有坚持全面从严治党,才能够保障党始终充满活力、走在时代前列。

第一,全面建设社会主义现代化国家的各个领域,都必须在中国共产党的领导之下进行。有党领导的地方,就必须加强党的建设,即是说,凡是有党领导的地方,都必须从严治党。坚持和改善党的领导要求全面从严治党,全面从严治党有利于坚持和改善党的领导。

第二,全面深化改革内在要求全面从严治党,全面从严治党本身就体现在中国共产党的"全面深化改革"。全面深化改革的目的就是要进一步推进社会主义制度的自我完善和发展,推进国家治理体系和治理能力现代化。"打铁必须自身硬",全面从严治党是新时代把党建设得更加坚强有力的根本举措,"全"在权力监督体制机制,"严"在党纪国法,就是要靠制度治党,从根本上消除一切腐败现象,从根源上铲除产生一切不正之风的土壤,从而建构起风清气正的党内良好政治生态,始终使中国共产党走在时代前列,这本身就体现了全面深化改革精神。

第三,全面依法治国内在要求全面从严治党,全面从严治党彰显全面依法治国。在一定程度上可以说,全面从严治党是全面依法治国在政党治理中的运用。党必须在宪法法律范围内活动,管党治党必须从严,才能永葆党的先进性和纯洁性。习近平总书记强调:"坚持党的领导,是社会主义法治的根本要求,是党和国家的根本所在、命脉所在,是全国各族人民的利益所系、幸福所系,是全面推进依法治国的题中应有之

① 《习近平新时代中国特色社会主义思想学习纲要》,人民出版社 2019 年版,第 86 页。

义；党的领导和社会主义法治是一致的，社会主义法治必须坚持党的领导，党的领导必须依靠社会主义法治。……把坚持党的领导、人民当家作主、依法治国有机统一起来是我国社会主义法治建设的一条基本经验。"①

（二）加强顶层设计

"一引其纲、万目皆张。""四个全面"战略布局是中国特色社会主义在新时代的顶层设计。古人云："举网以纲，千目皆张；振裘持领，万毛自整。"（汉代《新论·离事》）意思是说，提起渔网的纲绳，成千上万的网眼就自然都张开了；握着衣领抖动毛袄子，所有的毛就整齐了。治国理政特别需要"纲举目张"，"四个全面"战略布局中的"全面"和"战略"都鲜明体现了建设中国特色社会主义事业"顶层设计"的色彩，是目标与手段的有机融合、方法与任务的有机统一。

1. "四个全面"体现顶层设计

中国特色社会主义事业战略布局的四个维度都是以"全面"作为引领，其中的每个"全面"都是一个顶层设计，而"四个全面"合体更是体现了中国特色社会主义事业的"四梁八柱"。

第一，"四个全面"体现顶层设计中的"价值"观。坚持"以人民为中心"是中国共产党执政价值理念在新时代的话语表达。习近平总书记指出："'四个全面'是从我国发展现实需要中得出来的，从人民群众的热切期待中得出来的，也是为推动解决我们面临的突出矛盾和问题提出来的。"② 一方面，"四个全面"战略布局始终坚持人民的主体地位彰显以人民为中心。全面建设社会主义现代化国家是以人的自由发展和社会全面进步为奋斗目标，"人"是"中心"；全面深化改革就是要解决人民群众最

---

① 《关于〈中共中央关于全面推进依法治国若干重大问题的决定〉的说明》，《光明日报》2014年10月29日。
② 《习近平谈治国理政》第二卷，外文出版社2017年版，第24页。

为关心的难办事、烦心事、揪心事,想群众之所想、忧群众之所忧、急群众之所急,让人民群众放下一切包袱,投身现代化建设事业。习近平总书记指出改革方案的"含金量"实质就是人民群众的"获得感",做到"人民有所呼、改革有所应","把以人民为中心的发展思想体现在经济社会发展各个环节,做到老百姓关心什么、期盼什么,改革就要抓住什么、推进什么"①;全面依法治国主体是人民群众,推进社会公平正义既是人民的向往,也是全面依法治国的使命;全面从严治党目的就是要保持党的先进性和纯洁性,实质就是指向"人民性",凡是背离人民群众根本利益的一切行为,我们都要坚决清除,切实保证"全心全意为人民服务"宗旨不变。另一方面,"四个全面"战略布局顺应人民群众的新期待彰显以人民为中心。摆脱"绝对贫困"之后,人民群众对自由、平等、公平、正义、生态、安全、共同富裕等的向往又有了更高质量的要求,要在发展不平衡、不充分的供给侧方面着手、着力以更好满足人民日益增长的美好生活需要。在这样一个层面上,"四个全面"战略布局正是基于"供给侧"的谋篇布局,在得到了人民群众广泛拥护和支持的基础上,从经济、政治、文化、社会、法治、生态文明和党建等多个维度推动党和人民事业的发展,从而更好满足人民群众日益增长的新期待和新需求,真正落实了以人民为中心的价值诉求。

第二,"四个全面"体现顶层设计中的"联系"观。唯物辩证法认为,世界不仅是物质的,而且是普遍联系的。如果顶层设计离开了"联系"观,就不可能作出科学而合理的顶层设计。列宁说:"每个事物(现象、过程等)是和其他的每个事物联系着的。"② 这就要求我们看问题必须坚持全面的观点,如果孤立地、片面地看问题,任意割断事物之间的联系,就必然会陷入"只见树木、不见森林"的形而上学困境而不能自拔。

① 《习近平谈治国理政》第二卷,外文出版社 2017 年版,第 102—103 页。
② 《列宁专题文集:论辩证唯物主义和历史唯物主义》,人民出版社 2009 年版,第 140 页。

"如果从事实的整体上，从它们的联系中去掌握事实，那么，事实不仅是'顽强的东西'，而且是绝对确凿的证据。如果不是从整体上，不是从联系中去掌握事实，如果事实是零碎的和随意挑出来的，那么它们就只能是一种儿戏，或者连儿戏也不如。"① "四个全面"的"全面"直接体现了"全面"的特质，而且不是一个"全面"，而是"四个"相互联系、协同推进的"全面"，是构成一个整体的"四个全面"。

第三，"四个全面"体现顶层设计中的"大局"观。古人云："不谋全局者，不足谋一域；不谋万世者，不足谋一时。"一方面，"大局"彰显"大势"思维。正如我们在棋局中，只有具备良好的"开局"，才能够在后面的"战斗"中占据主动、赢得优势，当然在"战斗"中也要始终有"大局"观，不为损失"一兵一卒"患得患失，才能稳住"大势"、转为优势、化为胜势。习近平总书记强调"要增强大局意识、战略意识，善于算大账、总账、长远账，不能只算地方账、部门账、眼前账，更不能为了局部利益损害全局利益、为了暂时利益损害根本利益和长远利益"。同时，要求各级各部门党委（党组）必须树立正确的政绩观，坚持从巩固党的执政地位大局上看问题，把抓党建作为"最大的政绩"。另一方面，"大局"彰显"高瞻远瞩"思维。对于拥有9600多万党员的世界最大执政党的内部治理本身就是一个永恒的课题，治理好14亿多人口的超级大国是一个超级困难的任务，因此，如果不进行科学的顶层设计、目标规划与管理，要想拥有好的治理效能，只能是天方夜谭。

第四，"四个全面"体现顶层设计中的"矛盾"观。治国理政涉及方方面面，提纲挈领地抓住"要害"，体现了马克思主义哲学中的"重点论"。如果顶层设计离开了"矛盾"观，就会抓不住"重点"，就可能是"方方面面"，而不可能是"四个全面"，也不可能是"高屋建瓴"。"四个全面"意味着事物的主要矛盾解决了，次要矛盾也会迎刃而解；意味着在

---

① 《列宁全集》第二十八卷，人民出版社1990年版，第364页。

抓主要矛盾的时候,并没有忽略要解决次要矛盾。"四个全面"不仅构成了新时代治国理政的主要"抓手",而且构成了新时代中国特色社会主义的谋篇布局。

第五,"四个全面"体现顶层设计中的"整体"观。如果顶层设计离开了"整体"观,这样的"设计"难免就会以偏概全而失去科学性。整体是要防止以局部代替整体,全面是要防止"片面"。要求我们不能孤立地、片面地看问题、办事情,而应该放到相应的环境中去思考,否则,就会犯"一叶障目、不见泰山"形而上学的错误。如果缺乏整体思维和全局观念,要想治理好一个大国、大党,只能是痴人说梦。当然,我们拥有"整体"的时候,也不能忽视每个"局部",局部构成整体,整体包含局部,离开整体谈局部或者离开局部谈整体都不符合"全面"的系统性思维方式。习近平总书记强调:"国家治理能力既体现在我们把方向、谋大局、定政策、促改革的综合能力上,也体现在我们处理每一个方面事情和每一项工作的具体本领上。"①

2."四个全面"中的"战略"实质就是顶层设计

"战略问题是一个政党、一个国家的根本性问题。……缺乏足够战略定力,就容易出现心理上患得患失、行动上犹豫不决、决策上摇摆不定,错失发展机遇。"② 战略具有全局性、统领性、根本性、决定性。

第一,顶层设计体现战略思维。战略思维体现出见微知著的敏锐能力、一叶知秋的前瞻能力、小中见大的谋划能力、透过现象揭示本质的洞察能力、把握时代脉搏的捕捉能力,登高望远、遵循规律而站稳发展根基、勇立时代潮头、引领历史方向。具体包括战略目标、战略格局、战略步骤、战略措施等多个元素,也是一个系统工程。"四个全面"战略布局

---

① 《习近平关于力戒形式主义官僚主义重要论述选编》,中央文献出版社 2020 年版,第135 页。

② 《习近平新时代中国特色社会主义思想学习纲要》,学习出版社、人民出版社 2019 年版,第 246—247 页。

是中国共产党战略思维的充分展现。

第二，顶层设计蕴含战略自信。"自信就成功了一半"。中国共产党本身就是一个注重战略布局的党，最为明显的就是战略目标的设定。从改革开放之后，我们党提出"三步走"战略目标到实现"两个一百年"奋斗目标的战略安排就是战略自信的充分彰显。中国共产党带领人民不但依靠战略自信创造了一个又一个奇迹，而且还将继续依靠战略自信创造新的一个又一个奇迹，更加自信地走向未来。

第三，顶层设计彰显战略定力。只有确保战略定力，才能赢得未来，党和人民的事业才会立于不败之地。首先，保持战略定力，就是要毫不动摇地统筹推进"五位一体"总体布局和协调推进"四个全面"战略布局，就是要毫不动摇地坚持和发展中国特色社会主义，就是要毫不动摇地坚持"稳中求进"工作总基调、谋定而后动，就是要毫不动摇地坚持走和平发展道路、集中精力办好自己的事情，就是"要善于审时度势、内外兼顾、趋利避害，从形势和条件的发展变化中把握方向、用好机遇、创造条件、驾驭全局"①。

3. "四个全面"战略布局体现新时代治国理政新目标

设立最高目标、中长期目标、短期目标的目标导向是中国共产党治国理政的一条基本经验。"政贵有恒，治须有常"，对此，需要发扬钉钉子精神，一张蓝图绘到底。这就涉及"谁来钉""依据什么钉""怎么钉"的问题。

第一，"谁来钉"。毫无疑问，中国共产党领导全国各族人民是主要力量，同时，还需要发挥爱国统一战线的力量，建构最大同心圆，团结一切可以团结的力量，克服一切阻力，实现力量最大化。

第二，"依据什么钉"。一句话，依据"蓝图"钉，在我们这样一个

---

① 《习近平新时代中国特色社会主义思想学习纲要》，学习出版社、人民出版社 2019 年版，第 247—248 页。

大国，制定的蓝图不仅要保证具有"顶层性""指引性"，而且要保证具有"科学性""可操作性""相对稳定性"，才可以有效避免朝令夕改的缺陷。在中国，中国共产党是唯一的执政党，最熟悉国内外、党内外的情势，因此，只有中国共产党才能够作出科学的顶层设计。"四个全面"战略布局就是"施工图""路线图"，这是中国共产党领导全国人民所作出的顶层设计。

第三，"怎么钉"。"钉钉子往往不是一锤子就能钉好的，而是要一锤一锤接着敲，直到把钉子钉实钉牢，钉牢一颗再钉下一颗，不断钉下去，必然大有成效。如果东一榔头西一棒子，结果很可能是一颗钉子都钉不上、钉不牢。"[1]

（三）抓住主要矛盾和矛盾的主要方面

马克思主义认为，矛盾无处不在、无时不有，矛盾是事物变化发展的动力。矛盾分为主要矛盾和次要矛盾，主要矛盾在事物的发展过程中起主导性、根本性、决定性作用。解决主要矛盾，次要矛盾就会迎刃而解；解决次要矛盾，有利于解决主要矛盾；主要矛盾和次要矛盾之间在一定条件下还可以相互转化。习近平总书记指出："定措施、作决策、抓工作，一定要吃透情况，从事物的普遍联系特别是复杂的因果关系中把握问题的实质，抓住主要矛盾和矛盾的主要方面，然后针对矛盾和问题来推动工作。"[2]"四个全面"正是党和国家事业发展过程中必须解决好的主要矛盾。在推进"四个全面"的过程中，既要注重总体谋划，又要注重牵住"牛鼻子"。"在任何工作中，我们既要讲两点论，又要讲重点论，没有主次，不加区别，眉毛胡子一把抓，是做不好工作的。"[3]

---

① 《习近平新时代中国特色社会主义思想学习纲要》，学习出版社、人民出版社2019年版，第29页。

② 《习近平关于力戒形式主义官僚主义重要论述选编》，中央文献出版社2020年版，第86—87页。

③ 《习近平谈治国理政》第二卷，外文出版社2017年版，第23页。

1. "四个全面"战略布局彰显问题导向

抓主要矛盾和矛盾的主要方面鲜明体现了马克思主义的"重点论"。"四个全面"战略布局第一个布局就是要解决"建设什么样的社会主义现代化强国、怎样建设社会主义现代化强国"的问题,"第二个布局"即全面深化改革就是要解决"进行什么样的全面深化改革、怎样进行全面深化改革"的问题,"第三个布局"即"全面依法治国"就是要解决"实现什么样的全面依法治国、怎样进行全面依法治国"的问题,"第四个布局"即"全面从严治党"就是要解决"建设什么样的长期执政的马克思主义政党、怎样建设长期执政的马克思主义政党"的问题。

第一,"全面建成小康社会"是应新时代全面建成小康社会过程中的各种难题而成。2015 年,党的十八届五中全会明确指出"十三五"时期是全面建成小康社会决胜阶段,必须坚持创新发展、协调发展、绿色发展、开放发展、共享发展的新发展理念,确保如期全面建成小康社会,确立了"全面建成小康社会"的战略布局。

第二,"全面深化改革"是应新时代改革开放过程中遇到的各种难题而生。当改革开放进入了关键期、深水区的重要关头,难改又必须改的问题更加突出、更加棘手,因此必须全面深化改革,从制度、体制、机制上进行突破,推进国家治理体系和治理能力现代化,才能够进一步推进改革、取得成效;否则,取得的成就也会丧失。如何在改革开放取得举世瞩目的成就的基础上,百尺竿头更进一步,2013 年,党的十八届三中全会通过了《中共中央关于全面深化改革若干重大问题的决定》,确立了"全面深化改革"的战略布局。

第三,"全面依法治国"是应新时代依法治国过程中遇到的各种难题而立。自 1997 年中国共产党提出"依法治国,建设社会主义法治国家"以来,中国特色社会主义法治事业驶入了"快车道",无论是法治理论还是法治实践都得到了突飞猛进的发展。但同党和国家事业发展要求、同人民群众期待、同推进国家治理体系和治理能力现代化目标相比，法治建设还存在许多不适应、不符合的问题，例如，有的法律法规没有全面反映客观规律，针对性、可操作性水平有待提高，执法司法"不规范、不严格、不透明、不文明"现象较为突出，部分社会成员尊法学法守法用法、依法维权意识不强等现象依然存在。这些问题严重阻碍中国特色社会主义法治事业向纵深推进。"全面推进依法治国"势在必行。2014年，党的十八届四中全会通过《中共中央关于全面推进依法治国若干重大问题的决定》，确立了"全面依法治国"的战略布局。

第四，"全面从严治党"是应新时代中国共产党自身建设中遇到的各种难题而在。"治党"要治什么，其实质就是要"治"党内的"问题"。"不忘初心、牢记使命，说到底是要解决党内存在的违背初心和使命的各种问题，关键是要有正视问题的自觉和刀刃向内的勇气。"[1] 党内存在诸多问题，我们必须抓住主要矛盾和矛盾的主要方面，才能实现"四两拨千斤"。习近平总书记指出："解决问题就要抓住主要矛盾和矛盾的主要方面。形式主义、官僚主义、享乐主义和奢靡之风是作风问题的集中表现，要作为主要矛盾和矛盾的主要方面来解决。"[2] 党的作风建设永远在路上，永远不停步。各地区各部门都要"抓住主要矛盾，特别要针对表态多调门高、行动少落实差等突出问题，拿出过硬措施，扎扎实实地改"[3]。习近平总书记指出，"在长期实践中，党内政治生活状况总体是好的，但一个时期以来，也出现了一些亟待解决的突出矛盾和问题，主要是：在一些党员、干部包括高级干部中，理想信念不坚定、对党不忠诚、纪律松弛、脱离群众、独断专行、弄虚作假、庸懒无为，个人主义、分散主义、自由主义、好人主义、宗派主义、山头主义、拜金主义不同程度存在，形

---

① 《习近平关于力戒形式主义官僚主义重要论述选编》，中央文献出版社2020年版，第30页。

② 同上书，第23—24页。

③ 同上书，第28页。

式主义、官僚主义、享乐主义和奢靡之风问题突出，……这就使我们认识到，要解决党内存在的一些突出矛盾和问题，必须把党的思想政治建设摆在首位，营造风清气正的政治生态"①。2016 年，党的十八届六中全会通过了《关于新形势下党内政治生活的若干准则》和《中国共产党党内监督条例》，这不但为新时代加强党的自身建设提供了根本遵循，而且确立了"全面从严治党"的战略布局。

至此，"四个全面"中的每个"全面"都通过中央全会的方式确定下来，"四个全面"战略布局最终形成。2020 年，党的十九届五中全会确定新的"四个全面"战略布局，党的十九届六中全会再次重申了"四个全面"战略布局，并作为"十个明确"的基本内容。

总体而言，"四个全面"就是强国理论与实践、改革开放理论与实践、法治理论与实践、治党理论与实践，它们之间相互联系、相互贯通、相辅相成。习近平经济思想、习近平外交思想、习近平生态文明思想、习近平法治思想、习近平强军思想以及习近平总书记一系列重要论述，共同组成了习近平新时代中国特色社会主义思想，指引着中国特色社会主义事业的航程。

2. "四个全面"战略布局体现"两点论"

"四个全面"战略布局大系统总体上包含四个小系统，四个小系统支撑战略布局大系统。"四个全面"四个维度不是一种偶然的巧合，而是一种科学安排。

一方面，从大系统来看，"四个全面"战略布局大系统中的四个小系统分别从中国特色社会主义事业的目标、动力、依据、保障四个维度依次有序展开，是中国共产党在新时代治国理政的战略部署。毛泽东同志将"全面"观点比喻为"弹钢琴"："弹钢琴要十个指头都动作，不能有的

---

① 《关于〈关于新形势下党内政治生活的若干准则〉和〈中国共产党党内监督条例〉的说明》，《光明日报》2016 年 11 月 3 日。

动，有的不动。但是，十个指头同时都按下去，那也不成调子。要产生好的音乐，十个指头的动作要有节奏，要互相配合。党委要抓中心工作，又要围绕中心工作而同时开展其他方面的工作。……不能只注意一部分问题而把别的丢掉。"①

另一方面，从小系统来看，每个"小系统"也彰显了"全面性"的特质。从"全面建设社会主义现代化国家"的系统来看，自然包含经济、政治、文化、社会、生态文明五个维度。从"全面深化改革"的系统来看，"全面深化改革是关系党和国家事业发展全局的重大战略部署，不是某个领域某个方面的单项改革"②。从"全面依法治国"的系统来看，自然包含科学立法、严格执法、公正司法、全面守法四个环节，"全面推进依法治国是一个系统工程"③。从"全面从严治党"的系统来看，就包含以政治建设为统领，强化思想建党与制度治党的统一、自我革命与社会革命的统一等构成的一个系统工程。

三、"四个全面"的实践成效

"四个全面"战略布局是新理论、新论断，是开辟马克思主义中国化新境界的重要内容。党的十九届六中全会明确指出，"习近平新时代中国特色社会主义思想是当代中国马克思主义、二十一世纪马克思主义，是中华文化和中国精神的时代精华，实现了马克思主义中国化新的飞跃"④。作为马克思主义中国化的最新理论成果，习近平新时代中国特色社会主义思想在诸多领域都具有重大的原创性贡献，不仅开辟了马克思主义中国化

---

① 《毛泽东选集》第四卷，人民出版社 1991 年版，第 1442 页。
② 《〈中共中央关于全面深化改革若干重大问题的决定〉辅导读本》，人民出版社 2013 年版，第 87 页。
③ 《〈中共中央关于全面推进依法治国若干重大问题的决定〉辅导读本》，人民出版社 2014 年版，第 62 页。
④ 《中国共产党第十九届中央委员会第六次全体会议文件汇编》，人民出版社 2021 年版，第 48 页。

的新境界，而且推动了中国特色社会主义事业的新发展。

（一）全面建成小康社会，建设社会主义现代化国家进一步提速

当今世界正经历百年未有之大变局，这样一个"大变""剧变""突变"，可以说，世界的"变数"太大，不确定因素大大增加。对于一个大国而言，必须在"变"中求"不变"，以不变应万变、静观其变，才能保证头脑清醒、笃定前行。只有在变局中把握大局、掌握全局，才能打开新局，抓住机会、赢得未来。

1. 全面建成小康社会为建设社会主义现代化国家奠定了根基

"全面建成小康社会，是我们奋斗目标的第一步，也是关键的一步。"[1] 党的十九届五中全会明确指出："决胜全面建成小康社会取得决定性成就。……'十三五'规划目标任务即将完成，全面建成小康社会胜利在望……确保如期全面建成小康社会、实现第一个百年奋斗目标，为开启全面建设社会主义现代化国家新征程奠定坚实基础。"2021 年 2 月，习近平总书记在全国脱贫攻坚总结表彰大会上宣布："我国脱贫攻坚战取得了全面胜利，现行标准下 9899 万农村贫困人口全部脱贫，832 个贫困县全部摘帽，12.8 万个贫困村全部出列，区域性整体贫困得到解决，完成了消除绝对贫困的艰巨任务。"2020 年中国打赢的"脱贫攻坚战"，提前10 年实现联合国 2030 年可持续发展议程的减贫目标。美国库恩基金会主席罗伯特·劳伦斯·库恩认为，中国减贫实践，是"21 世纪最伟大的世界故事之一"。有世界银行专家认为，中国减贫"将成为全球反贫困事业的教科书"。全面建成小康社会目标如期实现，"彰显了中国特色社会主义的强大生机活力，党心军心民心空前凝聚振奋，为实现中华民族伟大复兴提供了更为完善的制度保证、更为坚实的物质基础、更为主动的

---

[1] 《习近平谈治国理政》第二卷，外文出版社 2017 年版，第 24 页。

精神力量"①。

2. 建设社会主义现代化国家初见成效

第一，从经济层面看，2021 年我国国内生产总值达到 114 万亿元，增长 8.1%。占全球经济的比重由 2012 年 11.4% 上升到 18% 以上，我国作为世界第二大经济体的地位在巩固中得到提升。人均国内生产总值达到 1.25 万美元，接近了高收入国家门槛。全国财政收入突破 20 万亿元，增长 10.7%。国际收支保持基本平衡。

第二，从制造业和基础设施看，我国制造业增加值多年稳居世界首位，220 多种工业产品产量居世界第一位，连续多年对世界经济增长年均贡献率超过 30%；高速铁路、高速公路、发电装机容量、互联网基础设施规模等居世界第一；高技术制造业增加值增长 18.2%，信息技术服务等生产性服务业较快发展，产业链韧性得到提升。

第三，从创新指数看，《2021 年全球创新指数报告》显示，在参与评价的 132 个经济体中，中国创新指数由 2015 年的第 29 位跃升到第 12 位，保持较快上升势头。

第四，从总体看，党的十九届六中全会从十三个方面进行了全方位的总结，这些取得的历史性成就、发生的历史性变革涵盖内政国防外交、治党治国治军等方面，正是建设社会主义现代化国家所取得的成就。

（二）全面深化改革，群众获得感进一步增强

1. 全面深化改革在广度和深度上都有很大发展

党的十八大以来，党中央团结带领全党全国各族人民，着力增强改革系统性、整体性、协同性，推出 1600 多项改革方案，啃下了不少硬骨头，闯过了不少急流险滩，改革呈现全面发力、多点突破、蹄疾步稳、纵深推

---

① 《中国共产党第十九届中央委员会第六次全体会议文件汇编》，人民出版社 2021 年版，第 90 页。

进的局面。习近平总书记指出："发挥好改革先导性作用，多推有利于增添经济发展动力的改革，多推有利于促进公平正义的改革，多推有利于增强人民群众获得感的改革，多推有利于调动广大人民群众积极性的改革。"① 中国在各个领域都取得了历史性成就、发生了历史性变革，都直接与全面深化改革密不可分。"中国特色社会主义制度更加成熟更加定型，国家治理体系和治理能力现代化水平不断提高，党和国家事业焕发出新的生机活力。"② 从现实来看，我们在"幼有所育、学有所教、劳有所得、病有所医、老有所养、住有所居、弱有所扶"上不断取得了新进展。通过"不忘初心、牢记使命"主题教育，强化了广大党员、干部的宗旨意识和为民情怀。我们在重要领域和关键环节推出了一批重大改革举措，深入推进供给侧结构性改革，"放管服"改革取得新进展。2021 年，我国市场主体总量超过 1.5 亿户。在高质量共建"一带一路"稳步推进的同时，推动区域全面经济伙伴关系协定生效实施。货物进出口总额增长 21.4%，实际使用外资保持增长。

2. 人民群众的获得感明显提升

习近平总书记强调："切实解决群众最关心最直接最现实的利益问题，特别是解决群众看病难、上学难、就业难、住房难等操心事、揪心事，以看得见的变化回应群众期盼，群众获得感、幸福感、安全感明显提升。"③

第一，在政治生活方面，我们不断发展全过程人民民主，人民享有更加广泛、更加充分、更加全面的民主权利。中国发展全过程人民民主，把选举民主与协商民主结合起来，把民主选举、民主协商、民主决策、民主管理、民主监督贯通起来，关注国家发展大事、社会治理难事、百姓日常

---

① 《习近平谈治国理政》第二卷，外文出版社 2017 年版，第 103 页。
② 《中国共产党第十九届中央委员会第六次全体会议文件汇编》，人民出版社 2021 年版，第 63 页。
③ 《习近平关于力戒形式主义官僚主义重要论述选编》，中央文献出版社 2020 年版，第 3 页。

琐事，具有时间上的连续性、内容上的整体性、运行上的协同性、人民参与上的广泛性和持续性。《中国的民主》白皮书指出："全过程人民民主，是中国共产党团结带领人民追求民主、发展民主、实现民主的伟大创造，是党不断推进中国民主理论创新、制度创新、实践创新的经验结晶。"我们"把全过程人民民主贯彻落实到人大立法、监督、代表等工作各方面各环节全过程。完善人大的民主民意表达平台和载体。建立22个基层立法联系点。增加法律草案征求意见系统和法规审查建议受理平台链接"①。

第二，在民生保障方面，我们历史性地解决了绝对贫困问题，贫困人口有了直接的获得感、幸福感、安全感。同时，"我们推动实现更加充分、更高质量的就业，建成了世界上规模最大的教育体系、社会保障体系、医疗卫生体系，大力改善人民生活环境质量"②。2021年，我国城镇新增就业1269万人，城镇调查失业率平均为5.1%。居民消费价格上涨0.9%。2020年，全国居民恩格尔系数为30.2%，比2000年下降12个百分点。截至2020年底，全国基本养老、失业、工伤保险参保人数分别达到9.99亿人、2.17亿人、2.68亿人，基本医疗保险覆盖超过13亿人，社会保障卡持卡人数达13.35亿人，建成了全球规模最大的社会保障体系。2020年，我国城镇居民和农村居民人均住房建筑面积分别达到39.9平方米、49.6平方米。③习近平总书记强调，我们"想问题、作决策、办事情都要站在群众的立场上，……真抓实干解民忧、抒民怨、暖民心，让人民群众获得感、幸福感、安全感更加充实、更有保障、更可持续"④，"要抓住人民最关心最直接最现实的利益问题……让人民群众有更多获得感、幸福感、安全感"⑤。面对突如其来的新冠疫情，我们始终坚持人民至上、

① 《全国人民代表大会常务委员会工作报告（摘要）》，《人民日报》2022年3月9日。
② 《坚定不移走中国人权发展道路　更好推动我国人权事业发展》，《光明日报》2022年2月27日。
③ 王灵桂：《全面建成小康社会与中国式现代化新道路》，《中国社会科学》2022年第3期。
④ 《习近平关于全面从严治党论述摘编》，中央文献出版社2016年版，第348页。
⑤ 《习近平谈治国理政》第三卷，外文出版社2020年版，第346页。

生命至上，疫情防控成果持续巩固。落实常态化防控举措，疫苗全程接种覆盖率超过85%，及时有效处置局部地区聚集性疫情，保障了人民生命安全和身体健康，维护了正常生产生活秩序。

第三，在人民生活水平方面，居民人均可支配收入实际增长8.1%，脱贫攻坚成果得到巩固和拓展，基本养老、基本医疗、社会救助等保障力度加大，新开工改造城镇老旧小区5.6万个而惠及近千万家庭，人民生活水平稳步提高。正如《中国共产党的历史使命与行动价值》白皮书所指出的："党的十八大以来，党坚持以人民为中心的发展思想，在促进共同富裕、实现公平正义上推出一系列开创性举措，从全面建成小康社会一个都不能少到抗击新冠肺炎疫情救治病患不惜一切代价，从打赢脱贫攻坚战、实施乡村振兴战略到推进以人为核心的新型城镇化，从'绿水青山就是金山银山'到'房子是用来住的、不是用来炒的'，从防止资本无序扩张到让人民群众在每一宗司法案件中感受到公平正义，人民享有更多实实在在的发展成果。"党的二十大报告明确指出，"人民群众获得感、幸福感、安全感更加充实、更有保障、更可持续，共同富裕取得新成效"。

（三）全面依法治国，法治公信力进一步提升

《法治中国建设规划（2020—2025年）》明确指出，"党的十八大以来，以习近平同志为核心的党中央从坚持和发展中国特色社会主义的全局和战略高度定位法治、布局法治、厉行法治，将全面依法治国纳入'四个全面'战略布局，加强党对全面依法治国的集中统一领导，全面推进科学立法、严格执法、公正司法、全民守法，形成了习近平法治思想，开创了全面依法治国新局面，为在新的起点上建设法治中国奠定了坚实基础"。其中，最重大的成果就是形成了习近平法治思想，其核心要义就在于"十一个坚持"。在习近平法治思想指导下的全面依法治国，进一步保障和促进社会公平正义，"努力让人民群众在每一项法律制度、每一个执法决定、每一宗司法案件中都感受到公平正义"，极大地提升了法治公信力。

1. 进一步稳固法治根基以提升法治公信力

一方面,"根基不牢,地动山摇"。全面依法治国最广泛、最深厚的基础是人民,必须把体现人民利益、反映人民愿望、维护人民权益、增进人民福祉落实到全面依法治国各领域全过程。另一方面,"法治是良法之治"。党的十八大以来,我国通过宪法修正案,制定民法典、外商投资法、国家安全法、监察法等法律,修改立法法、国防法、环境保护法等法律,加强重点领域、新兴领域、涉外领域立法,进一步完善了以宪法为核心的中国特色社会主义法律体系,中国的立法质量有了显著提升。

2. 进一步弘扬社会主义法治精神以提升法治公信力

从理论和实践上看,法治的实现程度决定于"民情"。为此,中国共产党领导健全了保证宪法全面实施的体制机制,确立宪法宣誓制度,切实提高国家机构依法履职能力,提高各级领导干部运用法治思维和法治方式解决问题、推动发展的能力,中国共产党领导立法、保证执法、支持司法、带头守法,以增强全社会法治意识。当然,要彻底根除"信访不信法,信权不信法,信人不信法"的人治现象,还需要进一步加强法治建设。

3. 进一步推进公平正义以提高司法公信力

司法是社会公平正义的最后一道防线,习近平总书记反复引用培根的"司法公正"命题。为确保执法司法公正廉洁高效权威,中国共产党领导深化以"司法责任制"为重点的司法体制改革,推进政法领域全面深化改革。一方面,加强对执法司法活动的监督制约,依法纠正冤错案件;另一方面,开展政法队伍教育整顿,严厉惩治执法司法腐败,法治公信力显著增强。《中共中央关于党的百年奋斗重大成就和历史经验的决议》指出:"党的十八大以来,中国特色社会主义法治体系不断健全,法治中国建设迈出坚实步伐,法治固根本、稳预期、利长远的保障作用进一步发挥,党运用法治方式领导和治理国家的能力显著增强。"党的二十大报告明确指出，新时代的十年来，"社会主义法治国家建设深入推进，全面依法治国总体格局基本形成，中国特色社会主义法治体系加快建设，司法体制改革取得重大进展，社会公平正义保障更为坚实，法治中国建设开创新局面"。

（四）全面从严治党，党内政治生态进一步净化

党的十八大以来，以习近平同志为核心的党中央以刀刃向内的勇气向党内顽瘴痼疾开刀，化解了党所面临的严重政治风险，正本清源，保证全党沿着正确的方向前进，对党、国家、民族都产生了不可估量的深远影响。从人民群众最痛恨的腐败现象来看，我们党以猛药祛疴、重典治乱的决心，以刮骨疗毒、壮士断腕的勇气，开展了史无前例的反腐败斗争，不敢腐、不能腐、不想腐一体推进，"打虎""拍蝇""猎狐"多管齐下，反腐败斗争取得压倒性胜利并全面巩固。同时，中国共产党作为世界上最大的马克思主义执政党，要始终赢得人民拥护、巩固长期执政地位，必须时刻保持解决大党独有难题的清醒和坚定。这是对新时代新征程全面从严治党提出的新的重大命题。事实上，解决大党独有难题，是一个长期而艰巨的过程。我们要"站在事关党长期执政、国家长治久安、人民幸福安康的高度，把全面从严治党作为党的长期战略、永恒课题，始终坚持问题导向，保持战略定力，发扬彻底的自我革命精神，永远吹冲锋号，把严的基调、严的措施、严的氛围长期坚持下去，把党的伟大自我革命进行到底，确保党永远不变质、不变色、不变味"，而"健全全面从严治党体系，是加强新时代党的建设、解决大党独有难题的重大举措"。

1. 加强党的政治建设的成效显著

新时代以来，我们全面加强了党的领导，明确中国特色社会主义最本质的特征是中国共产党领导，中国特色社会主义制度的最大优势是中国共产党领导，中国共产党是最高政治领导力量，坚持党中央集中统一领导是最高政治原则。党的二十大报告明确指出，我们通过"系统完善党的领导

制度体系，全党增强'四个意识'，自觉在思想上政治上行动上同党中央保持高度一致，不断提高政治判断力、政治领悟力、政治执行力，确保党中央权威和集中统一领导，确保党发挥总揽全局、协调各方的领导核心作用，我们这个拥有九千六百多万名党员的马克思主义政党更加团结统一"。同时，我们确立和坚持马克思主义在意识形态领域指导地位的根本制度，"意识形态领域形势发生全局性、根本性转变……全党全国各族人民文化自信明显增强、精神面貌更加奋发昂扬"①。

2. 坚持推进作风建设促进党风政风和社会风气为之一新

习近平总书记强调指出，打铁必须自身硬，办好中国的事情，关键在党，关键在党要管党、全面从严治党。党中央从制定和落实中央八项规定破题，中央政治局每年召开民主生活会，开展批评和自我批评。发扬钉钉子精神，反对特权思想和特权现象，狠刹公款吃喝、送礼、旅游、奢侈浪费等不正之风，推进基层减负，倡导勤俭节约、反对铺张浪费，解决了群众反映强烈、损害群众利益的突出问题，刹住了一些过去被认为不可能刹住的"歪风"，纠治了一些多年未除的顽瘴痼疾，以党风促政风从而推进社会风气为之一新。跳出"历史周期率"陷阱是关系党千秋伟业的一个重大问题，关系党的生死存亡，关系我国社会主义制度的兴衰成败。如何跳出历史周期率？我们党始终在思索、一直在探索。毛泽东同志在延安的窑洞里给出了第一个答案，这就是"让人民来监督政府"；经过百年奋斗特别是党的十八大以来新的实践，党又给出了第二个答案，这就是自我革命。

3. 坚持思想建党和制度治党协同发力推动党内政治生态持续好转

全面从严治党，从根本上来说，就是要解决好领导干部和党员的世界观、人生观、价值观这个"总开关"问题。党的十八大以来，先后开展党的群众路线教育实践活动、"三严三实"专题教育、"两学一做"学习教育、"不忘初心、牢记使命"主题教育、党史学习教育和习近平新时代中

① 《党的二十大报告学习辅导百问》，学习出版社 2022 年版，第 8 页。

国特色社会主义思想主题教育等，教育引导广大党员、干部特别是领导干部从思想上正本清源、固本培元，以"筑牢信仰之基、补足精神之钙、把稳思想之舵"。同时，贯彻新时代党的组织路线，明确"信念坚定、为民服务、勤政务实、敢于担当、清正廉洁"的新时代好干部标准，坚持德才兼备、以德为先，五湖四海、任人唯贤，事业为上、公道正派，不唯票、不唯分、不唯生产总值、不唯年龄，"不海推"、"不海选"，树立正确用人导向，纠正选人用人上的不正之风。党坚持纪严于法、执纪执法贯通，用好监督执纪"四种形态"，强化政治纪律和组织纪律，带动各项纪律全面严起来。党坚持依规治党，严格遵守党章，形成比较完善的党内法规体系，严格制度执行，党的建设科学化、制度化、规范化水平明显提高。通过对广大党员、干部深入进行清正廉洁教育，习近平总书记指出："发挥先进典型示范激励作用，深入开展反面典型警示教育，以案示警、以案明纪，促进党员、干部知敬畏、守底线，纪律意识和规矩意识进一步提升，公正用权、依法用权、廉洁用权的自觉性明显增强，党群干群关系更加密切，党内政治生态持续好转。"①

4. 持续推进反腐败斗争并全面巩固以实现党内政治生态良性发展

党的十九届六中全会强调，腐败是党长期执政的最大威胁，反腐败是一场输不起也决不能输的重大政治斗争。必须把权力关进制度的笼子里，依纪依法设定权力、规范权力、制约权力、监督权力，坚持不敢腐、不能腐、不想腐一体推进，惩治震慑、制度约束、提高觉悟一体发力，坚持无禁区、全覆盖、零容忍，重遏制、强高压、长震慑，以猛药去疴、重典治乱的决心，以刮骨疗毒、壮士断腕的勇气，坚定不移"打虎""拍蝇""猎狐"。坚决整治群众身边腐败问题，深入开展国际追逃追赃，清除一切腐败分子。同时，坚持把扫黑除恶与反腐败结合起来，同基层"拍蝇"结合起来，严厉打击"村霸"、黄赌毒和宗族恶势力，狠抓后面的"保护

---

① 《习近平关于力戒形式主义官僚主义重要论述选编》，中央文献出版社2020年版，第3页。

伞",增强了人民群众的获得感、幸福感和安全感。经过坚决斗争,全面从严治党的政治引领和政治保障作用充分发挥,党的自我净化、自我完善、自我革新、自我提高能力显著增强。

总之,在新发展阶段,"四个全面"战略布局体现着"变"与"不变"的辩证统一,"变"主要体现在理论内涵、实践场域和战略重心,"不变"主要体现在逻辑结构、历史基座和战略坚守。

第五章 新时代推进总体布局与战略布局的重大贡献

百年沧桑巨变，汇聚成历史的大江大河，以习近平同志为核心的党中央，为实现"两个一百年"奋斗目标，统筹推进"五位一体"总体布局，协调推进"四个全面"战略布局，以伟大的历史主动精神、巨大的政治勇气、强烈的责任担当，采取一系列战略性举措，推进一系列变革性实践，实现了一系列突破性进展，取得了一系列标志性成果，经受住了来自政治、经济、意识形态、自然界等方面的风险挑战与考验，党和国家的事业取得历史性成就、发生历史性变革，为推动我国迈上全面建设社会主义现代化国家新征程，作出重大贡献，对世界产生了积极而深远的影响。

一、总体布局与战略布局实践的理论贡献

党的十九届六中全会明确和强调，"两个布局"是科学社会主义理论逻辑和中国社会发展历史逻辑的有机统一，是指导中国特色社会主义事业不断取得新胜利的制胜法宝。在党的二十大报告中，习近平总书记回顾过去十年的伟大变革，再次明确"五位一体"总体布局和"四个全面"战略布局。

（一）中国式现代化新道路的重大理论创新

方向决定道路，道路决定命运。举什么旗、走什么路，对于一个政

党、一个国家至关重要。习近平总书记在党的二十大报告中庄严宣示："从现在起，中国共产党的中心任务就是团结带领全国各族人民全面建成社会主义现代化强国、实现第二个百年奋斗目标，以中国式现代化全面推进中华民族伟大复兴。"习近平总书记强调"中国式现代化"的独特特征及其所蕴含的"现代"元素和"中国"因素，形成了完整系统的中国式现代化理论，推动了社会主义现代化建设取得历史性成就、发生历史性变革，为中国式现代化道路提供了更为完善的制度保证、更为坚实的物质基础、更为主动的精神力量。中国式现代化道路坚持以人民为中心，把推动人的全面发展置于核心地位。中国式现代化道路是以实现中华民族伟大复兴为主题，坚持中国共产党的领导，坚持独立自主、全面发展的中国特色社会主义现代化新道路。习近平总书记在庆祝中国共产党成立100周年大会上的重要讲话中强调指出："我们坚持和发展中国特色社会主义，推动物质文明、政治文明、精神文明、社会文明、生态文明协调发展，创造了中国式现代化新道路，创造了人类文明新形态。"中国共产党自成立之日起，始终牢记和践行为中国人民谋幸福、为中华民族谋复兴的初心使命，团结带领中国人民经过艰辛探索、接续奋斗，不断解放和发展社会生产力，推动我国社会主义现代化建设取得举世瞩目的成就。

1. "中国式现代化新道路"内涵

习近平总书记在党的二十大报告中深刻阐释："中国式现代化，是中国共产党领导的社会主义现代化，既有各国现代化的共同特征，更有基于自己国情的中国特色。"中国的现代化必须具有中国特色、符合中国实际，党的二十大报告阐释了中国式现代化的特征：人口规模巨大的现代化，全体人民共同富裕的现代化，物质文明和精神文明相协调的现代化，人与自然和谐共生的现代化，走和平发展道路的现代化。报告也明确提出中国式现代化的本质要求：坚持中国共产党领导，坚持中国特色社会主义，实现高质量发展，发展全过程人民民主，丰富人民精神世界，实现全体人民共同富裕，促进人与自然和谐共生，推动构建人类命运共同体，创造人类文明新形态。也就是说，中国式现代化是与近代以来西方资本主义现代化道路不同的现代化道路，是具有中华民族特色的现代化道路，是中国特色社会主义的现代化道路，是经济、政治、文化、社会、生态文明等全面发展的现代化道路，是和平发展、为中国人民和世界各国人民造福的现代化道路。中国式现代化创造了不同于西方资本主义现代化的新模式，为发展中国家实现现代化提供了一种新的借鉴和选择。

2. "两个布局"贯穿于现代化道路的历史演进

"履不必同，期于适足；治不必同，期于利民。"实现现代化，作为人类文明发展与进步的显著标志，是近代以来世界各国孜孜以求的共同目标，但通往现代化的道路并没有固定模式，适合自己的才是最好的。从历史上看，世界现代化进程起步于18世纪中叶英国开启的工业革命，西方资本主义文明片面地追求"资本盈利"的发展模式，而东方社会主义国家与西方国家的现代化历史演进不同，中国式现代化新道路有其独特的历史逻辑。近代以来，面对民族危亡，中国开启了现代化（近代化）的历史征程。为了解决器物不如人的问题，搬来了西方科学技术搞洋务运动，结果功亏一篑；为了解决制度不如人的问题，搬来了西方的君主立宪制搞"戊戌变法"，结果仅103天便夭折；又搬来了民主共和制搞辛亥革命，结果革命果实又被窃取。用毛泽东同志的话来说就是，这些西方思想武器"软弱得很，又是抵不住，败下阵来，宣告破产了"。随着新文化运动的开展，马克思主义与西方众多思想一起来到中国，中国先进分子经过反复比较、反复试验，最终，选择了马克思主义，并把马克思主义与中国工人运动相结合，成立了中国共产党。中国共产党成立后，经过新民主主义革命，建立了新中国，为中国式现代化新道路奠定了民族国家前提和根本社会条件。新中国成立后，中国共产党高举现代化大旗，从"四个现代化"到"基本实现社会主义现代化"，再到从2020年到2050年分"两步走"实现社会主义现代化强国，为中国式现代化新道路确立了制度保证、物质基础和精神力量。从"三个现代化"到"四个现代化"再到"中国式的现代化";从小康到全面小康,再到全面建成社会主义现代化强国,中国式现代化新道路有自己独特的演进逻辑。中国式现代化道路始终注重文明发展的全面性,并且不断丰富自身的文明内涵,在现代化实践中,逐步形成了物质文明、政治文明、精神文明、社会文明、生态文明"五位一体"协调发展的新模式,从而在极大程度上实现了对资本主义文明逻辑的超越。中国共产党的百年历史,就是中国共产党带领中国人民为实现现代化、开创中国式现代化新道路而不懈奋斗的历史。中国用几十年的时间走过了西方200多年的现代化道路,取得了世界瞩目的令人惊叹的伟大成就。这也是中国式现代化道路带来的成就。习近平总书记在庆祝中国共产党成立100周年大会上的讲话中,高度概括了这一历史进程,明确指出,走自己的路,是党的全部理论和实践的立足点,更是党百年奋斗得出的历史结论。

3. "两个布局"体现现代化道路系统观念

中国式现代化道路坚持"五位一体"统筹推进,体现的是一种系统思维。党的十九届五中全会提出将"坚持系统观念"作为"十四五"时期我国经济社会发展必须遵循的一项重要原则。坚持系统观念,要求加强前瞻性思考、全局性谋划、战略性布局、整体性推进。系统思维既是构成中国共产党推进现代化建设的重要方法论基础,同时也是中国式现代化道路具有全面性文明指向的重要前提。这种全面性文明是一种新的文明形态,正如习近平总书记在党的二十大报告中所强调指出的,中国式现代化是社会主义的现代化,"是人口规模巨大的现代化,是全体人民共同富裕的现代化,是物质文明和精神文明相协调的现代化,是人与自然和谐共生的现代化,是走和平发展道路的现代化"。中国式现代化道路变单维发展为全面发展。而西式现代化,尤其是早期的现代化,却存在单向度发展、异化发展等问题。许多理论家深刻地揭露了其异化状态,如马克思认为,异化劳动形成了异化世界,把工人阶级降到非人的地位。马尔库塞指出,发达工业文明中，人作为"一种工具、一种物而存在"[①]。中国式现代化秉持马克思主义人的全面发展理论，坚持以人民为中心，构建全面协调可持续发展模式，推动物质文明、政治文明、精神文明、社会文明、生态文明协调发展，"促进现代化建设各个方面、各个环节相协调"。这种新文明开辟了世界文明发展的新境界，创造了现代性文明的新形态，昭示着人类文明进步的大方向，是对资本主义文明片面追求"资本盈利"模式的超越，具有丰富的文明内涵、广泛的文明影响和深刻的文明价值。

目前，"全面建成小康社会"的战略目标已经实现，"四个全面"的内涵与时俱进，"全面建设社会主义现代化国家"成为党和国家奋斗的新目标。党的二十大提出中国共产党的中心任务就是团结带领全国各族人民全面建成社会主义现代化强国、实现第二个百年奋斗目标，以中国式现代化全面推进中华民族伟大复兴。前进没有止境。"五位一体"总体布局、"四个全面"战略布局是习近平新时代中国特色社会主义思想的重要内容。明确了两个"布局"，就明确了我们实现"总目标"的"路线图"。中国特色社会主义是党和人民历经千辛万苦、付出巨大代价取得的根本成就，是实现中华民族伟大复兴的正确道路。我们坚持和发展中国特色社会主义，符合中国实际，不仅体现了社会主义建设规律，而且体现了人类社会发展规律，是合目的性与合规律性的统一，是中国式现代化道路的理论的重大创新。

（二）对人类文明发展观的丰富和发展

社会主义代表着人类文明的新形态，与资本主义制度不同，除了生产力的变革，还以合理的价值取向和有效的制度载体为表征。40多年的改革开放所取得的伟大成就充分说明：中国特色社会主义不仅从根本上改变

---

① 赫伯特·马尔库塞：《单向度的人：发达工业社会意识形态研究》，刘继译，世纪出版集团、上海译文出版社2008年版，第28页。

了近代以来的"东方从属于西方"的世界格局，而且实践了马克思关于人类文明新形态的科学构想，创新了人与自然、人与人、人与自身的价值关系，塑造和引领了创建人类文明新形态的时代精神。而中国式现代化，打破了"现代化就是西方化"的路径依赖，蹚出了一条发展中国家走向现代化的新道路。

1. 中国道路开辟了和平发展的人类文明新路

世界文化是多元的，人类走向文明的道路也应是多样的。强调人类文明社会发展既是统一的又是多样的，是马克思主义唯物史观的重要内容。马克思一方面认为，人类文明社会的发展是一个自然历史过程，人类社会按照内在的规律总会有一个总的趋向；另一方面又提出，由于人类文明社会发展所依据的各种历史条件具有特殊性和差异性，不同的民族和国家在发展过程中也会表现出不同的内容和形式。

回望党的百年奋斗历程，无论是从社会文明形态，还是从人类文明创造、集成、利用，抑或是从文明发展趋势来看，中国共产党所创造的人类文明成果都显现出了巨大优势。我们党领导人民不仅创造了世所罕见的经济快速发展和社会长期稳定两大奇迹，而且成功走出了中国式现代化道路，创造了人类文明新形态。实践已经证明，中国特色社会主义所开创的中国式现代化新道路，以五个文明协调发展为总体布局，为人类文明新形态奠定了现实基础，同时也确立了人类文明新形态的价值取向。首先，中国特色社会主义创造的人类文明新形态秉持"共同富裕"的文明逻辑。物质文明建设位居中国式现代化的首要位置，是文明新形态的首要因素和关键表征。"生产力是文明形态变革及其重塑的关键'测温器'和'指示器'。"[①]"解放生产力、发展生产力"是社会主义的首要本质，以实现共同富裕为目标，使现代化成果最大程度地惠及全体人民是中国式现代化的

---

① 郝志昌：《超越资本文明：人类文明形态变革的学理性根据》，《河南大学学报（社会科学版）》2021年第1期。

本质特征。其次，中国特色社会主义创造的人类文明新形态秉持"整体性"的文明逻辑。中国特色社会主义开创的人类文明不是片面的，而是一条物质文明、政治文明、精神文明、社会文明、生态文明五位一体协调发展的整体性文明道路。再次，中国特色社会主义创造的人类文明新形态秉持"以人民为中心"的文明逻辑。在中国式现代化的前进道路中，塑造自由、全面发展的时代新人是实现中华民族伟大复兴中国梦的根本着力点，人民对美好生活的向往是中国共产党始终不渝的奋斗目标，真正体现了社会主义国家的本质特征和根本属性。最后，中国特色社会主义创造的人类文明新形态秉持"人类命运共同体"的文明逻辑。人类文明新形态着眼于人类社会的总体发展，构建"人类命运共同体"的倡议擘画了全球化时代人类和平发展的宏伟蓝图。中国式现代化道路摒弃西方现代化的霸权主义，走的是一条"为世界谋大同"的和平发展道路。正在实现中华民族伟大复兴的中国，不仅经济腾飞，而且包容文明多样，追求合作共赢；不仅"各美其美""美人之美"，而且追求"美美与共"，以"人类命运共同体"的新哲学理念开启人类文明新形态。在马克思主义的坚定指导下，中国坚持不懈地以时代性的内容、民族性的形式引领着人类文明形态的变革，并在长期的实践中探索出科学的制度体系，筑就了一条人类通向远方的道路。

2. "两个布局"为人类文明破解难题提供了借鉴

各种文明形态，都曾给人类带来了进步，特别是资本主义文明，更是使人类的进步达到了空前的程度。但同时也使人类面临着前所未有的挑战。现实无情地告诉人类：人类文明正处于历史的转折点上，如果人类不能应对所面临的挑战，不能破解所面临的难题，那么人类随着文明的衰败而一起陨落就并不是没有可能的。党的二十大指出："当前，世界之变、时代之变、历史之变正以前所未有的方式展开，人类社会面临前所未有的挑战。世界又一次站在历史的十字路口，何去何从取决于各国人民的抉择。中国始终坚持维护世界和平、促进共同发展的外交政策宗旨，致力于推动构建人类命运共同体。"

人们通常所说的"中国模式",实际上指的是一种新的文明形态。这种人类文明形态的出现使西方文明走下了神坛,避免了当今人类文明变成清一色的西方特征。一些国外学者也注意到了中国文明形式的出现是对西方文明的挑战和竞争,其中值得关注的重点便是"五位一体"总体布局与"四个全面"战略布局。中国共产党之所以能对人类文明破解难题提供借鉴,关键是因为中国的制度建构实现了社会主义与中国特色的结合。"由于作为'实在主体'的中国社会的本质特征,现代化进程的中国道路决定性地采取了社会主义的定向;并且由于这一定向本身的性质,使得中华民族的复兴事业在实现其现代化的特定阶段上,不可避免地开展出新文明类型的历史前景。"① 而中国特色社会主义所创造的文明是"五位一体"和"四个全面"的新文明发展观,既体现着衡量文明的重要标尺,"两个布局"之间又是相互联系的,相互发展促进的。"五位一体"总体布局在当前阶段,甚至在未来相当长一段时期内都将在我国发展过程中居于总体地位,主导着"四个全面"战略布局。在协调推进"四个全面"战略布局的时候,要服从于"五位一体"总体布局。"四个全面"战略布局的协调推进是"五位一体"总体布局的重点。"五位一体"具有长期性和战略指导性,"四个全面"具有阶段性和现实指向性,两者既是整体规划和重点推进的有机统一,又是长远目标与阶段任务的有机统一。而中国特色社会主义制度这一具体制度是新的文明逻辑成功展现的根本保证,阐发了人类文明新发展观的合理性和生命力,彰显了人类文明新发展观的本质话语。同时,"两个布局"理论遵循了马克思主义社会有机体论,强调人、物和社会结构等各要素在社会矛盾运动中的有机统一,是当代中国马克思主义发展观,为世界上其他国家和地区破解这些难题产生了强烈的示范效应,从而为当今人类文明通过破解这些难题获取新的进步作出了自己独特的贡

---

① 吴晓明:《"中国方案"开启全球治理的新文明类型》,《中国社会科学》2017 年第 10 期。

献，是对人类文明发展观的丰富和发展。

（三）为世界和平与发展贡献中国智慧与中国经验

党的二十大报告指出："当前，世界之变、时代之变、历史之变正以前所未有的方式展开，人类社会面临前所未有的挑战。世界又一次站在历史的十字路口，何去何从取决于各国人民的抉择。"与此同时，"和平赤字、发展赤字、治理赤字，是摆在全人类面前的严峻挑战"①。西方文明曾经是人类社会发展的推动力量，然而面对当前全球经济增长动能不足、全球发展失衡、全球治理滞后等难题，西方世界的"西方中心论""文明冲突论""国强必霸""零和博弈"等思维方式却已然束手无策，西方文明走向衰落、多元文明开始崛起成为不争的事实。时代的发展形塑着现代化的内涵与标准。面对共同的问题，各国都在探寻在新的时代条件下推进发展的道路与方法。

1. "两个布局"的实践贡献了中国智慧

人类社会一直是在矛盾中走向文明的。马克思认为，矛盾是人类社会的普遍存在，也是事物发展的力量源泉，事物发展由多种矛盾引起。人类文明的进步也是如此，无不在多种矛盾的挑战与应对中完成。哲学家汤因比指出："文明的起因不是一个统一的整体，而是一种关系。"② 当今人类社会正处于大调整时期，一方面，新兴市场国家和发展中国家群体性崛起，特别是中国的新型现代化之路取得了举世瞩目的成就，创造了经济快速增长和社会长期稳定的两大奇迹，极大提升了中国的国家实力和国际地位，从根本上改变了国际力量的对比；以大数据、云计算、量子科技、5G通信网络为特征的新一轮产业变革和科技革命孕育兴起，给我们带来了许多新的发展机遇。另一方面，人类面临的挑战层出不穷，全球治理面临着

---

① 《习近平谈治国理政》第二卷，外文出版社 2017 年版，第 509 页。

② 汤因比：《历史研究》，刘北成、郭小凌译，上海人民出版社 2000 年版，第 73 页。

国际范围内单边主义、保护主义抬头，局部冲突频发、地区发展不平衡，自然灾害与流行疾病不断等多种挑战；世界的不稳定性、不确定性不断上升，如治理赤字、信任赤字、发展赤字等全球性困扰，金融危机、地区冲突、恐怖主义、生态危机、难民潮、全球性疾病等全球性问题频发。"世界怎么了、我们怎么办？"中国站在全人类的高度，给出了"构建人类命运共同体"的方案。人是类存在物，人类生活在同一个地球村里，生活在历史和现实交汇的同一个时空里，越来越成为你中有我、我中有你的命运共同体。在全球化日益加速的时代，人类相互依存的程度空前加深、命运也更加休戚与共，世界各国都要以命运共同体的视角，积极寻求人类的共同价值和利益，解决人类面临的共同问题，让世界人民对美好生活的向往变成现实。

目前，中国已经从一个贫穷落后的国家发展成一个全面小康、正在奔向现代化的国家，日益走近世界舞台中央，对国际发展起着举足轻重的作用。伴随着为人类贡献的能力的提升，习近平总书记庄严向全世界宣告："我们将从世界和平与发展的大义出发，贡献处理当代国际关系的中国智慧，贡献完善全球治理的中国方案，为人类社会应对 21 世纪的各种挑战作出自己的贡献。"① 中国式现代化对内坚持物质文明、政治文明、精神文明、社会文明、生态文明"五位一体"协调发展，各方面建设均取得重要成就，中国创造"经济快速发展"和"社会长期稳定"两大奇迹，14亿多中国人民摆脱贫困、实现全面小康，这在人类历史上是前无古人的创举。对外坚持走和平发展道路，在自身发展的同时，积极参与全球治理体系变革，使构建人类命运共同体成为引领时代潮流和人类前进方向的鲜明旗帜。中国不仅成为世界经济发展的重要增长极，而且成为维护世界和平的重要力量，中国以实际行动推动世界和平与发展的崇高事业，为解决人类面临的问题提供了路径选择和制度补充，为人类的发展贡献了中国智

---

① 习近平：《论坚持推动构建人类命运共同体》，中央文献出版社 2018 年版，第 92 页。

慧。党的二十大报告指出："中国积极参与全球治理体系改革和建设，坚持真正的多边主义，推进国际关系民主化，推动全球治理朝着更加公正合理的方向发展"，展示了中华民族"修之天下，其德乃普"的博大胸襟。

2. 为发展中国家现代化提供中国经验

在中国式现代化模式形成之前，世界上有两种现代化模式，一种是"西方模式"，另一种是"苏联模式"。西方资产阶级革命废除了君主专制和文化专制，打破了封建土地所有制，建立了资本主义民主政治制度，在一定程度上解放了生产力，促进了国家的现代化。西方资本主义国家的现代化核心是"私有制""市场化""资本化""自由化"，不能从根本上解决个人与阶级之间的公平与均衡问题，解决不了私有制与社会化之间的矛盾问题，尤为不道德的是，西方国家的现代化通常是建立在掠夺和牺牲落后国家与民族利益之上的现代化。伴随着十月革命，俄国建立了世界上第一个社会主义国家，不仅改变了世界发展面貌，而且开创了社会主义现代化的"苏联模式"。面对帝国主义的围剿和战争的威胁，苏联以行政强制手段最大限度地集中资源，着力发展重工业，以重工业推动国家现代化，短时间内完成了由落后农业国向强大工业国的飞跃，工业总产值跃居世界第二，教育、科技、文化也走在世界前沿，实现了西方资本主义国家几十年甚至上百年才达到的现代化。"苏联模式"对国家现代化起到了巨大的推动作用，但也存在明显不足：经济上片面强调重工业与国防工业，忽视了与民生关联最大的农业和轻工业，过度强调计划的作用，排斥市场作用；政治上推行高度集权和行政强制，轻视民主与法治建设；在对外关系上推行大国沙文主义，粗暴干涉别国内政。"西方模式"和"苏联模式"在特定历史条件下对国家的现代化都起到推动作用，但缺陷和不足也给模仿和照搬的国家造成巨大损失，导致一些国家陷入社会动荡与经济危机，苏联自身也因之走向了解体。

中国坚定不移地走自己的道路，不懈探索现代化建设规律，经过几十年的艰苦摸索，逐步形成了独具特色的现代化发展的中国模式。一方面，

"中国模式"具有鲜明的特色：一是坚持以市场为主导的同时，强化政府的宏观调控作用；二是坚持以公有制为主体的多种所有制经济共同发展；三是扩大对外开放，积极融入全球化；四是以要素投入、结构调整、技术进步和制度创新推动经济增长；五是坚持创新、协调、绿色、开放、共享的新发展理念。另一方面，"中国模式"凝聚着党和人民现代化建设的宝贵经验：一是将发展作为第一要务，牢牢抓住经济建设这一中心；二是结合自身国情，不盲目照搬照抄；三是坚持改革的试验性和可控性、开放的主动性和渐进性、改革与开放的互动性和协调性；四是坚持独立自主发展，不受外来胁迫；五是改革体制机制弊端，释放有利于发展的活力；六是坚持统筹兼顾、以人为本、全面协调可持续发展；七是坚持走从传统农业到现代工业、从现代工业到信息社会的新型工业化道路。"中国模式"是一个致力于从传统到现代的自我更新模式，是一个独立自主且符合中国现实社会的现代化模式，它超越了"苏联模式"和"西方模式"。

百年风雨历程，百年砥砺前行。伟大的中国共产党在100多年的奋斗中，已经具备了为世界作出更大贡献的基础和条件。中国共产党作为为中国人民谋幸福、为人类进步事业而奋斗的政党，始终把为人类作出新的、更大的贡献作为自己的使命，不断创新促进和平与发展的新方案。党的十八大以来，一系列富有中国特色、体现时代精神、引领人类进步发展潮流的新理念、新主张、新倡议、新举措，尤其是"五位一体"总体布局和"四个全面"的战略布局，对构建新时代中国高水平对外开放的新局面，全面建成小康社会，夺取新时代中国特色社会主义伟大胜利提供了有力支撑，为人类共同事业作出了更大贡献。在习近平新时代中国特色社会主义思想的指引下，中国共产党一定会以中国智慧、中国力量、中国方案，为世界和平发展作出更加举世瞩目的伟大贡献。

二、总体布局与战略布局实践的世界意义

"两个布局"为我国经济社会发展赋予了新内涵，创设了新标准，确

立了新坐标，指明了新方向，成为习近平新时代中国特色社会主义思想的有机组成部分，是我们党领导全国各族人民建设社会主义现代化强国的战略性设计，是新时代坚持和发展中国特色社会主义的实践指南，也是创造性运用马克思主义社会发展理论的成功典范，开创了中国特色社会主义发展的新境界。与此同时，我们也清晰地看到，"五位一体"总体布局及其实施，已经对世界各国尤其是广大发展中国家的发展理念与思路，当今国际经济政治治理新格局的形成，以及探索人类更加美好社会制度产生了积极而深远的影响，成为"中国方案"、"中国价值"、"中国智慧"与"中国经验"的重要内涵。

（一）为广大发展中国家现代化之路提供了中国思路

随着现代化和全球化的相互交织与深入发展，广大发展中国家在其发展过程中不可避免地遭遇到诸多问题与挑战。中国是发展中国家中的影响力大国，经过长期探索形成的"两个布局"实践对那些既希望保持自身独立又想实现现代化的发展中国家提供了重要借鉴。

1. "两个布局"实践为广大发展中国家实现现代化点燃希望之火

20世纪以来，尽管一批发展中国家通过革命推翻了帝国主义的统治，纷纷实现了民族独立和国家解放，但大多数发展中国家普遍面临着如何才能走出一条适合本国国情的现代化道路的难题。要么照抄照搬西方发达国家的现代化道路，要么独立自主探索出一条适合本国的现代化道路。西方国家利用全球化浪潮加大对发展中国家植入"华盛顿共识"的力度，导致发展中国家纷纷开启了模仿和依附西方国家现代化的发展道路。然而，这些照抄照搬欧美国家现代化发展模式的发展中国家不仅没有成功解决本国原有的发展问题，反而将自己推向了经济衰退和社会动荡的万丈深渊，从此一蹶不振。"两个布局"的伟大实践跳出了"西方中心论""全盘西化论""历史终结论"等以资本主义现代性为中心的话语束缚，使中国走出一条既符合世界现代性一般规律又立足本国国情的新型现代化道路。"两个布局"的成功实践向世界各国证明：实现现代化的道路有很多条，并不是只有西方模式这一条道路，只有适合本国国情的现代化道路才是最好的现代化道路，也为那些既希望保持自身独立又致力于实现现代化的发展中国家点燃了希望之火。

2. "两个布局"实践为广大发展中国家实现现代化提供全新路径选择

选择什么样的发展模式和现代化道路本应由各个国家自己决定，从本国历史文化传统、经济社会发展条件等自身基本国情出发，从而选择一条最适合本国国情的现代化道路。对于广大发展中国家而言，现代化道路的选择通常与政权属性的选择紧密结合，其追求现代化的进程也是同国家的革命或政权的构建紧密结合起来的，大多数发展中国家都是通过民族革命取得自身独立和解放的。但由于受到世界局势尤其是西方国家直接或间接的影响，这些发展中国家被迫纳入资本主义世界经济体系中并时常处于劣势地位，在全球产业链和价值链中都处于低端位置，往往受到资本主义国家的钳制，导致发展中国家往往不能自主选择现代化道路。作为最大的发展中国家，中国同样面临着与其他发展中国家在现代化进程中相同或类似的矛盾、问题和任务。中国特色社会主义进入新时代，以习近平同志为核心的党中央带领全党全国各族人民立足国情，勇于探索，成功开辟出独具优势的"两个布局"伟大实践。"两个布局"坚持以人民为中心的发展理念，既区别于以资本逻辑为中心的西方现代化模式，又区别于失衡跛脚的赶超式的苏联社会主义现代化模式，不仅开辟出了一种全新的现代化模式，拓展了发展中国家走向现代化的途径，更是为广大发展中国家如何科学处理保持本国独立自主和加强对外开放之间的关系提供了参考范式。中国也用其独特的方式向世界各国贡献了现代化道路的中国智慧和中国方案，即在先进政党的引领下，落后国家和民族是可以找到一条适合本国国情又具备自身民族特点及历史文化特点的现代化发展道路的，从而最终实现民族复兴。在实践中不断增强发展中国家对中国"两个布局"实践的认识、理解和认同，必将给广大发展中国家想要在保持独立自主的前提下探索符合本国国情的现代化道路提供全新的路径选择。

3. "两个布局"实践为广大发展中国家实现现代化提供实践指南

时代主题的转变一方面让发展中国家的共产党不能再走十月革命的老路，必须寻找新的革命途径，另一方面又让这些国家在取得民族独立、国家解放之后面临着发展本国经济、巩固政治地位、改变贫穷落后面貌的艰巨任务。中国特色社会主义进入新时代以来，"两个布局"的伟大实践让中国在经济社会发展、摆脱贫困等方面取得了世界瞩目的伟大成就。经过全党全国各族人民共同努力，在迎来中国共产党成立一百周年的重要时刻，我国脱贫攻坚战取得了全面胜利，实现了现行标准下9899万农村贫困人口全部脱贫的宏伟目标，832个贫困县全部摘帽，12.8万个贫困村全部出列，区域性整体贫困得到解决，完成了消除绝对贫困的艰巨任务，成功打破了减贫边际效率递减的"规律"，创造了人类减贫史上的中国奇迹，脱贫攻坚战的全面胜利也被世界各国称为消除贫困和落后的典范。"两个布局"的成功实践为发展中国家实现现代化提供了实践指南，即落后的发展中国家要想实现现代化，首先必须要坚持自力更生和自主发展，充分依靠本国人民的努力和决心，以发展本国经济为中心，努力改变本国人民贫困不堪的生活现状，而不是依赖其他国家的援助。"两个布局"的成功离不开改革开放的伟大实践，这也启迪着广大发展中国家在促进生产力发展的同时，要适时调整生产关系，破除不符合生产力发展要求的体制机制弊端。同时不能关起门来搞建设，必须正确认识和融入全球化，充分吸收包括资本主义国家先进技术和管理经验在内的一切人类文明的有益成果。

（二）为人类探索更加美好社会制度提供了中国方案

面对民主乱象丛生的当代世界，中国特色社会主义政治制度的科学性和实践性优势越来越彰显，中国的制度活力和治理效力，与西方制度衰败、民主衰退、治理困境形成鲜明对比，用"中国之治"宣告了"历史终结论"的终结和"一元民主论"的破产。

1. "两个布局"实践彰显中国制度优势,为人类政治文明进步贡献中国力量

长期以来"西式民主一元论"的论调甚嚣尘上,西式民主信奉者认为"民主、自由、人权"等西方观念制度模式将一统天下。美籍日裔学者弗朗西斯·福山曾提出"历史终结论",并宣布西方自由民主制度也许是人类意识形态发展终点。然而,"历史终结论"提出多年后,西式民主模式既未带来人类历史终结,也未带来世界和平与发展,更未带来公平正义、民主自由。相反,冷战后,西方阵营强推西式民主,给世界带来的是动荡、衰退、分裂、离散和血泪。西方社会自身也深陷政治极端化、社会民粹化、认同分裂化等困境。"金钱政治""精英政治""身份政治"横行,新资本与老寡头争权夺利,财阀集团操控选举。面对西式民主带来的重重乱象,福山在接受美国媒体采访时用"政治衰败"概念来指称当今西方政治制度遭遇的困难和挑战,特别是"作为世界上最早最先进的自由民主制的美国,与其他民主政治体系相比,承受着更为严重的政治衰败"[①]。诚然,西方政治制度曾在历史上发挥过积极作用,但发展到今天已然出现严重变异,呈现系统性危机,遭遇到严重挑战。

中国的政治改革和政治发展进程秉持了全面政治发展理念,体现了全面协调性、动态发展性的辩证统一。党的十八大以来,在理论创新和实践创新的良性互动中,中国的人民当家作主制度体系不断健全,全过程人民民主向纵深推进,中国特色社会主义政治发展道路越走越宽。中国坚持创新民主观、人权观、自由观,提出并坚持全面政治发展观,突破了西方发展模式和逻辑框架,提高了政治发展力和国家治理能力,确立了新的民主政治的坐标,为中国社会全面协调发展提供了思想和价值保障,也为人类

---

① 弗朗西斯·福山:《政治秩序与政治衰败:从工业革命到民主全球化》,毛俊杰译,广西师范大学出版社 2015 年版,第 443—444 页。

政治文明进步作出了中国贡献。一是中国共产党领导的多党合作和政治协商制度是真正体现民意、代表全体人民利益的政党制度，超越了西式民主制度中政党把政治作为"投机"和"生意"的虚妄；二是中国特色社会主义制度在促进民主和效率、民主和法治、自由和秩序的有机统一，使国家能够有效地在推动经济发展、增进人民福祉等方面，实现对西式民主政治中"三权分立"政治理念的超越；三是中国道路充分尊重各国人民自主选择社会制度和发展道路的权利，在平等的基础上就全球事务、国际规则等进行协商对话的民主，真正实现国际关系的民主化，超越了西方国家打着"民主"旗号推行的"民主霸权"。"两个布局"下的中国制度指向人类政治文明发展的正道，给当代世界以重要启示。

2. "两个布局"实践凝聚中国经验，为人类减贫提供中国样本

当前，全球贫困问题依旧严峻复杂。一方面，全球贫困治理缺乏价值共识，发展中国家减贫能力较弱与发达国家减贫担当不足之间的矛盾明显，国际减贫缺乏相对完备的合作机制。另一方面，发展中国家在减贫进程中面临着经济增长乏力、减贫效果不明显；减贫能力较弱，过分依赖外部援助；大部分发展中国家尚未完成工业化，面临着农业农村发展内生动力不足，脱贫难度大等诸多难题。

党的十八大以来，在"五位一体"总体布局和"四个全面"战略布局的正确指导下，党中央在开发式扶贫所取得的成就的基础上继续推进实施精准扶贫策略，坚持党对扶贫工作的全面领导，注重发挥贫困群众的主体作用，积极调动贫困群众的主动性、积极性和创造性，坚持扶贫同扶志、扶智结合，建立由不同地区、行业、部门、单位和社会成员共同参与的社会扶贫体系，形成了以中国共产党为核心、以贫困群众为主体、以社会扶贫为重要补充的党领导下的多元主体协同治理的大扶贫格局，这也是人类历史上规模空前、力度最大、惠及人口最多的脱贫攻坚战。"中国式减贫"所取得的成就不仅属于中国，更属于世界，不仅为全球减贫事业作出重要贡献，更为其他发展中国家摆脱贫困分享了中国经验和中国智慧。

首先，充分发挥贫困群众的主体作用，以此来激发贫困地区发展的内生动力，是发展中国家要消除贫困并实现可持续发展的根本途径。其次，要加强发展中国家的减贫国际合作，构建更加广泛的全球减贫扶贫共同体，以此来摆脱以往发展中国家贫困治理能力有限且单纯依靠外部援助的救济式减贫所带来的一系列问题。最后，发展中国家要敢于破除固有单一的援助式扶贫模式，强化多元主体共同参与的减贫合作范式，不断创新发展中国家减贫治理模式，要形成在坚持国际援助同国内减贫力量结合的基础上创新性地塑造全社会共同参与以消减贫困的"大扶贫"格局，最大限度地凝聚全社会反贫困力量，有效推动解决发展中国家在减贫扶贫进程中不可避免地遇到的"消极扶贫"、阶段性脱贫及规模性返贫等贫困治理难题。

3. "两个布局"实践传递中国价值，推动构建人类命运共同体

当前，国际形势风云变幻，世界不稳定性、不确定性因素日益增加，单边主义、贸易保护主义甚嚣尘上，新冷战思维抬头，国际社会面临的全球性问题日渐增多，全球治理水平亟须加强。在国际层面，人类社会所共同面临的经济、政治、环境、安全等各方面问题的有效解决，亟待人类命运共同体的构建，以促成各国间多方面的通力合作。面对复杂的国际环境，中国勇立潮头，于危机中遇新机，于变局中开新局，坚决摒弃冷战思维和强权政治，不搞损人利己的"小动作"，提出要构建新型国际关系，推动构建人类命运共同体。作为构建人类命运共同体的重要内容，"五位一体"总体布局和"四个全面"战略布局的提出与建设不仅为我国推动国内建设与国际合作双向互动、实现国内社会主义事业发展与构建人类命运共同体有机结合提供了科学路径，更向世界传递了中国价值。

中国坚持将全面深化改革进行到底，着力构建全面开放的新格局，共建"一带一路"，为推动全球开放合作、改善全球经济治理体系，推动经济全球化朝着普惠共赢的方向发展，共建开放型世界经济作出了重大贡

献。中国始终秉持共商、共建、共享的全球治理观，为积极应对复杂多变的全球治理问题、完善全球治理体系贡献中国方案。中国始终不渝走和平发展道路，自觉践行多边主义，积极开展全球性协作，为创设人类文明发展新形态贡献中国力量。

作为我国积极主动参与全球化治理的话语模式，"人类命运共同体"及"两个布局"的实践，体现了中国共产党人为世界谋大同，促进国际和平与发展的责任与担当，不仅实现了对西方正义话语的超越，对塑造人类文明新形态具有重大理论贡献，而且有助于在全球治理中推动世界各个国家和地区的文明对话，推动人类走向命运与共的美好明天。

（三）充分彰显了马克思主义的时代生命力

党的二十大报告指出："实践告诉我们，中国共产党为什么能，中国特色社会主义为什么好，归根到底是马克思主义行，是中国化时代化的马克思主义行。"习近平总书记还强调，"中国特色社会主义，是科学社会主义理论逻辑和中国社会发展历史逻辑的辩证统一，是根植于中国大地、反映中国人民意愿、适应中国和时代发展进步要求的科学社会主义"①。"五位一体"总体布局和"四个全面"战略布局是新时代坚持和发展中国特色社会主义的重大指导思想，是科学社会主义在当代中国的新发展，充分彰显了马克思主义的时代生命力。

1. "两个布局"彰显了 21 世纪马克思主义的理论品质

党的十八大以来，以习近平同志为核心的党中央带领全党全国各族人民，坚持把马克思主义基本原理同中国具体实际相结合、同中华优秀传统文化相结合，坚持毛泽东思想、邓小平理论、"三个代表"重要思想、科学发展观，深刻总结并充分运用中国共产党成立以来的历史经验，从新的实际出发，明确了"两个布局"重要理论。

---

① 《习近平谈治国理政》第一卷，外文出版社 2014 年版，第 59 页。

党的十九大报告指出，我国的社会主要矛盾已经发生了转变，中国特色社会主义进入了新时代，我国发展进入了一个全新的历史方位，新时代孕育新思想，新理论引领新实践，"两个布局"是顺应新时代、基于新实践所产生的科学理论，不仅极大地丰富了马克思主义，而且把马克思主义中国化时代化推进到一个新的阶段。

"两个布局"始终将人民对美好生活的向往作为奋斗目标，始终不渝地将人民放在心中最高位置，坚持以人民为中心的发展理念，坚持发展为了人民、发展依靠人民、发展成果由人民共享，始终坚持尊重人民主体地位，坚持党的群众路线，充分彰显了马克思主义最鲜明的品格。

重视理论指导和勇于进行理论创新是中国共产党人的优秀品质，当前我国正经历着广泛而深刻的社会变革，面临着繁重的改革发展任务、多重矛盾风险挑战以及前所未有的治国理政考验，要求我们不仅在实践上要勇于探索，而且在理论上也要不断创新。"两个布局"坚持马克思主义立场观点方法，坚持科学社会主义基本原则，科学总结世界社会主义运动经验教训，以全新视野深化了对"三大规律"的认识，以崭新的思想内容丰富和发展了马克思主义理论宝库，是一套内涵丰富、论述深刻、逻辑严密、系统完备的思想体系，具有显著的科学性。

"两个布局"既来自实践，在实践经验基础上总结、提炼、升华而成，用鲜活丰富的当代中国实践推动马克思主义发展；又指导实践，不断用发展着的马克思主义引领改革开放和社会主义现代化建设，开创新局面。"两个布局"既深刻回答了新时代党和国家发展面临的一系列重大理论和现实问题，又在回答和解决这些重大问题中不断丰富发展和完善，在理论与实践良性互动中充分彰显真理力量和实践伟力。

2. "两个布局"深化了对"三大规律"的认识，丰富了马克思主义理论宝库

规律是事物内在的本质的必然联系，人们只能通过认识、发现、掌握、运用规律去实现自己的目的。共产党执政规律、社会主义建设规律、人类社会发展规律是反映共产党如何执政、社会主义如何建设、人类社会如何发展的本质性联系、必然性法则和客观性要求，是马克思主义政党必须遵循的最高范畴，也是最重要的"三大规律"。党的十八大以来，面对世界百年未有之大变局，以习近平同志为核心的党中央审时度势，立足国情，高瞻远瞩，统筹国内国际两个大局，带领全党全国各族人民开辟创立"两个布局"伟大实践，推动党和国家事业取得历史性成就、发生历史性变革，深化了对"三大规律"的认识，丰富了马克思主义理论宝库。

第一，"两个布局"深化了对共产党执政规律的认识，丰富和发展了马克思主义建党学说。首先，"两个布局"鲜明提出坚持党的全面领导尤其是党中央集中统一领导，并将其列为中国特色社会主义制度十三个显著优势之首。首次将党的领导提升到社会主义本质层面，党的二十大报告更是明确指出"坚持党的全面领导是坚持和发展中国特色社会主义的必由之路，中国特色社会主义是实现中华民族伟大复兴的必由之路"，这不仅深化了对共产党执政地位和执政优势的认识，更丰富和发展了马克思主义关于无产阶级政党领导权的思想。其次，"两个布局"鲜明提出以人民为中心、把人民对美好生活的向往作为党的奋斗目标，"江山就是人民，人民就是江山。中国共产党领导人民打江山、守江山，守的是人民的心"这一言简意赅的话语高度概括了中国共产党的人民观、执政观，深刻揭示了"江山"与"人民"之间相互统一的内在关系，科学回答了中国共产党为谁执政、为谁用权、为谁谋利这一根本问题，深化了对共产党执政宗旨的认识，丰富和发展了马克思主义人民观、执政观。最后，"两个布局"提出全面从严治党、勇于自我革命，提出一系列全面从严治党的战略方针。党的二十大报告强调，"我们党作为世界上最大的马克思主义执政党，要始终赢得人民拥护、巩固长期执政地位，必须时刻保持解决搭档独有难题的清醒和坚定"。"全党必须牢记，全面从严治党永远在路上，党的自我革命永远在路上，绝不能有松劲歇脚、疲劳厌战的情绪，必须持之以恒推进全面从严治党，深入推进新时代党的建设新的伟大工程，以党的自我革命引领社会革命。"这一重要论述深刻揭示了马克思主义政党实现长期执政的基本规律，全面阐述了自我革命的科学内涵、指导原则、基本途径和科学方法，丰富和发展了马克思主义建党学说。

第二，"两个布局"深化了社会主义建设规律的认识，丰富和发展了马克思主义关于社会主义发展动力学说。首先，"两个布局"鲜明提出以中国式现代化道路推进中华民族伟大复兴，建设社会主义现代化强国，并且对新时代建设什么样的社会主义现代化强国、怎样建设社会主义现代化强国这一时代课题作了科学回答，深化了对社会主义发展战略和发展目标的认识，对世界社会主义发展史作出了开创性贡献。其次，"两个布局"鲜明提出创新、协调、绿色、开放、共享的新发展理念，科学回答了新时代我国发展的目的、动力、方式、路径等重大问题，阐明了我们党关于发展的政治立场、价值导向和发展模式，深化了对社会主义发展方式的认识，丰富和发展了马克思主义政治经济学。最后，"两个布局"鲜明提出新时代全面深化改革的总目标是坚持和完善中国特色社会主义制度、推进国家治理体系和治理能力现代化，深化了对社会主义发展动力的认识，丰富和发展了马克思主义关于社会主义发展动力的学说。

第三，"两个布局"深化了对人类社会发展规律的认识，丰富和发展了马克思主义世界历史理论。首先，"两个布局"在本质规定上蕴含的"两个必然""两个绝不会"历史唯物主义观点并没有过时，资本主义最终消亡、社会主义最终胜利的社会历史发展总趋势不可逆转，深化了中国共产党对人类社会发展总趋势的认识。其次，"两个布局"所彰显的推动建设新型国际关系，推动构建人类命运共同体，科学回答了在世界百年未有之大变局中人类社会该何去何从这一时代之问，党的二十大报告指出，"构建人类命运共同体是世界各国人民前途所在，万物并育而不相害，道并行而不相悖，只有各国行天下之大道，和睦相处、合作共赢，繁荣才能持久，安全才有保障"，进一步深化了对人类社会发展大方向的认识。最后，"两个布局"所关联的中国特色社会主义大国外交要为民族复兴而服务，要促进人类共同进步，为人类谋大同，展现了中国共产党大道之行、天下为公的宽广胸怀，深化了对马克思主义世界历史理论的认识，丰富和发展了马克思主义国际关系理论，为中国和平发展、世界繁荣发展作出了重要理论贡献。

3. "两个布局"为世界社会主义国家坚持和发展马克思主义提供了参考范式

"两个布局"作为习近平新时代中国特色社会主义思想的重要内容，是科学社会主义理论同中国的历史文化传统、当代中国实际以及中国社会主义运动相结合的产物，是当代中国马克思主义与 21 世纪马克思主义的重要呈现形态。"两个布局"不仅领航中国迈入建设社会主义现代化国家的伟大征途，还为世界社会主义国家坚持和发展马克思主义提供了参考范式。

回顾世界社会主义发展历程，背离马克思主义抑或是曲解马克思主义的错误倾向为社会主义运动酿成了诸多惨痛悲剧，如何正确对待马克思主义基本原理，如何将马克思主义与本国实际和时代特征相结合，如何正确坚持和发展马克思主义是回荡在社会主义发展史的重大问题。改革开放以来，特别是党的十八大以来，中国共产党摆脱了对马克思主义教条式理解的束缚，深刻总结社会主义发展史上正反两方面经验，以一系列理论创新和实践解决了中国社会主义事业发展中遇到的种种难题与挑战。"五位一体"总体布局和"四个全面"战略布局的阐发与实践正是以习近平同志为核心的党中央在准确把握当代中国历史方位、社会主要矛盾变化的基础上，坚持和发展马克思主义形成的理论创新成果，是科学运用马克思主义与创造性发展马克思主义的光辉典范。新时代中国共产党统筹推进"五位一体"总体布局，协调推进"四个全面"战略布局所取得的伟大成就已经充分证明，在坚持马克思主义过程中必须紧跟时代和实践的步伐，不断发展和创新马克思主义，使马克思主义能够适应、解释和推动时代发展。

同时，坚持马克思主义，必须在推动社会主义事业向前发展的过程中坚持发展为了人民、发展依靠人民、发展成果由人民共享，不断实现人的解放和全面发展，这既是马克思主义根本价值目标，也是马克思主义执政党不断巩固执政根基的根本所在。

第六章 新时代坚持和推进总体布局与战略布局的四川实践

党的十八大以来，以习近平同志为核心的党中央以伟大的历史主动精神、巨大的政治勇气、强烈的责任担当，领航中国特色社会主义的巍巍巨轮破浪前行，开辟了中华民族伟大复兴前所未有的光明前景。四川坚定以习近平新时代中国特色社会主义思想和习近平总书记对四川工作系列重要指示精神为指导，深入学习贯彻党的二十大精神，以中国式现代化引领四川现代化建设，以成渝地区双城经济圈建设为总牵引，以"四化同步、城乡融合、五区共兴"为总抓手，坚持"讲政治、抓发展、惠民生、保安全"的工作总思路，推动治蜀兴川再上新台阶，在新的征程上奋力谱写四川发展新篇章。

一、四川推进总体布局与战略布局的重大成就

党的十八大以来，四川矢志不渝地沿着习近平总书记指引的方向接续奋斗，努力创造无愧于时代、无愧于人民、无愧于历史的新业绩。这些成就的取得，根本在于以习近平同志为核心的党中央的坚强领导，在于习近平新时代中国特色社会主义思想的科学指引，离不开历届省委打下的坚实基础，凝结着全省广大党员干部群众的辛勤汗水。

（一）坚定沿着习近平总书记指引的方向前进

旗帜指引方向，核心领航未来。习近平新时代中国特色社会主义思

想是当代中国马克思主义、二十一世纪马克思主义，是中华文化和中国精神的时代精华，实现了马克思主义中国化新的飞跃。这一光辉思想，以全新视野深化了对共产党执政规律、社会主义建设规律、人类社会发展规律的认识，在新时代党中央治国理政伟大历程中彰显出强大真理力量和实践伟力，必将指引我们在现代化建设新征程上不断取得新的伟大胜利。

党的十八大以来，习近平总书记从党和国家战略全局出发，对四川工作作出系列重要指示，提出推动治蜀兴川再上新台阶的明确要求，系统阐明了四川发展"怎么看、怎么办、怎么干"等一系列重大问题，为新时代治蜀兴川提供了方向指引。

学习贯彻习近平总书记关于四川发展形势任务的重要指示，牢牢把握新时代治蜀兴川的总体要求。习近平总书记指出，中国特色社会主义进入新时代，四川发展也站在了新的起点上；强调要站在更高起点谋划发展，把推动发展的立足点转到提高质量和效益上来；要求统筹推进"五位一体"总体布局、协调推进"四个全面"战略布局，突出"五个着力"的重点任务，推动治蜀兴川再上新台阶。这些重要论述，是习近平总书记对四川发展的精准把脉和科学指导，指明了四川迈步现代化建设新征程的发展方位和努力方向。深刻领会推动治蜀兴川再上新台阶的丰富内涵和实践要求，与时俱进完善四川现代化建设的整体布局和任务部署，推动各项工作取得更大的新成效。

学习贯彻习近平总书记关于四川在全国大局中地位作用的重要指示，牢牢把握新时代治蜀兴川的重大责任。四川是经济大省、人口大省，在全国的战略地位十分重要。习近平总书记多次就四川发挥独特优势、更好服务国家发展全局作出重要指示、寄予殷切期望。落实"打造带动全国高质量发展的重要增长极和新的动力源"等重要要求，加快推动成渝地区双城经济圈建设，构筑内陆开放战略高地和参与国际竞争的新基地，建设推动新时代西部大开发形成新格局的战略枢纽；落实"把发展特色优势产业和战略性新兴产业作为主攻方向"等重要要求，构建富有四川特色的科技创新体系和现代产业体系，成为服务国家科技自立自强和保障产业链供应链安全的战略支撑；落实"把四川农业大省这块金字招牌擦亮""科学有序推进水能资源开发"等重要要求，强化粮食、清洁能源和战略性矿产资源生产供应，打造保障国家重要初级产品供给的战略基地；落实"一定要把生态文明建设这篇大文章写好"等重要要求，扛起长江黄河上游生态保护政治责任，筑牢维护国家生态安全的战略屏障；落实"从治国、安边、稳藏内在关系上把握四川涉藏地区同全省全国大局的内在联系"等重要要求，推动民族地区团结进步、繁荣发展和长治久安，巩固实现稳藏安康的战略要地，为全面建设社会主义现代化国家贡献四川力量。

学习贯彻习近平总书记关于推动发展和改善民生的重要指示，牢牢把握新时代治蜀兴川的着力重点。习近平总书记指出，发展不足仍然是四川最突出的问题，要牢牢扭住经济建设这个中心，推动经济高质量发展；强调民生问题就是民心问题，必须着力保障和改善民生，在经济发展的基础上不断提高人民生活水平和质量，并亲切祝愿四川人民生活越来越安逸。这些重要论述，明确了新时代治蜀兴川的中心任务和价值取向。要始终保持专注发展的战略定力，时刻把人民群众的安危冷暖放在心上，聚焦聚力抓发展，用心用情惠民生，进一步奏响兴省强省、为民富民的时代旋律，让四川人民的日子越过越红火。

学习贯彻习近平总书记关于加强党的建设的重要指示，牢牢把握新时代治蜀兴川的根本保证。习近平总书记针对四川政治生态一度遭到严重破坏的问题，要求把党的政治建设摆在突出位置，全面加强和规范党内政治生活；强调要涵养积极健康的党内政治文化，激浊扬清、扶正祛邪，彻底肃清周永康恶劣影响，营造风清气正的良好政治生态。这些重要论述，对四川推进全面从严治党向纵深发展具有很强的现实指导性。大力弘扬伟大建党精神，突出抓好党的政治建设这个根本性建设，坚定不移推进新时代党的建设的新的伟大工程。

（二）牢记嘱托，砥砺前进的重大成就

习近平总书记一直深情牵挂四川各族群众，十分关心重视四川工作，多次来川视察指导、多次作出重要指示批示，让全省干部群众倍感关怀、备受鼓舞。特别是在决战脱贫攻坚、决胜全面小康的关键节点，深入大凉山腹地、汶川特大地震灾后恢复重建地区及天府新区等地考察并发表重要讲话，为做好四川工作指明了前进方向；在开启实现第二个百年奋斗目标新征程的又一关键节点，亲自谋划、亲自部署、亲自推动成渝地区双城经济圈建设，为全面建设社会主义现代化四川擘画了宏伟蓝图。

5年来，四川省委始终牢记习近平总书记殷殷嘱托，深入贯彻党中央大政方针，坚定以习近平新时代中国特色社会主义思想为指导，全面贯彻落实习近平总书记对四川工作系列重要指示精神和党中央、国务院决策部署，完整、准确、全面贯彻新发展理念，主动服务和融入新发展格局，坚持高质量发展，统筹疫情防控和经济社会发展，统筹发展和安全，实现"十三五"圆满收官、"十四五"良好开局，新时代四川发展取得重大成就。

——经济实力上新台阶。地区生产总值年均增速高于全国0.8个百分点，连跨两个万亿元台阶，达到5.67万亿元，稳居全国第6位。人均地区生产总值超过6.5万元。地方一般公共预算收入年均增长8.2%。全社会固定资产投资年均增长9.8%，推动基础设施和现代产业取得重大进步。

——区域发展更趋协调。成都跻身全国超大城市之列，成为第三个经济总量突破2万亿元、第一个常住人口突破2000万人的副省级城市；7个区域中心城市经济总量全部超过2000亿元，其中绵阳、宜宾超过3000亿元，构建"一干多支"发展格局成效明显。13个区入围全国百强区，4个县级市跻身全国百强县。常住人口城镇化率提高7个百分点左右。

——产业层次不断提升。工业增加值年均增速高于全国1.2个百分点，高技术制造业营业收入占比超过20%、提高10个百分点左右。服务

业增加值年均增速高于全国 0.8 个百分点，占比超过 52%；社会消费品零售总额年均增速高于全国 1.9 个百分点。粮食产量时隔 20 年之后连续 3 年超过 350 亿公斤，生猪年出栏重回 6000 万头以上。

——改革开放纵深突破。"放管服"改革大力度推进，市场主体总量达到 825.8 万户，净增 300 万户以上。落实留抵退税等惠企政策，退税和新增减税降费累计超过 4000 亿元。"多规合一"国土空间规划体系基本建立。实施国企改革三年行动，蜀道集团跻身世界 500 强。开展乡镇行政区划和村级建制调整改革，建设"天府中央法务区"，获评全国改革年度省级特别案例。进出口规模从 4600 亿元增加到 10077 亿元，由全国第 12 位上升到第 8 位。外商直接投资规模居中西部第 1 位。

——人民生活明显改善。城乡居民人均可支配收入年均分别增长 7.1%、8.8%，达到 4.32 万元、1.87 万元。625 万建档立卡贫困人口全部脱贫。城镇新增就业累计超过 500 万人。基本养老保险、医疗保险参保人数分别增加 1080 万人、656 万人。人均预期寿命由 76.9 岁提升至 77.95 岁。

（三）对标中央要求突出省情特色的主要工作

5 年来，四川面对错综复杂的内外环境、艰巨繁重的改革发展稳定任务，集中攻坚打硬仗，聚焦聚力抓大事，化危为机开新局，主要做了以下工作。

1. 举全省之力攻克深度贫困堡垒，如期打赢脱贫攻坚四川战役，圆满实现全面小康千年梦想

历史性终结绝对贫困和区域性整体贫困。把脱贫攻坚作为最大的政治责任、最大的民生工程、最大的发展机遇，聚焦"两不愁三保障"，精准施策下足绣花功夫，尽锐出战攻坚深度贫困。全省 88 个贫困县全部摘帽、11501 个贫困村全部出列，在全国脱贫攻坚年度考核中获得五连"好"等次。136 万余人搬离"一方水土养不好一方人"的地方，217 万余人住上

"安全房"，414 万余人喝上"放心水"，贫困患者县域内住院和慢性病门诊自付费用低于 10%，116.2 万贫困家庭学生应读尽读。四大集中连片贫困地区全部通高速公路，新增 346 个乡镇通油路、1.65 万个建制村通硬化路。实施农业产业扶贫项目 1.9 万个，群众长远生计更有保障。流转土地增减挂钩节余指标，帮助贫困地区筹集资金 441.6 亿元。三年新增投入财政资金 293 亿元，集中力量攻下全国"难中之难、坚中之坚"，使凉山彝区实现新的"一步跨千年"。

习近平总书记亲临视察的三河村被评为"全国脱贫攻坚楷模"、揪心牵挂的"悬崖村"群众易地搬迁过上了幸福生活。多年来，浙江、广东、国家部委（单位）、广大企业和社会各界倾情倾力帮扶，为四川脱贫攻坚作出了重要贡献。

巩固拓展脱贫攻坚成果同乡村振兴有效衔接。严格落实"四个不摘"，突出抓好 50 个乡村振兴重点帮扶县和 3060 个乡村振兴重点帮扶村，守住不发生规模性返贫底线。实施最严格耕地保护制度，扎实开展成都平原和全省耕地保护专项整治行动，新建成高标准农田 1366 万亩（1 亩 = 666.67 平方米）。创建国家级园区 15 个、省星级园区 107 个，获批国家农业科技园区 2 个，"川字号"优势特色农业加快发展。组建省种业发展集团，率先建设省级种质资源中心库，育成中国首个完全自主知识产权的父本新品种"川乡黑猪"。统筹推进路水电气信"五网"基础设施建设和农村厕所、垃圾、污水"三大革命"，12 个乡镇、119 个村获评"全国乡村治理示范镇村"，"美丽四川·宜居乡村"建设成效明显。

民生和社会事业取得长足进步。全省民生支出占一般公共预算支出比重稳定在 65% 以上，每年聚焦群众的"急难愁盼"解决一批民生难题，2022 年 30 件民生实事全面完成。学前教育毛入园率高于全国平均水平。全省整体通过义务教育基本均衡国家督导评估认定。15 年免费教育计划、"一村一幼"计划等惠及民族地区学生超过 700 万人次。顺利完成"双减"任务。高考综合改革平稳实施。高等教育进入普及化新阶段，毛入学率达到54%，提高13个百分点。高校增加25所、增量居全国第1位，"双一流"建设高校达到8所。职业院校发展到564所，每年培养输送30万左右技术技能人才。三级医院数量5年翻一番，达到310家，居全国第1位。建立统一的城乡居民大病保险制度，所有县（市、区）开通异地就医直接结算。纳入集采的药品和耗材价格平均降幅分别在50%、80%以上。建成484个社区养老服务综合体、638个农村区域性养老服务中心、183个县级失能特困人员养护院。社会救助惠及500多万困难群众。筹集保障性租赁住房14.2万套，完成棚户区改造65.9万套，改造老旧小区1.65万个，去年加装既有住宅电梯5800部。电视"户户通"、广播"村村响"基本全覆盖。纪录片《又见三星堆》等4部作品获全国"五个一工程"奖，川剧《草鞋县令》获"文华大奖"。成功举办第56届世界乒乓球团体锦标赛（决赛）和两届全省运动会。川籍运动健儿勇夺世界冠军63个，在第十四届全国运动会上创历史最佳成绩。在党史学习教育中扎实开展"我为群众办实事"实践活动，推动开工建设国道351夹金山隧道，改造提升自贡江姐故居、宜宾赵一曼纪念馆和绵阳"两弹城"，在资阳建成"公园城市"里的川音美术学院。

2. 服务和融入国家战略，抓住机遇办成一批奠基未来的大事，全省经济版图发生格局性变化

成渝地区双城经济圈建设成势见效。全面落实党中央、国务院《成渝地区双城经济圈建设规划纲要》和四川"1＋4＋7"配套文件，召开6次川渝党政联席会议，川渝联合出台政策文件100余个。重大功能平台加快建设，设立成都东部新区、绵阳科技城新区、宜宾三江新区、南充临江新区，联合打造万达开川渝统筹发展示范区、川渝高竹新区等10个毗邻地区合作平台和20个产业示范合作园区。重大合作项目加快推进，160个共建重大项目全部开工，完成投资超过5600亿元。重大便民举措加快落实，联合实施43个便捷生活行动事项，推出311项"川渝通办"事项。重大支持政策加快转化，国务院批准成都建设践行新发展理念的公园城市示范区，国家批复实施成都都市圈发展规划，双城经济圈成为全国第一个区域科技创新中心。成都"建圈强链"加快产业和城市提质升级，成德眉资同城化发展实质推进，川南一体化发展成效明显，川东北振兴发展稳步提升。川渝一家亲，一盘棋打造全国经济"第四极"，前所未有地提升了四川在全国大格局中的发展位势。

综合创新能力跻身全国第一方阵。实施"科创10条"，研发经费投入居中西部首位，创新能力从全国第11位升至第9位。西部第一个国家实验室挂牌设立，国家大科学装置达到10个、居全国第3位，建成16家国家重点实验室和4家天府实验室，国家工程研究中心达到9个。国家川藏铁路技术创新中心挂牌运营，新建精准医学产业创新中心、超高清视频创新中心等国家级创新平台47个、达到195个。实施15个重大科技专项，获得国家科技奖励145项，歼－20、华龙一号、50兆瓦重型燃气轮机等国之重器在川问世。建成国家技术转移机构22个，实施重大科技成果转化和创新产品项目1142个，高新技术企业达到1.4万家、增长近3倍。继"三线建设"之后，这几年四川再次抓住了国家战略科技力量布局的重大机遇，显著增强了为国铸剑的硬核实力，显著增强了四川创新驱动发展动能。

现代化基础设施体系显著提升。5年完成综合交通投资1.5万亿元，相当于前两个5年总和。进出川大通道增至41条，高速公路里程达到9179公里，铁路运营里程超过5800公里，高铁运营里程达到1390公里，城市轨道交通运营里程达到558公里，民用运输机场增至16个。天府国际机场建成投运，成都成为内地第三个拥有双国际机场城市。西成、成贵客专建成通车，开工建设成达万、成渝中线、成自宜等高铁，更快对接京津冀、长三角、粤港澳增长极。"世纪工程"川藏铁路、西宁至成都铁路全面开工。雅康、汶马高速公路全线通车，实现了所有市（州）府所在地通高速。乡村客运"金通工程"发展到2.7万辆、8421条线路，居全国第1位。整合投入水利资金1603亿元，建成毗河供水一期、武引二期灌区等 48 个大中型工程，开工建设向家坝灌区一期、亭子口灌区一期等 24 个大中型工程，新增蓄引提水能力 20.2 亿立方米，新增控制灌溉面积 1054 万亩。建成 5G 基站超过 11 万个、光纤宽带端口超过 6500 万个，建成一批区块链技术应用示范场景，新能源充电桩达到 20 万个。

内陆腹地加快向开放高地转变。中欧班列（成渝）5 年平均开行数量占全国 33%，西部陆海新通道班列累计开行 1482 列。新成昆铁路全线建成，开通运行中老班列，更好拓展东南亚大市场。国际（地区）航线数量增加 27 条。综合保税区从 1 个增至 6 个，成都高新综合保税区进出口额连续 4 年居全国第 1 位。跨境电商综合试验区增至 8 个，国家级外贸转型升级基地增至 20 个，国家级服务贸易平台增至 9 个，国家级经开区增至 10 个。落户世界 500 强企业增加 46 家，达到 377 家。外国在川领事机构增加 8 个、达到 23 个，成都成为全国领馆第三城，国际友城和友好合作关系增加 156 对。成功承办第八次中日韩领导人会议、泛珠行政首长联席会议等重大活动。

3. 创造和转化优势壮大实体经济，加快构建现代化产业体系，新旧动能接续转换迈出坚实步伐

先进制造加快扩能。电子信息、食品饮料产业规模迈上万亿元台阶。成都软件和信息服务、成（都）德（阳）高端能源装备、成渝地区电子信息先进制造等创建为国家先进制造业集群，成都生物医药、成都轨道交通装备、自贡节能环保等创建为国家战略性新兴产业集群。实施四川时代动力电池、京东方、通威太阳能等百亿级产业重大项目，引进空客全生命周期服务等重大外资项目，引进培育千亿级动力电池产业。规划建设"中国牙谷"，初步建成全国最大的口腔产业集聚地。新增培育国家级制造业单项冠军 19 家、专精特新"小巨人"企业 338 家。

数字经济全面赋能。网络强省、数字四川、智慧社会加快建设，大数据、云计算、物联网更加广泛运用。设立数字经济发展基金。如期完成国家数字经济创新发展试验区建设任务。启动建设全国一体化算力网络成渝枢纽节点，算力排名全球前十的成都超算中心纳入国家序列，中国·雅安大数据产业园成为全国首个"碳中和"绿色数据中心。全省数字经济核心产业增加值达到 4324 亿元。

消费升级激活潜能。成都成为全国首店经济第三城、夜间经济第一城，培育形成春熙路、交子公园两大世界级都市高端商圈。持续实施服务业"三百工程"，9 个区域消费中心城市活力显现。新能源汽车等大宗商品消费快速增长。服务新业态新模式异军突起，网络交易额居全国第 6 位。

金融支持注入活能。存贷款余额分别突破 11 万亿元和 9 万亿元，金融业总资产居全国前列，存贷比提高 15 个百分点、达到 82.6%。组建四川银行，打造地方金融旗舰。境内外上市公司增加 74 家，是上个 5 年的两倍。西部金融中心建设有力推进，成都纳入全国首批数字人民币试点城市。

文旅融合聚势蓄能。连续 4 年召开全省文旅发展大会。命名 39 个天府旅游名县，新增 6 家 5A 级旅游景区、3 家国家级旅游度假区。建成国家级全域旅游示范区 8 个、国家级生态旅游示范区 6 个、国家级夜间文旅消费聚集区 13 个，数量均居全国第 1 位。建成四川大剧院、成都城市音乐厅、东安湖体育公园等重大文体设施。皮洛遗址石破天惊，三星堆再醒惊天下，大熊猫超级 IP 吸粉全球，九寨沟补妆归来更加迷人。

4. 以前所未有力度加强生态保护和建设，推动生态环境明显改善和趋势性好转，生态大省优势地位更加凸显

坚持"四铁"抓保护。铁心布置、铁面检查、铁腕执法，以铁的作风坚守生态红线。第一轮中央生态环境保护督察及"回头看"155 项整改任务完成 152 项，第二轮 69 项整改任务已完成 42 项，国家移交的 71 个长江生态环境问题整改完成 63 项。完成黄河干流河岸侵蚀应急处置，草原鼠害、沙化和过度放牧问题得到初步遏制。全省空气质量优良天数率稳定在九成左右，成都每年有六七十天能看见 80 公里外西岭雪山，被誉为

"雪山下的公园城市"。203个国考断面水质优良率99.5%，长江黄河干流水质稳定达到Ⅱ类，水环境质量创历史最好水平。地级以上城市黑臭水体全部实现长治久清。土壤污染风险得到有效管控。

突出"两园"抓建设。高标准推进2万平方千米的大熊猫国家公园建设，大熊猫由濒危降为易危，野外监测年遇见数由135只上升到178只。获准创建若尔盖国家公园，打造世界最美高原湿地国家名片。全面实行河（湖）长制、林长制。持续开展长江"十年禁渔"。率先编制实施长江经济带战略环评"三线一单"，加强生态环境分区管控落地应用。编制实施黄河流域生态保护和高质量发展规划，高质量推进山水林田湖草沙冰一体化保护和修复工程，推进川西北生态示范区建设。全省森林覆盖率达到40.2%，草原综合植被盖度达到82.3%。

围绕"四能"抓转化。依托四川"水、风、光、气"优势，国家清洁能源示范省建设成效巨大，清洁能源装机占比提高到85%以上。水电装机规模近1亿千瓦，全国每100度水电就有28度出自四川。"西电东送"年外送电量超过1500亿千瓦时，是三峡电站年发电量的1.3倍。金沙江下游梯级开发规划的乌东德、白鹤滩、溪洛渡和向家坝4座大型水电站全部建成，总装机容量达到4646万千瓦，是三峡电站的2倍。特别是去年白鹤滩全面投产，标志着在长江上游建成了世界最大清洁能源走廊，入选2022年国内十大新闻，习近平总书记在新年贺词中点赞了白鹤滩水电站。加快建设国家天然气（页岩气）千亿立方米级产能基地，天然气（页岩气）年产量居全国第1位，"川气东输"年均输出140多亿立方米。加快建设"三州一市"光伏发电基地，凉山"大风车"一年转出117亿度绿电。碳排放强度明显下降，四川成为人均碳排放量最少的省份之一。

5. 坚持底线思维极限思维，更好统筹发展和安全，有力维护安宁祥和社会环境

疫情防控取得重大胜利。面对突如其来的新冠疫情，坚持人民至上、生命至上，全力以赴开展抗击疫情人民战争、总体战、阻击战，创新实施

"入川即检",创造"小、快、灵"邻水战例,因时因势优化防控措施,重视发挥中医药在防治中的独特优势,防控工作一直处于全国较好水平,最大限度保护了人民生命安全和身体健康,减少了疫情对经济社会发展的影响。在三年艰苦卓绝的抗疫斗争中,全省各级党委、政府统一指挥、果断决策,卫健和疾控系统挑起大梁、担当奉献,大数据、公安、交通等部门通力合作、恪尽职守,机场、铁路、海关等守牢"国门""省门",各方面相互支援、同舟共济,广大基层干部日夜值守、忘我工作,全省人民理解支持、共渡难关,特别是广大医务工作者超常付出、连续战斗,成千上万白衣战士逆行出征、义无反顾奔赴最危险最艰难的抗疫前线,为全国战疫作出了四川贡献,英雄的四川人民书写了新的斗争篇章!

安全底线守得更牢。全面落实国务院安全生产 15 条硬措施,实施专项整治三年行动和燃气、危化品等领域专项整治,连续 53 个月未发生重大特大事故,持续 8 年未发生重特大道路交通安全事故。打赢森林草原防灭火翻身仗,火灾起数由 2020 年的 111 起降至 2022 年的 15 起。加强地震、气象、水文等监测,及时预警预报,严密防范洪水、泥石流等突发灾害,累计临灾避险转移 530 万人次,因灾死亡、失踪人数是新中国成立以来最低的 5 年。科学有序应对 5 次 6.0 级及以上地震,特别是"9·5"泸定抗震救灾展现了新时代"强渡大渡河、飞夺泸定桥"式英勇壮举。守护"舌尖上的安全",食品安全考核连续两年获优秀等次。

平安四川建设成效明显。全面贯彻总体国家安全观,国家安全人民防线更加牢固。涉藏州县依法常态化治理持续推进。加强社会治安防控体系建设,依法严厉打击各类违法犯罪活动,扫黑除恶专项斗争成效显著,电信网络诈骗、养老诈骗、拐卖妇女儿童等得到有效遏制,刑事、治安案件明显下降,人民群众对平安四川建设满意度保持在98%以上。扎实开展禁毒防艾专项行动,重点地区毒品问题根本好转。创新城乡社区治理模式,开展城乡社区治理试点示范,社工站点实现县乡全覆盖。网络综合治理体系基本建成。坚持和发展新时代"枫桥经验",深入开展"治重化积"专项工作，全省信访总量持续下降。

法治四川建设扎实推进。提请省人大常委会审议地方性法规69件，制定、修订和废止省政府规章39件。在全国率先开展全面依法治县示范试点，深化法治政府建设示范创建。严格落实重大行政决策程序规定，"三重一大"决策机制不断完善。推进市场监管、生态环保等7个领域综合行政执法改革，全面推行行政执法"三项制度"，完成行政复议体制改革。深化拓展"法律七进"活动，全民法治素养不断增强。

重点经济金融领域风险稳步收敛、总体可控。彻底化解攀枝花市商业银行、凉山州商业银行风险，高风险法人金融机构降至个位数。重拳打击非法集资，存量案件下降65%。健全政府债务管理制度体系，严控增量、化解存量。基本化解582个问题楼盘，依法维护购房群众权益。

5年来，国防动员和后备力量建设、人民防空得到加强，退役军人事务和双拥工作扎实开展。民族团结进步事业取得积极进展，依法管理宗教事务稳步推进。工会、青年、妇女、工商联、侨联、友协、贸促、侨务、港澳台、档案、保密、决策咨询、参事文史、哲学社会科学、文学艺术、史志、机关事务等工作服务大局取得新成效，残疾人、慈善、红十字等事业健康发展。

四川5年发展成就，根本在于以习近平同志为核心的党中央坚强领导，在于习近平新时代中国特色社会主义思想科学指引，使我们更加深刻领悟到"两个确立"的决定性意义。5年奋斗充满艰辛，各方面成绩是省委、省政府团结带领全省人民拼出来的、干出来的，也得益于社会各界和海内外朋友大力支持。同时，我们清醒地看到，还面临不少困难、问题和挑战。主要是：发展不平衡不充分问题仍然突出，推进高质量发展还有许多卡点瓶颈；城乡区域发展和收入分配差距仍然较大，社会保障水平还有待提高，促进全体人民共同富裕任重道远；重点领域改革还有不少硬骨头要啃，高能级开放平台和带动力强的重大外资项目不多；生态环境保护任务依然繁重；防风险保安全存在不少隐患；政府现代化治理能力还有不小差距，有的工作还比较粗放，责任未落实、工作简单化等问题依然不少；等等。

二、把握新时代四川发展的方位特征

新时代四川发展的机与遇、时与势、谋与划、稳与进等，构成了新时代治蜀兴川的方位特征，既是认识和夯实四川发展基础的前提条件，也是新的赶考之路上奋力谱写全面建设社会主义现代化的四川新篇章，更是推动新时代治蜀兴川再上新台阶的应有之义。

（一）新时代四川发展的机与遇

四川是"一带一路"和长江经济带的重要连接点，是我国西向和南向的开放门户，是科技创新聚集地和新的开放前沿，具有支撑国内大循环的经济腹地优势，畅通国内国际双循环的门户枢纽优势、协同开放的区位优势和科技创新优势。新时代四川发展更是面临难得的机遇，"一带一路"建设、长江经济带发展、新时代西部大开发、黄河流域生态保护和高质量发展、成渝地区双城经济圈建设等国家重大战略在川叠加，贯彻新发展理念、构建新发展格局等国家重大部署深入实施，推动经济社会发展全面绿色转型、全面加强基础设施建设等国家重大政策加快落地，四川发展必将乘势而进、蓬勃向上。

国家有期待，四川有作为。四川捕捉信号，应时而动，积极参与"一带一路"建设，主动融入长江经济带发展、新时代西部大开发、黄河流域生态保护和高质量发展等国家重大战略，加速融入全球经济格局，抢占未来发展制高点。深化拓展"一干多支"发展战略，构建"一轴两翼三带"区域经济布局，加快建设具有全国影响力的重要经济中心、科技创新中心、改革开放新高地、高品质生活宜居地，打造带动全国高质量发展的重要增长极和新的动力源，在认清机遇中坚定信心、在抢抓机遇中乘势而上、在用好机遇中厚植优势。

（二）新时代四川发展的时与势

不谋万世者，不足谋一时。新时代四川发展的时与势，既关乎四川长远发展，也关乎全国发展目标的实现。四川作为全国扶贫任务最重的省份之一，举全省之力决战决胜脱贫攻坚，经过艰苦努力，四川与全国同步全面建成小康社会，自此迈向乡村全面振兴新征程。

推动成渝地区双城经济圈建设，是以习近平同志为核心的党中央统筹"两个大局"作出的重大战略决策，是全面建设社会主义现代化四川的总牵引。党的二十大报告将成渝地区双城经济圈建设作为促进区域协调发展的重大部署，凸显了成渝地区在国家战略全局中的重要地位，省委十二届二次全会深刻把握党中央将成渝地区双城经济圈建设作为促进区域协调发展重大部署的战略考量，突出双城引领，强化双圈互动，推进两翼协同，加快中部崛起，推动战略实施全面提速、整体成势。聚力抓好川渝合作重大项目、重大平台、重大改革，积极探索经济区与行政区适度分离改革有效路径，加快建设万达开川渝统筹发展示范区、川南渝西融合发展试验区、川渝高竹新区等毗邻合作平台，合力打造区域协作的高水平样板，在推进新时代西部大开发中发挥支撑作用，在推进共建"一带一路"中发挥带动作用，在推进长江经济带绿色发展中发挥示范作用。锚定"一极一源、两中心两地"的目标定位。聚焦打造带动全国高质量发展的重要增长极和新的动力源，加快做大经济总量、提高发展质量，不断增强区域发展活力和国际影响力。围绕建设具有全国影响力的重要经济中心、科技创新中心、改革开放新高地、高品质生活宜居地，强化经济承载和辐射带动功能、创新资源集聚和转化功能、改革集成和开放门户功能、人口吸纳和综合服务功能，推动形成有实力、有特色的双城经济圈。

顺应国家重大战略，唱好"双城记"、共建经济圈，成渝地区双城经济圈建设提速加码，四川绿色低碳优势产业高质量发展，总体进入工业化城镇化双加速时期，四川厚植支撑国内大循环的经济腹地优势，从内陆腹地走向开放前沿的路径更清晰，吹响了以创新驱动高质量发展的进军号角。国内国际双循环的门户枢纽功能持续提升，加快畅通，"四向拓展、全域开放"战略在新阶段加速形成立体全面开放新态势，为四川经济高质量发展书写新注脚等。四川电子信息、装备制造、先进材料、能源化工、食品轻纺、医药健康六大优势产业提质倍增，四川立足当下之时，着眼长远之势，一系列国家战略效应逐步释放，若干重大布局也已成势。

但也必须清醒认识到，世界百年未有之大变局和世纪疫情相互交织，外部环境更趋复杂严峻和不确定，面临更多逆风逆水的艰巨考验。全省发展不平衡不充分问题仍然突出，发展质量效益不够高、创新能力不够强，基础设施、生态环保、防灾减灾等领域还有短板弱项，教育、医疗、养老等公共服务与群众期待还有差距，防风险保安全面临许多新的挑战和特殊难题，一些党员干部的素质、能力和作风与高质量发展要求还不相适应，党风廉政建设和反腐败斗争形势依然严峻复杂。对这些问题，必须高度重视并切实加以解决。因此，把握新时代四川发展的时与势，必须以稳住当下为前提谋求长远发展，以通观全局为基础纾解眼前困难，保持强大战略定力、坚定持续发展信心，不断拓展建设社会主义现代化四川事业发展新局面。

（三）新时代四川发展的谋与划

党的十八大以来，习近平总书记从党和国家战略全局出发，对四川工作作出系列重要指示，提出推动治蜀兴川再上新台阶的明确要求，系统阐明了四川发展"怎么看、怎么办、怎么干"等一系列重大问题，为新时代治蜀兴川提供了方向指引。习近平总书记作出关于四川发展形势任务的重要指示，牢牢把握新时代治蜀兴川的总体要求；作出关于四川在全国大局中地位作用的重要指示，牢牢把握新时代治蜀兴川的重大责任；作出关于推动发展和改善民生的重要指示，牢牢把握新时代治蜀兴川的着力重点；

作出关于加强党的建设的重要指示，牢牢把握新时代治蜀兴川的根本保证，是推动新时代治蜀兴川的方向指引和根本遵循。沿着习近平总书记指引的正确方向，全省上下勠力同心、团结奋进，各项事业大踏步向前迈进，经济社会发展和党的建设取得新的令人瞩目的重大进展。

四川省第十二次党代会将习近平总书记亲自谋划、亲自部署、亲自推动的成渝地区双城经济圈建设重大战略明确为新时代治蜀兴川的总牵引，以成渝地区双城经济圈建设引领高水平区域协调发展，建设支撑高质量发展的现代化经济体系，朝着共同富裕目标持续增进民生福祉，筑牢长江黄河上游生态屏障，加快新时代文化强省建设，推进民主政治建设和全面依法治省，以自我革命精神纵深推进全面从严治党，强力推动国家战略实施全面提速、整体成势，并从"五位一体"和党的建设等六个主要方面提出奋斗目标。省委十二届二次全会确定全面建设社会主义现代化四川"总牵引""总抓手""总思路"，绘就了未来5年和"两步走"宏伟蓝图。

省委十二届二次全会指出，四川必须扛起"六个担当"，担当起服务国家全局的时代使命，服务和融入新发展格局，打造带动全国高质量发展的重要增长极和新的动力源，把握十分精准。

一是担当服务国家高水平科技自立自强的时代使命，发挥院所高校众多、科教人才资源富集优势，打造科技力量建设重要支撑地。四川创新资源富集，高等院校和科研院所超过400家，拥有2000余个各类国家级省级创新平台，科技力量雄厚，科教人才资源富集优势，各类创新要素加速汇聚转化。

二是担当维护国家经济和产业安全的时代使命，发挥工业体系完备、产业门类齐全和市场腹地广阔的优势，形成先进制造完整产业链重要集聚地；就产业而言，四川是制造大省，工业门类齐全、工业体系完备、优势产品众多、市场腹地广阔，在保障国家产业链供应链稳定方面发挥着重要作用。

三是担当保障国家重要初级产品供给的时代使命，发挥粮油大省、生猪大省、能源资源大省优势，建强重要物资供应保障地。农业上享有"粮猪安天下"的美誉，水电发电量超过全国四分之一，天然气（页岩气）探明储量居全国首位，钒钛、稀土等战略资源居全国前列。

四是担当维护国家生态安全的时代使命，发挥生态本底良好优势，筑牢长江黄河上游生态功能重要承载地。四川是全国唯一一个长江黄河干流都流经的省份，是长江、黄河上游重要水源涵养地和补给地，全省 14 个主要河湖有 13 个汇入长江，年产水量占黄河流域年径流量近十分之一，四川立体气候孕育了生物多样性、生态原真性，森林覆盖率超过 40%，在全国生态安全格局中地位独特。

五是担当助推构建对外开放新格局的时代使命，发挥南向西向开放门户优势，构筑参与国际合作和竞争新基地。四川是支撑"一带一路"和长江经济带联动发展的战略交汇点和核心腹地，是西部陆海新通道的重要起点和沟通东亚与东南亚、南亚的重要通道，是促进国内国际双循环的重要枢纽。

六是担当服务国家治边稳藏的时代使命，发挥连接西藏和沟通南亚、东南亚的区位优势，巩固实现稳藏安康和经略周边的战略要地。四川是连接中原和西藏、云南的重要枢纽，素有"稳藏必先安康"之说，对治国、安边、稳藏具有重大战略意义。

"六个担当"紧密联系实际，系统阐述了四川"怎么看、怎么办、怎么干"等重大问题，无一不体现了推动新时代治蜀兴川再上新台阶的新要求，既是贯彻习近平总书记重要指示精神的进一步深化，也是落实党的二十大精神的具体行动，体现了四川作为经济大省、能源资源大省、人口大省和科教大省的使命担当。

（四）新时代四川发展的稳与进

安全是发展的前提，发展是安全的保障，树立强烈的忧患意识、牢固树立底线思维甚至极限思维，全力以赴打好应对重大挑战、抵御重大风险、克服重大阻力、解决重大矛盾的主动仗，增强防范化解重大风险的能力，坚决守住不发生系统性风险的底线，确保四川社会大局和谐稳定，是新时代四川发展的"稳"的基础。

在"稳"字当头的基础上，强调综合发展实力再上新台阶，人民生活品质实现新提升，美丽四川建设迈出新步伐，社会文明进步达到新高度，民主法治建设取得新进展，全面从严治党展现新气象，是新时代四川发展的"进"的目标。综合发展实力、人民生活品质、美丽四川建设、社会文明进步、民主法治建设、全面从严治党等方面"六个新"的发展目标，体现了推动新时代治蜀兴川再上新台阶的新要求。"六个新"的发展目标，涵盖了经济社会发展和党的建设各方面，有机衔接"十四五"规划，统筹短期和长期，兼顾需要和可能，既鼓舞人心、又切实可行，体现了战略谋划的科学性、系统性和前瞻性。而战略性新兴产业蓬勃发展、加快成势，成渝地区双城经济圈建设加快推进，带来大量投资和政策红利，等等，都表明"进"的动能正在加快集聚。

打好加快转变发展方式、加快优化经济结构、加快转换增长动力等系列组合拳，为"稳中有进"确定方向、聚焦重点、谋求成效。四川经济运行保持稳中加固、稳中向好、稳中提质的良好态势，表明越是形势严峻复杂，越要坚定信念，专注发展定力不动摇，要攻坚克难，稳中求进，以钉钉子的精神克服艰难险阻，以逢山开路、遇水架桥的决心奋勇前进。

三、推进"四化同步、城乡融合、五区共兴"的战略部署

党的二十大报告明确提出新时代新征程我们党的使命任务，标志着以中国式现代化全面推进中华民族伟大复兴全面启动，向全党发出了朝着第二个百年奋斗目标进军的冲锋号，必将载入党和国家事业发展的光辉史册，必将开创人类历史和现代化进程的伟大奇迹。党的二十大报告深刻阐

明了中国式现代化的中国特色、本质要求和必须牢牢把握的重大原则，这是我们党深刻总结我国和世界其他国家现代化建设的历史经验，对中国这样一个东方大国如何加快实现现代化在认识上不断深入、战略上不断完善、实践上不断丰富而形成的思想理论结晶。这些重大部署和重要要求，为我们在新时代新征程谋划推动四川现代化建设提供了方向指引。省委十二届二次全会把学习贯彻党的二十大精神和习近平总书记对四川工作系列重要指示精神作为主题，紧紧围绕以中国式现代化引领四川现代化建设这条主线谋篇布局，推动党中央决策部署在四川具体化，深刻把握发展不平衡不充分的基本省情和人民日益增长的美好生活需要，作出以"四化同步、城乡融合、五区共兴"统揽四川现代化建设全局的战略部署，充分体现了省委坚定拥护"两个确立"、坚决做到"两个维护"的高度政治自觉。

（一）"四化同步"有效解决发展路径和内驱动力问题

四川现代化建设之路是一个多重任务叠加、多重目标协同、多重路径并行的共进过程，当前阶段，四川现代化建设主要呈现以下特征：一是工业化处于由中期向中后期转型推进期，二是城镇化处于加快推进期，三是农业现代化处于提质增效期，四是信息化处于动能释放期，五是城乡发展处于深度融合期，六是区域发展处于协同优化期。这些特征决定了四川现代化建设之路必须从战略上进行系统谋划推动，从而更好适应新阶段新任务新要求。对标对表党的二十大部署要求，紧扣四川省情实际和发展阶段性特征，推动新型工业化、信息化、城镇化和农业现代化在时间上同步演进、空间上一体布局、功能上耦合叠加，加快推进城乡融合发展，促进省内先发地区同欠发达地区协同共兴。

"四化同步"重在全面构建发展动力系统，解决发展路径和内驱动力的问题。"四化同步"并非没有主次，"四化同步"并非走"齐步"。当前，四川仍处于转变发展方式、优化经济结构、转换增长动力的攻坚阶段，更加需要突出新型工业化主导作用，把加快城镇化步伐摆在全局工作的突出位置。必须坚持把新型工业化作为主引擎，坚持新型工业化主导、信息化引领、城镇化带动、农业现代化固本，推动信息化和工业化深度融合、工业化和城镇化良性互动、城镇化和农业现代化相互协调，加快质量变革、效率变革、动力变革。加快工业化进程、构建现代化产业体系，全力实施电子信息、装备制造、食品轻纺、能源化工、先进材料、医药健康六大优势产业提质倍增计划，增强主引擎的转速，提升经济发展的动力，让工业扛得起经济发展的大旗，挑得起兴川富民的大梁。另外，通过主引擎的提升，带动其他产业的发展，包括推动工业与服务业联动发展，新型工业化与信息化、城镇化和农业现代化融合发展。

工业化是现代化不可逾越的阶段，是国民经济的压舱石，四川有着比较齐全的工业门类和雄厚的产业基础，但相较于东部工业先行地区，工业化率"未强先降"、龙头领军企业偏少、产业集群发育不足，产业体系不优的问题仍比较突出。因此，必须坚持工业兴省，大力实施制造业强省战略，夯实实体经济，把发展特色优势产业和战略性新兴产业作为主攻方向，聚焦优势突出、成长性好的重点领域，全力实施电子信息等六大优势产业提质倍增计划，培养更多的千亿企业、万亿集群，让工业真正扛起大旗，挑起大梁。必须把发展经济的着力点放在实体经济上，坚持工业兴省，大力实施制造强省战略，在优势产业高端化上做文章，在传统产业新型化上下苦功，在新兴产业规模化上求突破，以工业为主引擎建设具有四川特色的现代化产业体系，同步实施服务业赋能融合计划、构建优质高效的服务业新体系。

信息化是当今时代最鲜明的特征和标志，而新型工业化是信息技术发展和广泛应用的基础，二者深度融合，是实现产业迭代升级的重要突破口，必须更好发挥信息化牵引带动作用，加快建设数字四川，推动基础设施信息化升级，推动企业行业信息化改造，推动经济社会信息化转型，促进数字经济与实体经济深度融合。

城镇化是现代化的必由之路，产业是城镇化的最大驱动力，新型工业化与城镇化良性互动，才能实现高水平的产城融合；必须坚持以人为核心的新型城镇化，以城市群、都市圈为依托构建大中小城市协调发展格局，推进以县城为重要载体的城镇化建设，加快形成分工合理、功能互补、良性互动的城镇化整体布局。

农业现代化对四川具有特殊的重要意义，工业反哺农业，新型工业化与农业现代化相互协调，依托新型工业化抓紧补齐农业劳动生产率偏低这个突出短板，必须坚持农业农村优先发展，聚焦打造新时代更高水平的"天府粮仓"，着力构建粮经统筹、农牧并重、种养循环的现代农业体系，才能将四川农业大省这块金字招牌擦得更亮。

（二）"城乡融合"加快形成新型工农城乡关系

全面建设社会主义现代化国家，最艰巨最繁重的任务仍然在农村。党的二十大要求坚持农业农村优先发展，坚持城乡融合发展，畅通城乡要素流动，体现了党中央对城乡发展形势的清醒认识和对推动城乡融合发展的鲜明态度，为破解城乡发展不平衡、农村发展不充分等问题指明了方向。

四川是农业大省，城乡二元结构尤为明显。改革开放后，历届省委致力于推动工农互促、城乡互补，不断缩小城乡间差距，城乡居民收入比有所下降，探索形成的"五个统筹"等改革模式为国家构建新型城乡关系提供了四川经验。"城乡融合"是实现社会主义现代化的重要标志和内在要求，破除城乡二元结构、健全城乡融合发展体制机制成为决定四川现代化建设的现实需要。

"城乡融合"重在重构城乡关系、塑造良好发展生态。打通城乡要素流动障碍，聚焦农村产权制度、户籍制度等重点领域，以改革创新突破四川限制城乡人员、资源、资金流动的制度障碍。持续推动城乡基本公共服务均等化，坚持以城带乡、以工促农，加快推动城市基础设施向乡村延伸、公共服务向乡村覆盖、现代文明向乡村传播，统筹推动农村产业发展、乡村治理、环境保护、精神文明建设等重点工作，加快形成城乡共同繁荣新局面，破解四川城乡公共服务等与人口分布不匹配的问题。作为全国县级行政区数量最多的省份，加快把县域打造成为城乡融合发展的桥头堡，应充分发挥四川县域联动城乡经济的重要作用，分类引导大城市周边县城加快发展、专业功能县城差异化发展、农产品主产区县城合理发展、重点生态功能区县城有序发展、人口流失县城转型发展，加快形成工农互促、城乡互补、协调发展、共同繁荣的新型工农城乡关系，不断满足城乡老百姓日益增长的美好生活需要，为实现共同富裕打下更坚实的基础。

（三）"五区共兴"深度破解区域发展不平衡难题

党的二十大报告对促进区域协调发展作出专门部署，强调要构建优势互补、高质量发展的区域经济布局和国土空间体系。四川具有较为明显的经济地理板块特征，从而凸显全国范围内比较典型的各区域经济发展水平的差距。省委十二届二次全会提出成都平原经济区、川南经济区、川东北经济区、攀西经济区、川西北生态示范区"五区共兴"，"五区共兴"重在整体优化区域经济布局，全域协同联动、在缩小地区差距中同步实现现代化，既是破解发展不平衡问题的现实需要，也是推进四川现代化建设的必然要求，即以成渝地区双城经济圈建设为总牵引，充分考虑不同地区禀赋条件和发展基础差异，通过区域空间布局整体优化、功能体系整体完善，坚持成都极核引领、都市圈带动、增长极支撑，高水平推动五区协同发展，建强动能更充沛的现代化成都都市圈，做强支撑更有力的次级增长极，推动欠发达地区跨越发展，促进成都平原经济区、川南经济区、川东北经济区、攀西经济区和川西北生态示范区协同共兴。

成都作为四川集聚高端发展要素的重要空间载体，要领先发展，加快建设践行新发展理念的公园城市示范区，打造西部具有全国影响力和美誉度的国际化现代大都市，持续提升核心功能和辐射带动作用，加快推动德阳、眉山、资阳与成都的同城化进程，并支持区域中心城市壮大产业规模、提升城市能级。

成都平原经济区、川南经济区、川东北经济区、攀西经济区、川西北生态示范区五大片区要坚持特色发展，加快形成各具特色，分工协作，功能互补的联动发展格局。成都平原经济区要聚焦全域一体化目标，全面提升区域发展能级；川南经济区要主动承担四川南向开放门户枢纽作用，打造全省经济增长第二极；川东北经济区要用好红色、绿色、特色三大资源，加快打造川陕革命老区振兴发展示范区和绿色产业示范基地；攀西经济区要擦亮国家战略资源创新开发试验区这块金字招牌，加快推动安宁河流域高质量发展；川西北生态示范区要把保护修复生态环境摆在优先位置，努力走在全国民族团结进步示范州前列。

"四化同步、城乡融合、五区共兴"有机统一，紧扣关键，抓住了四川发展不平衡不充分问题的症结所在，符合现代化建设的内在机理和演进逻辑，体现了根据主要矛盾确定重点任务的认识论和方法论，对推动四川高质量发展和现代化建设具有重大而深远的意义。

四、推进总体布局与战略布局支撑现代化建设的思路任务

迈步新征程、谱写新篇章。必须坚定以习近平新时代中国特色社会主义思想为指导，深入贯彻习近平总书记对四川工作系列重要指示精神，牢牢把握新时代治蜀兴川的总体要求、重大责任、着力重点和根本保证，坚决把总书记的深切关怀转化为奋进力量，把总书记的殷殷嘱托转化为自觉行动，把总书记的战略擘画转化为美好现实。

省委十二届二次全会紧扣国家所需和四川所能，进一步对建设现代化经济强省、强化教育科技和人才支撑、加快民生社会事业发展、提升治理体系和治理能力现代化水平等作出系统部署，明确了四川现代化建设的重点任务，为写好中国式现代化的四川篇章，为四川现代化建设提供了有力

支撑。这些部署有利于在更高战略维度、更广空间尺度上塑造四川发展新优势。

（一）坚持"讲政治、抓发展、惠民生、保安全"工作总思路

四川省第十二次党代会明确了"讲政治、抓发展、惠民生、保安全"的工作总思路，省委十二届二次全会提出坚持这一工作总思路，强调讲政治是首要原则、抓发展是第一要务、惠民生是根本目的、保安全是底线要求，内涵丰富，提纲挈领、统揽全局，符合中央精神、体现四川实际、反映全省意愿，四者统一于新时代治蜀兴川的生动实践，贯穿于四川现代化建设的奋斗征程，指明了未来5年四川发展的根本方向，必须一体坚持、一体推进、一体落实。

1. 讲政治是首要原则

"秉纲而目自张，执本而末自从。"旗帜鲜明讲政治是马克思主义政党的根本要求，是我们党一以贯之的政治优势。讲政治，就是坚定以党的二十大精神统揽新时代治蜀兴川全局，高举中国特色社会主义伟大旗帜，增强"四个意识"、坚定"四个自信"，自觉做"两个确立"的忠诚拥护者和"两个维护"的坚定践行者，善于从政治高度观察和处理问题，不断提高政治判断力、政治领悟力、政治执行力，确保新时代治蜀兴川事业发展始终沿着正确方向大步前进。

做好今后5年工作，必须坚定以习近平新时代中国特色社会主义思想为指导，在学懂弄通做实新时代党的创新理论上下功夫，深刻把握习近平总书记对新时代治蜀兴川提出的政治方向指引，深入贯彻落实习近平总书记对四川工作系列重要指示精神和党中央决策部署，紧紧围绕工作总思路，将其贯穿到推动高质量发展、现代化建设的全过程各方面；推动新时代治蜀兴川再上新台阶，奋力谱写全面建设社会主义现代化四川新篇章。

2. 抓发展是第一要务

发展是解决一切问题的基础和关键。四川是经济大省，在全国的战略

地位十分重要。中国特色社会主义进入新时代，四川发展也站在了新的起点上。5 年来，四川经济总量连跨两个万亿元台阶，发展成效明显，举全省之力决战决胜脱贫攻坚，推动成渝地区双城经济圈建设成势见效，推进以高铁为重点的交通基础设施建设，开展乡镇行政区划和村级建制调整改革，全力抗击新冠疫情和重大自然灾害等大事要事备受瞩目。

但全省发展不平衡不充分问题仍然突出，必须完整、准确、全面贯彻新发展理念，立足新发展阶段、构建新发展格局、推动高质量发展，对在推动高质量发展中加快建设现代化经济强省、强化现代化建设的教育科技和人才支撑进行系统部署，全面塑造发展新动能新优势，全面对标省委"六新"奋斗目标，以"时时放心不下"的责任感和"处处奋勇争先"的使命感，永葆"闯"的精神，拿出"创"的劲头，发扬"干"的作风，把新发展理念贯彻到经济社会发展全过程和各领域，促进质量变革、效率变革、动力变革，扎实抓好党代会作出的推动成渝地区双城经济圈建设、深入实施"一干多支、五区协同""四向拓展、全域开放"战略部署等重大任务落实，增强区域发展的协调、平衡和可持续性，加快缩小区域之间发展差距，保持全省经济持续健康发展，推动四川现代化建设乘风破浪、行稳致远。

3. 惠民生是根本目的

民生问题就是民心问题。中国共产党的百年党史，就是一部中国共产党为中国人民谋幸福、为中华民族谋复兴的奋斗史。民之所忧，我必念之；民之所盼，我必行之。当前，四川已与全国同步进入全面小康社会，群众生产生活条件得到明显改善。然而，教育、医疗、养老等公共服务与群众期待还有差距。坚持民之所盼、政之所向，积极探索共同富裕实现路径，进一步提高公共服务的可及性和均等化水平，努力缩小区域差距、城乡差距和收入差距，把民生社会事业发展放在共同富裕进程中谋划，部署以共同富裕为导向加快民生社会事业发展，既聚焦解决群众急难愁盼的现实问题，又注重推动民生社会事业全面发展与进步，使居民人均可支配收入增速高于全国、城乡收入比持续缩小，更加注重省内欠发达地区、革命老区、民族地区、盆周山区高质量发展，正确处理发展与共享、效率与公平、先富与后富、物质与精神、当前与长远的关系，推动共同富裕取得更为明显的实质性进展，凸显党代会报告以人民为中心的发展思想。

力争到 2027 年全省经济总量突破 8 万亿元、人均地区生产总值突破 9 万元；今后 5 年加快建设教育强省、卫生强省，基本建成文化强省旅游强省，多层次社会保障体系更加健全，基本公共服务均等化水平明显提高，现代公共文化服务体系和文化产业体系更加健全，人民群众精神文化生活更加丰富；今后 5 年加快美丽四川建设步伐，法治四川、平安四川建设达到更高水平，让全省人民的生活更舒适、更宜居、更安全等，无不体现了发展主题和为民宗旨的有机统一。做好四川各项工作，把省第十二次党代会描绘的民生蓝图转化为生动实践，必须突出为人民创造幸福安逸生活这一总取向，把人民放在心中最高的位置，紧紧围绕"让人民群众过上好日子"这个主题，聚焦党代会部署的就业、增收、教育、健康、社会保障等重点任务，多谋民生之利、多解民生之忧，多思富民之策、多办惠民之事，实施更多有温度的政策举措、暖民心的切实行动，让改革发展成果更多更公平地惠及全体人民，努力让全川人民的获得感成色更足、幸福感更可持续、安全感更有保障，进一步奏响兴省强省、为民富民的时代旋律，让四川人民的日子越来越幸福安逸。

4. 保安全是底线要求

安全是发展的前提，发展是安全的保障。安全重于泰山，四川构筑内陆开放战略高地和参与国际竞争的新基地，建设推动新时代西部大开发形成新格局的战略枢纽；构建富有四川特色的科技创新体系和现代产业体系，成为服务国家科技自立自强和保障产业链供应链安全的战略支撑；强化粮食、清洁能源和战略性矿产资源生产供应，打造保障国家重要初级产品供给的战略基地；扛起长江黄河上游生态保护政治责任，筑牢维护国家生态安全的战略屏障；推动民族地区团结进步、繁荣发展和长治久安，巩固实现稳藏安康的战略要地等。这些都无一例外地承担着保安全的重任，充分体现了党中央对四川的殷切期望。

当前，世界百年未有之大变局和世纪疫情相互交织，国际形势波谲云诡，周边环境复杂敏感，各类风险隐患明显增多，经济发展环境的复杂性、严峻性和不确定性上升，"黑天鹅""灰犀牛"事件时有发生，面临更多逆风逆水的艰巨考验，改革发展稳定任务艰巨繁重，基础设施、生态环保、防灾减灾等领域还有短板弱项，防风险、保安全面临许多新的挑战和特殊难题。保安全底线，既要保经济安全社会稳定，也要扎实做好常态化疫情防控、意识形态安全、生态环境保护、食药安全、防灾减灾、金融安全、社会治理等底线工作，严防风险传导叠加和演变升级，以高水平安全护航高质量发展，保障人民生命财产安全。做好四川各项工作，必须增强"时时放心不下"的责任感，树立强烈的忧患意识、底线思维、极限思维，打好应对重大挑战、抵御重大风险、克服重大阻力、解决重大矛盾的主动仗，坚决守住不发生系统性风险的底线。更好统筹发展和安全，不断提高治理现代化水平，健全省域现代治理体系，以高效能治理保障高质量发展、促进高水平安全，努力实现更高质量、更有效率、更加公平、更可持续、更为安全的发展，确保四川社会大局和谐稳定。

（二）系统谋划提出支撑四川现代化建设的重点任务

四川省第十二次党代会描绘出壮丽图景，省委十二届二次全会也围绕落实党的二十大各项部署要求，突出高质量发展主题，立足发展现实需要，从以下七个方面系统谋划提出支撑四川现代化建设的重点任务。

一是把教育科技人才作为战略先导，不断塑造发展新动能新优势。四川是教育大省，但不是教育强省，教育事业发展不平衡不充分的问题仍然十分突出，推动高等教育内涵式高质量发展任重而道远。要落实科技强省建设，深入实施创新驱动发展战略，拓展科技创新的深度和广度。落实人才强省建设，建设具有全国影响力的创新人才集聚高地，大力引进高质量的专家人才，培养高素质的技能"川军"，为建设现代化产业体系提供高素质的人力资源支撑，势在必行。

二是把深化改革扩大开放作为根本动力，加快建设改革开放新高地。四川不靠海不沿边，要在新一轮发展中抢占先机，必须向改革要动力、向开放要活力。改革要聚焦重点领域和关键环节，国资国企作为经济体制改革的中心环节，具有牵一发而动全身的牵引效应，要着力抓好战略性重组、专业化整合；民营经济既是四川的明显短板，也是潜力所在，要围绕融资增信、降本减负、惠企服务直达、转企升规、多元化解纠纷等方面开展县域民营经济改革试点，破除体制性障碍，打通机制性梗阻，形成一批可复制可推广的典型经验。开放要持续深化"四向拓展、全域开放"。全力推进开放大通道建设，全方位深化开放合作，全面提升开放型经济水平。要把实施开放平台提能工程作为主攻方向，更好统筹流动型开放和制度型开放，协同推进货物贸易和服务贸易，以对外贸易引领开放，建设贸易强省。

三是把发展全过程人民民主作为重要保障，不断提升治理能力和水平。要完善全过程人民民主制度体系，以法治维护人民权益，积极发展基层民主，不断提升治理能力和水平。要高质量建设天府中央法务区，作为推动成渝地区双城经济圈建设战略深入实施的重要抓手，要更好服务保障国家重大战略实施、优化法治化营商环境等；强化总体设计，深化工会、共青团、妇联等群团组织改革和建设的部署，推动工作全面提速、整体成势。

四是把文化自信自强作为持久精神力量，推动巴蜀文化大发展大繁荣。推动四川现代化建设，必须把文化建设放在全省工作的突出位置来抓，激发全社会文化创造活力，建设新时代文化强省。既要推动文化和旅游深度融合发展，实施国家重大文化产业项目带动战略，深化天府旅游名县、天府旅游名牌创建，推动巴蜀文旅走廊建设，加快建设文化强省旅游强省，打造名扬天下、享誉全球的世界重要旅游目的地；也要加大文物和文化遗产保护力度，加快建设三星堆国家文物保护利用示范区，保护和提升以三苏祠、李白故里、杜甫草堂等为代表的巴蜀文化遗产；还要大力发展文化事业和文化产业，积极传播中国声音，努力讲好四川故事；等等。

五是把保障改善民生、促进共同富裕作为价值取向，不断实现人民对美好生活的向往。要采取更多惠民生、暖民心的举措，推动现代化建设成果更多更公平惠及全川人民，完善就业等民生工作机制和举措，加快补齐民生领域短板，加快推进健康四川建设，健全社会保障体系，加快建设多主体供给、多渠道保障、租购并举的住房制度，创新公共服务提供方式，不断提升公共服务均衡性和可及性，加快构建推动共同富裕的目标体系、工作体系、政策体系。

六是把生态优先、绿色发展作为鲜明导向，加快促进人与自然和谐共生。要把生态文明建设摆在四川永续发展的战略位置，协同推进生态优先、节约集约、绿色低碳发展。要持续打好污染防治攻坚战、蓝天碧水净土保卫战，加快发展方式的绿色转型，开展美丽四川建设示范试点，高质量建设大熊猫、若尔盖国家公园，助力生态价值向经济价值转化，统筹山水林田湖草沙冰系统治理，加快促进人与自然和谐共生，绘就天更蓝、山更绿、水更清的美丽四川画卷。

七是把防风险、保安全作为底线任务，坚决维护国家安全和社会稳定。加强重点领域安全能力建设，完善社会治安防控体系，建设更高水平的平安四川，要把加强能源保供的安全能力建设等摆在突出位置。

同时，明确坚持和加强党的全面领导，是新时代新征程四川现代化建设的政治保证。强调要认真落实新时代党的建设总要求，健全全面从严治党体系，全面推进党的自我净化、自我完善、自我革新、自我提高，努力把全省各级党组织和党员干部队伍建设得更加坚强有力，巩固发展风清气正的良好政治生态。并围绕坚持把党的政治建设摆在首位、坚持不懈用习近平新时代中国特色社会主义思想凝心铸魂、认真践行新时代党的组织路线、持续用力正风肃纪反腐等4个方面，对全省各级党组织和党员干部提出明确要求。

2023 年四川省人民政府工作报告指出，今后 5 年发展主要目标和重点任务是：到 2027 年，全省经济总量超过 8 万亿元、再上 3 个万亿元台阶，高质量发展明显"进位"；重点领域和关键环节改革取得重大进展，开放型经济发展迈上更高水平；工业化率达到全国平均水平，制造业增加值占比稳中有升；常住人口城镇化率增幅高于全国，超过 63%；粮食产量提高到 365 亿公斤以上，建成国家粮食安全战略基地；教育科技人才的基础性、战略性支撑作用更加凸显；城乡居民人均可支配收入与全国差距持续缩小，共同富裕迈出坚实步伐；美丽四川建设成效显著，城乡人居环境持续改善；民主法治建设扎实推进，社会大局保持稳定。第一，实施制造强省战略。坚持工业当先、制造为重，促进工业化信息化深度融合，推动优势产业高端化、传统产业新型化、新兴产业规模化。第二，推进新型城镇化。坚持以人为核心的新型城镇化，以城市群、都市圈为依托构建大中小城市协调发展格局。第三，建设农业强省。坚持农业农村优先发展，聚焦打造新时代更高水平的"天府粮仓"，着力构建粮经统筹、农牧并重、种养循环的现代农业体系，把农业大省的金字招牌擦得更亮。第四，推动城乡融合发展。坚持以城带乡、以工促农，统筹推动新型城镇化和乡村振兴，加快形成城乡共同繁荣新局面。第五，构建"五区共兴"新格局。这些饱含推进总体布局与战略布局的重点任务，既站高望远又切实可行，饱含着习近平总书记的殷殷嘱托，承载着巴蜀儿女的热切期盼，体现出省委高度的政治站位、坚定的发展信心、坚强的战略定力。

（三）迈步全面建设社会主义现代化四川新征程

推进四川现代化建设，必须放在"两个布局"下来谋划，放在中国式现代化全局中来把握。按照党中央提出的"两步走"战略安排，省委十二届二次全会明确，到二〇三五年与全国同步基本实现社会主义现代化，到本世纪中叶全面建成社会主义现代化强省。全面建设社会主义现代化国家新的伟大进军已经开启，四川发展新的历史画卷正在展开。我们要自觉肩负时代重任、担当历史使命，坚定不移走中国式现代化道路，全面建设社会主义现代化四川。

今后5年，是迈步现代化建设新征程的关键5年。世界百年未有之大变局和世纪疫情相互交织，各类风险隐患明显增多，经济发展环境的复杂性、严峻性和不确定性上升，面临更多逆风逆水的艰巨考验。同时要看到，挑战前所未有，机遇也十分宝贵。中华民族伟大复兴的步伐不可阻挡，四川发展必将乘势而进、蓬勃向上。"一带一路"建设、长江经济带发展、新时代西部大开发、黄河流域生态保护和高质量发展、成渝地区双城经济圈建设等国家重大战略在川叠加，有利于四川更好承接重大生产力布局，持续用好政策红利、增强发展动能；贯彻新发展理念、构建新发展格局等国家重大部署深入实施，有利于四川充分发挥科技创新优势、市场腹地优势和开放门户优势，大幅提升在畅通国民经济循环中的战略位势；推动经济社会发展全面绿色转型、全面加强基础设施建设等国家重大政策加快落地，有利于四川抢抓政策窗口期，放大清洁能源资源优势、提升基础设施水平，显著改善四川发展的支撑条件。我们既要清醒认识面临的风险挑战，更要充分把握前进中的有利条件，切实增强机遇意识和进取精神，主动抢占先机，奋力开拓新局。

做好今后5年工作，必须坚定以习近平新时代中国特色社会主义思想为指导，深入学习贯彻党的二十大精神，深入贯彻落实习近平总书记对四川工作系列重要指示精神和党中央决策部署，统筹推进"五位一体"总体布局、协调推进"四个全面"战略布局，立足新发展阶段，完整、准确、全面贯彻新发展理念，服务和融入新发展格局，以中国式现代化引领四川现代化建设，以成渝地区双城经济圈建设为总牵引，以"四化同步、城乡融合、五区共兴"为总抓手，坚持"讲政治、抓发展、惠民生、保安全"工作总思路，推动治蜀兴川再上新台阶，在新的征程上奋力谱写四川发展新篇章。

展望未来，全面建设社会主义现代化四川的宏伟事业催人奋进。我们坚信，沿着习近平总书记指引的方向继续坚定前行，全力以赴拼经济抓发展，我们就一定能开创全面建设社会主义现代化四川新局面，经过今后5年乃至更长时期的不懈奋斗，一定能让天府之国更加富足安宁、巴山蜀水更加秀美安澜、人民生活更加幸福安逸！

结　　语

一百年来，中国共产党坚持以人民为中心，把为中国人民谋幸福、为中华民族谋复兴作为自己的初心和使命，领导人民不懈奋斗、不断进取，成功开辟了实现中华民族伟大复兴的正确道路。沿着这条道路，中国共产党始终坚守"以百姓心为心，与人民同呼吸、共命运、心连心"，团结带领亿万人民攻克了一个又一个看似不可攻克的难关，创造了一个又一个彪炳史册的人间奇迹，书写了中华民族几千年历史上最恢宏的史诗。

为了实现中华民族伟大复兴，中国共产党团结带领中国人民，浴血奋战、百折不挠，把实现民族独立、人民解放作为自己的奋斗目标，创造了新民主主义革命的伟大成就，实现了人民当家作主，为中国式现代化道路创造了根本社会条件。新中国成立后，党团结带领中国人民，自力更生、发愤图强，创造了社会主义革命和建设的伟大成就，消灭了在中国延续几千年的封建剥削压迫制度，确立社会主义基本制度，逐步实现了社会主义与现代化的融合，为中国式现代化道路的开启奠定了根本政治前提和制度基础。党的十一届三中全会后，党团结带领中国人民，解放思想、锐意进取，创造了改革开放和社会主义现代化建设的伟大成就，开辟出一条中国式现代化道路，为实现中华民族伟大复兴提供了充满新的活力的体制保证和快速发展的物质条件。

进入新时代，以习近平同志为核心的党中央始终把握时与势，团结带领中国人民，自信自强、守正创新，明确了本世纪中叶建成社会主义现代化强国的新"两步走"战略安排，以前所未有的历史主动精神统筹推进"五位一体"总体布局，协调推进"四个全面"战略布局，坚持全心全意为人民服务的根本宗旨，站稳人民立场，贯彻党的群众路线，尊重人民首创精神，践行以人民为中心的发展思想，着力解决发展不平衡不充分问题和人民群众急难愁盼问题，推动人的全面发展，全体人民共同富裕取得更为明显的实质性进展，不断深化对"建设什么样的社会主义现代化强国、怎样建设社会主义现代化强国"这一时代课题的认识，创造了新时代中国特色社会主义的伟大成就，为中国式现代化道路提供了更为完善的制度保证、更为坚实的物质基础和更为主动的精神力量，推动中华民族伟大复兴进入不可逆转的历史进程。党的百年奋斗深刻影响了世界历史进程，党领导人民成功走出中国式现代化道路，创造了人类文明新形态，拓展了发展中国家走向现代化的途径。

当今世界，百年未有之大变局正加速演进，百年变局和世纪疫情相互交织，经济全球化遭遇逆流，世界经济增长动力不足，大国博弈日趋激烈，局部地区仍然动荡不安，世界进入新的变革期。我国正处在实现中华民族伟大复兴的关键时期，已转向高质量发展阶段，但发展不平衡不充分的问题仍然突出，改革发展稳定任务艰巨繁重，重点领域关键环节改革任务仍然艰巨。

2022 年全国两会上，习近平总书记回顾新时代党和人民奋进历程，高度概括了这一历程中形成的"五个必由之路"重要认识，指出"中国特色社会主义是实现中华民族伟大复兴的必由之路"。习近平总书记在党的二十大报告中，再次要求全党必须牢记"五个必由之路"，即"坚持党的全面领导是坚持和发展中国特色社会主义的必由之路，中国特色社会主义是实现中华民族伟大复兴的必由之路，团结奋斗是中国人民创造历史伟业的必由之路，贯彻新发展理念是新时代我国发展壮大的必由之路，全面从严治党是党永葆生机活力、走好新的赶考之路的必由之路"。面对前进道路上各种可以预料和难以预料的风险挑战，在习近平新时代中国特色社会主义思想科学指引下，只要始终不渝走中国特色社会主义道路，紧紧抓住新时代协同推进"两个布局"的有利条件，巧妙破除和化解国内外阻碍贯彻"两个布局"面临的困难和挑战，立足新发展阶段，贯彻新发展理念，加快构建新发展格局，我们就一定能够实现更高质量、更有效率、更加公平、更可持续、更为安全的发展，实现人民对美好生活的向往，不断推进全体人民共同富裕，继续书写中国特色社会主义伟大事业的历史新篇章！

后　记

党的工作布局，不仅是治国理政的重大理论问题，也是重大实践问题。"四个全面"战略布局，深刻揭示和反映了新时代社会主义现代化建设事业的基本矛盾和客观规律。"五位一体"总体布局与"四个全面"战略布局之间既一脉相承又与时俱进，"五位一体"总体布局具有长期性和引导性，"四个全面"战略布局作为实现社会主义现代化的阶段性战略部署，具有强烈的现实指向性。"五位一体"总体布局与"四个全面"战略布局最终统一于中国特色社会主义伟大事业建设实践，形成建设社会主义现代化国家、实现中华民族伟大复兴中国梦的合力，彰显了中国共产党人进行理论创新和实践创新的执政智慧。

实现好、维护好、发展好最广大人民群众的根本利益，是"五位一体"总体布局与"四个全面"战略布局的根本出发点和落脚点。面对国际国内的复杂环境，我们要有强大的定力和意志力，紧紧抓住新时代协同推进"两个布局"的有利条件，化解国内外阻碍贯彻"两个布局"面临的挑战，集中精力办好自己的事情，不畏艰辛迎难而上，实现整体推进、协调推进与重点突破相统一，不断为我们赢得主动、赢得优势、赢得未来，为实现中华民族伟大复兴的中国梦打下更加坚实的基础。

本书在成书的过程中得到了四川省委、省政府相关部门领导和专家的大力支持，特此表示诚挚的感谢和敬意！本书的编者构成如下：熊茜编写第二章，陈仲编写第四章，徐凤琴编写第一章、第三章、第五章、第六章和负责全书的统稿工作，彭红参与负责资料查阅与数据收集工作，感谢各位的辛勤付出！最后，要特别感谢国家行政学院出版社各位老师的辛苦工作，使本书能够顺利出版。

圄于多重因素，尤其是编者的水平有限，难免出现个别纰漏或不足，不妥不当之处，敬请读者批评和指正。

作者于蓉城

2023 年 3 月